WOGUO SHIPIN ANQUAN CHENGFAXING PEICHANG ZHIDU DE
LIFA JIANTAO HE SIFA ZAIJIEDU

我国食品安全惩罚性赔偿制度的立法检讨和司法再解读

贾旭花　著

经济日报出版社

图书在版编目（CIP）数据

我国食品安全惩罚性赔偿制度的立法检讨和司法再解读／贾旭花著．-- 北京：经济日报出版社，2020.10

ISBN 978-7-5196-0721-0

Ⅰ．①我… Ⅱ．①贾… Ⅲ．①食品卫生法-赔偿-研究-中国 Ⅳ．①D922.164

中国版本图书馆CIP数据核字（2020）第194688号

我国食品安全惩罚性赔偿制度的立法检讨和司法再解读

作　　者	贾旭花
责任编辑	陈　芬
助理编辑	林　珏
责任校对	梁沂滨
出版发行	经济日报出版社
地　　址	北京市西城区白纸坊东街2号A座综合楼710（邮政编码：100054）
电　　话	010-63567684（总编室）
	010-63584556（财经编辑部）
	010-63567687（企业与企业家史编辑部）
	010-63567683（经济与管理学术编辑部）
	010-63538621　63567692（发行部）
网　　址	www.edpbook.com.cn
E-mail	edpbook@126.com
经　　销	全国新华书店
印　　刷	北京建宏印刷有限公司
开　　本	710×1000毫米　1/16
印　　张	13.75
字　　数	190千字
版　　次	2020年11月第一版
印　　次	2020年11月第一次印刷
书　　号	ISBN 978-7-5196-0721-0
定　　价	58.00元

序　言

通常而言，食品安全包括食品数量安全和食品质量安全两个方面，我国社会经济的发展已经基本解决了食品的数量安全问题，但质量安全状况却不容乐观。地沟油、瘦肉精、三聚氰胺奶粉、毒胶囊等层出不穷的食品安全事件一次次刺痛着社会大众的神经，也一次次损害了政府监管部门的公信力。“民以食为天，食以安为先”，舌尖上的安全关系着14亿人的民生。早在2013年12月23日召开的中央农村工作会议上，党中央就提出用“最严谨的标准、最严格的监管、最严厉的处罚、最严肃的问责”，确保广大人民群众“舌尖上的安全”；2015年11月15日食品安全战略被列入“十三五”规划建议；2017年2月14日国务院出台《“十三五”国家食品安全规划》再次强调“保障食品安全是建设健康中国、增进人民福祉的重要内容，是以人民为中心发展思想的具体体现”；十九大报告也进一步提出“实施食品安全战略，让人民吃得放心”。根据国家食品药品监督管理总局2015年至2017年的食品药品监管统计年报汇总数据显示：2015年食品药品监管部门共查处食品案件241834件，涉及物品总值40398.5万元，罚款104548.8万元，没收8194.7万元；2016年食品药品监管部门共查处食品案件171221件，货值金额52620.9万元，罚款160570.9万元，没收违法所得金额8046.8万元；2017年食品药品监管部门共查处食品（含保健食品）案件25.7万件，货值金额6.8亿元，罚款23.9亿元①。显而易

① 以上数据分别源自2015、2016、2017年度食品药品监管统计年报。

见，尽管我国食品安全形势稳中向好的宣传报道屡见诸报端，但实际上食品安全问题依旧未得到根治，食品安全市场环境也未得到根本的改善。

食品安全治理之所以遭遇困境，普遍认为主要原因在于政府监管的不到位和食品生产经营企业的无良。政府主导的治理模式是我国现行的食品安全风险治理的主流范式。长期以来，政府注重于动员体制内资源（包括法律、法规及行政监管等）来约束企业的违法行为，以确保食品安全①。但食品安全风险问题具有复杂性、多样性、技术性和社会性相互交织的特点，加之食品链条的漫长和食品企业自律的缺失等诸多因素，最终导致有限的政府监管资源难以维持高密度监管。于是，学术界提出构建企业自律、政府监管、社会协同、公众参与、法治保障的食品安全社会共治格局，为破解食品安全治理难题提供了新的思路。而且2015年新修订颁布的《中华人民共和国食品安全法》（以下简称《食品安全法》）第3条也明确规定："食品安全工作实行预防为主、风险管理、全程控制、社会共治，建立科学、严格的监督管理制度"，从立法层面首次将食品安全社会共治作为食品安全法治的基本原则。

但实际上，《食品安全法》关于社会共治的法律条文基本上都是原则性规定，缺乏操作化定义，从而导致实现食品安全风险社会共治只是空想，市场与社会力量的主体作用根本得不到发挥②。而从整体的立法内容来看，强化纵向的行政规制仍然居于主导地位，2015年《食品安全法》文本中，"政府"一词出现了106次，"行政"一词出现了95次，《食品安全法》第九章法律责任部分，针对食品生产经营者形形色色的违法、违规行为，规定了详尽的行政责任。但传统公法"命令——服从"式的外部监管模式早已不足以应对各领域专业性增强，现代化大生产过程中技术手段和环节日益多元这一现实，于是私法的调整方式受到普遍关注。惩罚性赔偿

---

① 王建华、葛佳烨、朱湄．食品安全风险社会共治的现实困境及其治理逻辑［J］．社会科学研究．2016，(6)：113.

② 王建华、葛佳烨、朱湄．食品安全风险社会共治的现实困境及其治理逻辑［J］．社会科学研究．2016，(6)：112.

这种兼具公法惩罚、制裁和威慑功能的私法实施方式自然就进入了立法者的视野。但惩罚性赔偿制度的引入也仅仅是一种应急性的事后补救策略，缺乏前瞻性的制度设计与政策引导，究其实质仍然是传统重视纵向监管思路在食品安全民事责任立法领域的延续。

事实上，惩罚性赔偿制度作为一项在公法私法二分体制下以私法机制执行由公法担当的惩罚与威慑功能的特殊制度，其借助私人诉讼的方式实现公共规制的目的尽管具有一定的现实合理性。但由于该制度偏离了我国既有的法制传统和制度资源，它在解决既有问题的同时势必会带来新的问题。而司法实践中我国食品安全惩罚性赔偿制度所遭遇的诸如消费者界限模糊、标准认定不统一、裁判标准随意、同案不同判等适用困境，实际上就是司法对于该制度立法功能错位、随意超越法律制度射程、偏离既有制度资源等诸多立法问题的回应。尽管当前学术界对食品安全惩罚性赔偿关注和研究的很多，但现有的研究大多数是建立在现有立法科学性和合理性基础上的对具体制度的正确解释和协调适用，也有少数文章能从立法的高度对食品安全惩罚性赔偿的功能定位、立法缺陷进行审视和检讨，但很少有文章将立法缺陷以及立法缺陷对司法形成的困扰进行研究和考察。本文拟从分析和考察食品安全惩罚性赔偿条款在司法实务中的实际运行状态和存在的困境，并对其功能定位进行及时的回溯以及具体制度进行更加精细化的设计，从而确保惩罚性赔偿与既有的法制资源相协调，并在制度演进过程中切实发挥其作用。

目　录

第一章　食品安全惩罚性赔偿制度的立法检讨

惩罚性损害赔偿（punitive damages），也称示范性的赔偿（exemplary damages）或报复性的赔偿（vin - dictive damages），是指由法庭所作出的赔偿数额超出实际的损害数额的赔偿①。最初的惩罚性赔偿制度与我们现行立法所规定的惩罚性赔偿制度有着本质的区别，最初的惩罚性赔偿制度只能适用于诽谤、诱奸、恶意攻击以及诬陷等使受害人遭受精神痛苦的案件，其产生的根本原因是因为当时的赔偿制度只能对受害人由此产生的物质损失进行赔偿，而无法对受害人的精神痛苦进行补偿。惩罚性赔偿通过对受害人精神损害的物化，从而给予精神损害与物质损失同等的金钱赔偿，就其本质而言，最初的惩罚性赔偿是在不承认对精神损失予以物质赔偿的民事责任制度中，对精神损失的一种替代赔偿，即所谓的惩罚性赔偿实际上是对精神损失赔偿的替代。

但惩罚性赔偿制度实施至今，其内涵和适用范围都发生了巨大的变更，现在的惩罚性制度作为公法和私法相互交融背景下的一种法律现象，它是在对受害人物质损失和精神损害完全赔偿的基础上，再额外给予受害人一定数额或比例的惩罚性赔偿。惩罚性赔偿制度的目的与功能偏向于惩罚、制裁、威慑等公法功能，但在实施方式和程序规则上却又完全是私法面向，这导致固守公私法二元划分的人在惩罚性赔偿责任的性质方面产生了重大的争议，出现了公法责任说、私法责任说、混合责任说和经济法责任说等各种观点，并且不能互相说服②。但上述关于惩罚性赔偿责任性质的争议并没有触及惩罚性赔偿制度以民事责任支撑公共利益保护时所面临的整体性法理危机。我国食品安全惩罚性赔偿制度借助私人诉讼的方式实现公共规制的目的尽

---

① 王利明．惩罚性赔偿研究［J］．中国社会科学．2000，(4)：112.

② 刘奇英．公法与私法交融视域下惩罚性赔偿的法律性质及其制度功能［J］．晋阳学刊．2018，(3)：135.

管具有一定的现实合理性，但由于该制度偏离了既有的法制传统和制度资源，它在解决既有问题的同时势必会带来新的问题。因此，当务之急是及时对惩罚性赔偿运行过程中出现的问题进行制度化的回应，并对其功能定位进行及时的回溯以及具体制度进行更加精细化的设计，确保惩罚性赔偿与既有的法制资源相协调，并在制度演进过程中切实发挥其应有的作用。

一、惩罚性赔偿与公共规制的路径选择

就消费欺诈、食品安全等公共事务的规制手段而言，通常有两种最基本的规制路径可供选择：一种是直接的行政规制手段，即借助行政机构和行政手段来实现公共治理目标；另一种是通过私人诉讼的方式进行间接规制。由于不同法系的国家政治文化背景不同，立法传统各异，因此，对公共事务所采取的规制路径也有明显的差异。

大陆法系大多数国家在历史上曾拥有强大的行政官员系统，因此形成了借助专业行政机关和行政手段对公共事务进行规制的路径依赖，在立法上一直恪守公私分离的立法传统，在民事责任领域也一贯秉承着补偿性赔偿原则，即无论是侵权损害赔偿还是违约损害赔偿都要求赔偿数额与受害人因对方的侵权行为或违约行为所遭受的损失相当，不能低于或者高于实际损失，低于实际损失则不能对受害人进行有效的救济，而高于实际损失就会让受害人从他人的违约或侵权行为中获益。正是基于这种立法理念和认识，大陆法系各国对惩罚性赔偿一直保持着谨慎和观望的态度，因为在他们看来，惩罚性赔偿就是一种私人罚款，相当于在私法领域对民事违法行为进行惩罚，会混淆私法和公法的界限。但近年来，在生产、销售食品而致消费者遭受损害的案件中，从惩罚、遏制严重违法行为，补偿受害人损失，激励消费者维护自身权益等角度出发，赞同适用惩罚性赔偿的观点已成为主流，并为立法所接受①。

① 姚辉、李艳阳．论食品安全责任中的惩罚性赔偿［J］．河南财经政法大学学报．2013，105（1）：36.

英美法系国家则恰恰相反，作为英美法系典型代表的美国，由于其相对弱化和分散的行政机关以及对行政权力的诸多限制，其司法机关势必就需要承担更多的公共事务的规制职能，而在以权利救济为依归的私法填补性赔偿不足以实现救济权利的目的时，适当引入具有公法性质的惩罚性赔偿，正是以公法之“长”，克私法之“短”的上佳选择①。在英美法国家看来，惩罚性赔偿是行为人对其极端恶劣和无理行为应当承担的合理后果，也是对受害人必要的合理的补偿。正是基于这种认识，《美国侵权法重述（第二次）》第908条第1款明确规定：“惩罚性赔偿为损害赔偿及名义上之赔偿以外之赔偿；系为惩罚极端无理行为之人而作之赔偿，且亦为阻遏该人及其他人于未来从事类似之行为而作之赔偿”②。

尽管两大法系对惩罚性赔偿的态度以及适用条件、赔偿数额等具体制度设计问题上有较大的差异，但在额外给予受害人一定数额或比例的赔偿这一点上，两大法系并没有实质性的区别。就其功能和目的而言，两大法系对惩罚性赔偿的定位也是一致的，那就是在弥补受害人损失的同时，对受害人进行超出损失的补偿，进而达到惩罚、遏制不法行为人不法行为的功能，其本质上就是在公法私法二分体制下以私法机制执行由公法担当的惩罚与威慑功能的特殊赔偿制度。

二、我国惩罚性赔偿制度的立法演进

正是由于法律传统和公共规制路径选择的不同，形成了大陆法系和英美法系对惩罚性赔偿制度的迥异态度。我国一直秉承大陆法系的立法传统，公法、私法严格区分，在民事责任领域一贯遵循补偿性赔偿原则；公共政策的实现也主要依靠严格而繁复的行政规制体系。因此，从理论上讲，我国基本没有必要引入惩罚性赔偿制度。

---

① 刘奇英．公法与私法交融视域下惩罚性赔偿的法律性质及其制度功能［J］．晋阳学刊．2018，(3)：129.

② 美国法学会．刘兴善译．美国法律整编·侵权行为法［M］．台湾地区司法周刊杂志社，1986：755.

但在1993年《中华人民共和国消费者权益保护法》（以下简称《消费者权益保护法》）制定过程中，为了鼓励消费者积极同经营者不诚实经营行为作斗争，惩罚性赔偿制度的设置从争议、分歧到最终高票一致通过，最终形成了首个具有中国特色的惩罚性赔偿责任条款。尽管理论界和实务界都将其理解为惩罚性赔偿，但在解释立法意图、论证制度基础时，事实上均着眼于该制度“激励消费者提起诉讼进而制裁违法经营者”的功能与定位，而并非首先定位于严厉制裁与惩罚违法经营者的功能①。立法者也曾明确表示我国1993年《消费者权益保护法》第49条所规定的“惩罚性赔偿金制度也是多年来人民群众同违法行为作斗争的武器。这主要产生在集市贸易之中，对缺斤少两、克扣消费者的，通常实行缺一赔十的做法，由经营者支付十倍于短缺数额的赔偿额，本法规定惩罚性赔偿金制度，可以说是把实践中成功的做法上升成为了具有法律效力的行为规范②”。而且，就其规范内容而言，1993年《消费者权益保护法》第49条关于惩罚性赔偿的规定是有相当的局限性的，根据该条的规定：“经营者提供商品或者服务有欺诈行为的，应当按照消费者的要求增加赔偿其受到的损失，增加赔偿的金额为消费者购买商品的价款或者接受服务的费用的一倍。”而针对经营者的欺诈行为，作为相对方的消费者既可以行使撤销权撤销合同主张缔约过失责任，也可以维持合同效力的同时主张违约责任，还可以在经营者的欺诈行为导致合同目的无法实现的情况下解除合同进而主张经营者的违约责任。但无论消费者选择哪种维权形式，经营者责任也仅限于合同法上的责任，或者是缔约过失责任，或者是违约责任，虽名为惩罚性赔偿，但实质上仅仅是对经营者市场欺诈行为的惩处，在规则设计上完全与受害人的损失、行为人的恶意程度脱钩，此其一；其二，该条所规定的惩罚性赔偿只能适用于经营者存在商品欺诈和服务欺诈的情形，而对于其

---

① 李友根．惩罚性赔偿制度的中国模式研究［J］．法制与社会发展．2015，6（126）：111.

② 梁书文、黄赤东主编．消费者保护法及配套规定新释新解［M］．北京：中国民主法制出版社，1999：979.

他形式的违约责任并不能适用；最后，该条所规定的惩罚性赔偿的数额仅仅为消费者购买商品价款或者接受服务费用的一倍，其惩罚威慑功能极其有限。换言之，1993 年《消费者权益保护法》尽管规定了惩罚性赔偿制度，但其适用范围、惩罚功能极其有限，并不能真正实现立法者预期的立法目的和功能。

1999 年制定的《中华人民共和国合同法》（以下简称《合同法》）第 113 条第二款也明确规定“经营者对消费者提供商品或者服务有欺诈行为的，依照《中华人民共和国消费者权益保护法》的规定承担损害赔偿责任”，但该条款仅仅是对《消费者权益保护法》关于惩罚性赔偿责任的重申，并没有从本质上突破《消费者权益保护法》关于惩罚性赔偿责任规定的局限。

之后，针对商品房买卖领域出卖人的恶意违约和欺诈行为，2003 年颁布实施的最高人民法院《关于审理商品房买卖合同纠纷案件适用法律若干问题的解释》第 8 条、第 9 条和第 14 条第二款规定了相应的惩罚性赔偿责任，尤其是该司法解释第 9 条明确规定“出卖人订立商品房买卖合同时，具有下列情形之一，导致合同无效或者被撤销、解除的，买受人可以请求返还已付购房款及利息、赔偿损失，并可以请求出卖人承担不超过已付购房款一倍的赔偿责任：（1）故意隐瞒没有取得商品房预售许可证明的事实或者提供虚假商品房预售许可证明；（2）故意隐瞒所售房屋已经抵押的事实；（3）故意隐瞒所售房屋已经出卖给第三人或者为拆迁补偿安置房屋的事实。”该条款的规定实际上是以立法的形式确认了惩罚性赔偿在缔约过失责任领域的适用。

2009 年颁布实施的《中华人民共和国侵权责任法》（以下简称《侵权责任法》）第 47 条的规定进一步将惩罚性赔偿制度延伸到产品侵权责任领域，即“明知产品存在缺陷仍然生产、销售，造成他人死亡或者健康严重损害的，被侵权人有权请求相应的惩罚性赔偿”。但《侵权责任法》关于惩罚性赔偿的规定过于局限和概括，仅将其局限于产品侵权责任，且惩罚性赔偿数额的确定也没有具体的规则可遵循，但该规定的确是拓宽了惩罚性赔偿责任的适用范围。至此，惩罚性赔偿在我国不仅可以适用于违约责任、缔约过失责任领域，还可以适用于侵权责任领域。

2009 颁布实施的《食品安全法》第 96 条针对日益严峻的食品安全问题又进一步规定了食药领域的十倍赔偿制度，即“生产不符合食品安全标准的食品或者销售明知是不符合食品安全标准的食品，消费者除要求赔偿损失外，还可以向生产者或者销售者要求支付价款十倍的赔偿金”。但该法将惩罚性赔偿限定于食品价款的十倍，而食品价格又普遍偏低，所以即使价款十倍的赔偿也不足以对食品生产经营者形成有效的威慑，加之消费者主张十倍赔偿需要承担过重的举证责任、诉讼成本以及败诉风险，所以，遭遇问题食品的消费者大多选择了“理性沉默”，而该条款也逐步成为僵尸条款。

为激活该条款的适用，2013 年，最高人民法院颁布了《最高人民法院关于审理食品药品纠纷案件适用法律若干问题的规定》（法释〔2013〕28 号）（以下简称《食药规定》），进一步明确了“知假打假”者的消费者身份以及十倍赔偿不以人身损害作为适用条件等内容，最终直接导致了职业打假行为的盛行和产业化发展。2015 年修改后的《食品安全法》尽管对惩罚性赔偿制度进行了一定的完善，但并未从根本上解决其威慑不足、适用错位的问题。

此外，2013 年颁布实施的《中华人民共和国旅游法》（以下简称《旅游法》）第 70 条第一款针对旅行社的甩团行为规定了惩罚性赔偿，即“旅行社具备履行条件，经旅游者要求仍拒绝履行合同，造成旅游者人身损害、滞留等严重后果的，旅游者还可以要求旅行社支付旅游费用一倍以上三倍以下的赔偿金。”同年修订的《中华人民共和国商标法》（以下简称《商标法》）针对实践中商标权利人维权成本过高、进行维权往往得不偿失的现象，该法第 63 条首次引入惩罚性赔偿制度，即“对恶意侵犯商标专用权，情节严重的，可以在按照上述方法确定数额的一倍以上三倍以下确定赔偿数额。赔偿数额应当包括权利人为制止侵权行为所支付的合理开支”，旨在维护商标权利人的合法权益、打击商标侵权行为。著作权法和专利法尽管对惩罚性赔偿制度还没有明确规定，但是在立法草案中已经对惩罚性赔偿作出了规定，如著作权法立法草案中提到，对于两次以上的故意侵权，可以判处二至三倍的惩罚性赔偿；专利法立法草案规定，对于故意的侵权行为，专利管理部门或者法院可以根据侵权行为的情节、规模、结果等因素，将赔偿数额最高提高到三倍进行处理。

显而易见，惩罚性赔偿制度在我国虽历经二十余年的发展，但迄今为止，屈指可数的关于惩罚性赔偿责任的规范，也仅仅是作为补偿性赔偿原则适用的例外情形而存在的。而且，几乎所有领域的惩罚性赔偿责任的设置都是在政府公共规制乏力的状态下，立法进行的被动应对，而制度功能定位模糊以及惩罚力度不足也几乎是我国当前各领域惩罚性赔偿制度的通病。

三、我国食品安全惩罚性赔偿制度的特殊背景

立法作为对社会现实需求的一种表达，具体法律制度的设计在很大程度上取决于立法者基于社会现实需求而形成的立法理念。对于是否在食品安全领域引入惩罚性赔偿，立法者实际经历了一个从无到有并且大幅提高的过程。在2006年的《食品安全法（草案）》的最初稿中，并未规定惩罚性赔偿制度，而在2007年9月4日的一审稿中，已经规定了赔偿额度为价款五倍的惩罚性赔偿制度，在2008年4月20日全国人大公布的二审稿中，赔偿额度则从一审稿中的五倍提高到了十倍。立法者的态度之所以会发生如此大幅转变，最原始的驱动力无疑就是2008年以来层出不穷的食品安全事件以及由此导致的日趋严峻的食品安全形势。立法者之所以将惩罚性赔偿引入食品安全领域，其目的很明确就是希望借助惩罚性赔偿的惩戒和威慑功能来遏制食品领域日益猖獗的违法行为。尽管食品安全问题是社会的系统性问题，“不法利益驱动”“消费者信息不对称”“监管体系不完善”等都是食品安全问题的成因。但拨开外在现象的重重迷雾，就能发现食品安全问题的根本症结还在于生产者、销售者受不法利益驱动。从经济学的角度看，要根治食品安全顽疾，首要办法就是要加大违法者的违法成本，

降低其不法收益，根除其违法动因；同时要大大提高受害人的维权利益，降低其维权成本，而这必然可以通过向责任者课以更加严厉的损害赔偿责任来实现，使其完全丧失违法生产、经营的可能性与动力①。而从立法者的视角来看，法律的威慑力主要取决于违法者被惩罚的概率以及被惩罚的严厉程度，而被惩罚的概率取决于当事人的举证能力、一国的法律传统、证据规则、司法水平和公众的法律意识等原因，仅仅依靠法律本身很难作出全面的调整，因此，“法律要维持一定的威慑力，就必须加大惩罚力度才能让违法者的预期损失不至于降低”②。而相对于违法者所获利益，《消费者权益保护法》的一倍赔偿已远远起不到遏止食品领域违法行为的效果，因此为遏制和威慑食品安全领域日益猖獗的违法行为，立法者最终突破了民事责任补偿性赔偿原则的桎梏，将惩罚性赔偿引入食品安全领域，希望借助惩罚性赔偿制度来遏制食品生产经营者的违法行为，净化食品药品市场环境。

（一）我国食品安全惩罚性赔偿的功能定位

从理论上讲，对不安全食品的生产者和销售者处以十倍的惩罚性赔偿，肯定会增加其违法成本，对其违法行为具有惩戒和威慑作用。但实际上，“十倍赔偿”制度仍然沿用了《消费者权益保护法》关于惩罚性赔偿的立法思路，以食品价格作为惩罚性赔偿的计算基数，本来为激励消费者积极维权的制度安排，被立法者赋予新的价值和功能，期望藉此实现对违法生产经营者的惩罚和威慑功能，这必然会导致制度设计的错位。就制度设计初衷而言，我国食品安全惩罚性赔偿制度是在市场赖以运作的竞争性均衡无法有效实现、市场失灵现象严重的情况下，政府为缓解食品安全压力、净化食品药品市场环境所采取的一系列重拳之中最具代表性的一项制度安排。因为竞争性均衡虽然是市场经济有效运作的基本准则，但我国食

---

① 杨惟钦．新形势下食品安全民事责任体系的完善［J］．云南社会科学．2015，（4）：136.

② 蒋馨仪．论惩罚性赔偿在竞争法中的适用［J］．云南大学学报法学版．2009，5（106）：73.

品市场却无法完全满足竞争性均衡的条件。频繁出现的食品安全事件不仅给消费者带来了严重的身体、精神和物质损害，还影响了食品市场的交易效率，严重考验着政府的执政水平。而之所以出现如此严峻的市场现象，究其原因主要有两个方面：一方面是因为食品生产经营者和消费者之间存在着严重的信息不对称，加上食品生产经营者极力回避产品的缺陷，使消费者处于极其不利的地位；另一方面，由于因食品生产经营者的私人成本小于社会成本的负外部性现象而导致市场失灵，从而使广大消费者的权益受到损害。

食品市场中存在的市场失灵现象要求政府规制的介入，政府所具有的公共管理职能、垄断性的强制力、市场信息获取的优势以及充足的财政保障都为其进行食品安全规制提供了可能①。但脱胎于计划经济时期、在被动应对日益凸显的食品安全问题过程中形成的以“控制命令式”为主的、偏重于行政管理的规制模式，受制于执法者专业性水平不足、信息不对称以及制度运行成本高等诸多因素，肯定无法满足现代风险社会背景下对食品安全治理的需求，因为即使不计成本地将公共执法机构的触角延伸至社会各个角落，其在及时发现食品安全隐患或者事件方面的能力远远不如生活于各行各业的私人，而且公共执法全面深入监控社会容易对私人的行为自由造成不必要妨碍甚或限制②。而私人执法因立法者向执法者提供激励机制而使得执法的成本、收益与自身存在直接利害关系，执法者具备根据自身利益去执行法律的动力。因而，执法者根据自身利益去执行法律能够对公共执法的固有惰性发挥补充和监督功能③。

惩罚性赔偿制度作为公私法二分体制下以私法执行机制落实社会政策的一种手段，目的在于让私人扮演“检察总长”的角色以弥补行政执法的

---

① 张红凤、陈小军．我国食品安全问题的政府规制困境与治理模式重构［J］．理论学刊，2011（7）：63.

② 黄忠顺．食品安全私人执法研究［J］．武汉大学学报（哲学社会科学）．2015，（7）：84－85.

③ 黄忠顺．食品安全私人执法研究［J］．武汉大学学报（哲学社会科学）．2015，（7）：85.

不足与疏漏。立法者设置惩罚性赔偿的目的一方面是希望鼓励消费者积极参与到私人执法中，另一方面是希望籍此形成对不法食品生产经营者的威慑，进而减少不法行为，净化食品药品市场。因为从经济学角度来看，要实现社会成本内在化，势必需要将社会福利的损失转嫁到食品生产经营者身上，增加食品生产经营者的成本，尤其是食品生产经营者的违法成本，而惩罚性赔偿制度设置的初衷就是让不法生产经营者赔偿数额超过受害者实际损害额并超过侵害者的违法所得，进而从根本上抑制生产经营者的不法经营行为。但实际的情况却是，立法者将食品安全惩罚性赔偿作为一种普适性的制度安排，在无底线地降低食品安全惩罚性赔偿责任适用门槛的同时，催生了一种制度性逐利主体和逐利手段——职业打假人和职业打假行为，而真正遭遇问题食品的消费者却因为惩罚性赔偿数额过少而选择理性沉默。事实上，从英美法国家惩罚性赔偿实施情况来看，惩罚性赔偿被公认为一种特殊的、非常规的赔偿制度，有着一些自身独到的特点，其中最突出的有三个方面：赔偿的数额很高、适用案件的数量很少、适用案件的条件很严格①。但我国的食品安全惩罚性赔偿却恰恰相反，为激发消费者私人维权的积极性，我国《食品安全法》所规定的惩罚性赔偿责任的适用门槛很低、赔偿标准也不高，使用惩罚性赔偿的案件也很普遍，这就导致我国食品安全惩罚性赔偿根本无法起到惩罚性赔偿责任应该具有的威慑和惩戒作用。

（二）我国食品安全惩罚性赔偿的制度安排

2009 年《食品安全法》第 96 条第二款将惩罚性赔偿作为食品安全领域一项最常规的制度安排，按照该条规定，消费者得到惩罚性赔偿的机会是很普遍的，只要其能够证明生产者所生产的食品不符合食品安全标准或者经营者销售明知是不符合食品安全标准的食品，就可以获得价款十

① 李响．我国食品安全法“十倍赔偿”规定之批判与完善［J］．法商研究．2009，134（6）：45.

倍的赔偿。但这种适用范围广泛、适用条件宽松、适用结果无关痛痒的惩罚性赔偿不仅无法实现立法者最初的制度预期，而且在司法实践中也遭遇到诸多困境，诸如消费者主体认定标准混乱、食品安全标准适用不一、对经营者明知举证困难、赔偿基数及倍数确定过于僵硬等，加之消费者维权成本大而结果不确定，致使很多消费者即使遭遇不安全食品也只能选择不了了之，而食品安全问题依然没有办法得到有效的遏制与改善。

为了应对司法的困境，2013 年颁布的《食药规定》第 3 条①和第 15 条②分别对食品、药品领域“知假买假”者的消费者主体资格以及消费者主张食品价款十倍赔偿金不以人身权益遭受损害为前提等司法适用问题予以明确，这对于统一裁判尺度、加大对消费者合法权益的保护力度、鼓励消费者维权等方面无疑具有积极影响。但由于《食药规定》从法律层面明确了十倍惩罚性赔偿金的获得不需要有损害结果的现实存在，而仅仅是依据法律的强制性规定。在零成本而有巨大收益的制度性保障下，随之迎来的是一种制度性逐利手段和主体——打假和职业打假人乃至打假公司的泛滥，而立法者所期待的食品药品市场的净化却未如期而至。因为职业打假人和打假公司目的在于获利，其打假目标选择上往往会选取信誉良好、资金实力雄厚的大型商场和超市，而对于食品安全问题严重、事故频发的农贸市场、流动摊贩却几乎根本没有涉及，此其一；其二，职业打假人和打假公司所选取的问题食品大多数是外观和标识等容易识别和确定的问题，而对于真正的假冒伪劣、有毒有害食品却很少有人问津。

---

① 最高人民法院《关于审理食品药品纠纷案件适用法律若干问题的规定》第 3 条：因食品、药品质量问题发生纠纷，购买者向生产者、销售者主张权利，生产者、销售者以购买者明知食品、药品存在质量问题而仍然购买为由进行抗辩的，人民法院不予支持。

② 最高人民法院《关于审理食品药品纠纷案件适用法律若干问题的规定》第 15 条：生产不符合安全标准的食品或者销售明知是不符合安全标准的食品，消费者除要求赔偿损失外，向生产者、销售者主张支付价款十倍赔偿金或者依照法律规定的其他赔偿标准要求赔偿的，人民法院应予支持。

制度实施过程中的错误回应直接促成了惩罚性赔偿制度的修改和完善，2013 年全国人大常委会对《消费者权益保护法》进行了全面修改，修改后的消法第 55 条将惩罚性赔偿的适用范围、赔偿力度进行了相应的完善①，将惩罚性赔偿的范围进一步拓展到除消费欺诈以外的产品缺陷，将原《消费者权益保护法》第 49 条的一倍赔偿修改为新《消费者权益保护法》第 55 条第一款的三倍赔偿，增加的第二款则新规定了“所受损失二倍以下”的惩罚性赔偿。就此，我国的《消费者权益保护法》中出现了两类惩罚性赔偿：一是商品价款三倍的惩罚性赔偿，一是所受损失二倍的惩罚性赔偿。2015 年《食品安全法》修改过程中，对食品安全惩罚性赔偿也进行了联动修改，该法第 148 条第二款仍然继承并延续了 2009 年《食品安全法》第 96 条第二款和 2013 年《食药规定》第 15 条关于食品安全惩罚性赔偿内容的规定，并在此基础上，新增了三倍损失赔偿金、一千元最低赔偿金和微小瑕疵惩罚性赔偿的排除等内容②，一定程度上丰富了《食品安全法》中惩罚性赔偿制度的内容，同时也增强了该制度在司法实践中的可操作性。但对于食品安全惩罚性赔偿所固有的功能错位、惩罚力度不足等问题并没有进行认真的审视和检讨。不仅如此，业界还将其誉为是史上最严的食品安全立法，期待籍此对不安全食品、药品的生产经营者形成致命的打击、强大的威慑，从而净化食品药品市场。

---

① 经过修订的 2013 年《消费者权益保护法》第 55 条规定：“经营者提供商品或者服务有欺诈行为的，应当按照消费者的要求增加赔偿其受到的损失，增加赔偿的金额为消费者购买商品的价款或者接受服务的费用的三倍；增加赔偿的金额不足五百元的，为五百元。法律另有规定的，依照其规定。经营者明知商品或者服务存在缺陷，仍然向消费者提供，造成消费者或者其他受害人死亡或者健康严重损害的，受害人有权要求经营者依照本法第 49 条、第 51 条等法律规定赔偿损失，并有权要求所受损失二倍以下的惩罚性赔偿。”

② 经过修订的 2015 年《食品安全法》第 148 条第二款规定：“生产不符合食品安全标准的食品或者经营明知是不符合食品安全标准的食品，消费者除要求赔偿损失外，还可以向生产者或者经营者要求支付价款十倍或者损失三倍的赔偿金；增加赔偿的金额不足一千元的，为一千元。但是，食品的标签、说明书存在不影响食品安全且不会对消费者造成误导的瑕疵的除外。”

食品安全领域惩罚性赔偿制度立法历程对照表

文件名称	惩罚性赔偿内容	最低赔偿额度	适用范围	赔偿责任主体
1993年《消费者权益保护法》	经营者提供商品或服务存在欺诈行为	价款或者接受服务的费用的一倍	消费领域	经营者
2009年《食品安全法》	生产不符合食品安全标准的食品或者销售明知是不符合食品安全标准的食品	价款十倍的赔偿金	食品、药品	生产者、经营者
2009年《侵权责任法》	明知产品存在缺陷仍生产、销售，造成他人死亡或健康严重损害的	相应的惩罚性赔偿	产品	生产者、经营者
2013年《消费者权益保护法》	经营者提供商品或服务存在欺诈行为或经营者明知商品或者服务存在缺陷，仍然向消费者提供，造成消费者或者其他受害人死亡或者健康严重损害的，	价款或者接受服务的费用的三倍或损失的二倍	消费领域	经营者
2015年《食品安全法》	生产不符合食品安全标准的食品或者销售明知是不符合食品安全标准的食品	价款十倍的赔偿，损失三倍的赔偿	食品、药品	生产者、经营者

通过对食品安全惩罚性赔偿制度的立法梳理，不难发现该制度在立法上呈现出三个明显的趋势：一是惩罚性赔偿的适用范围非常宽泛，从最初的《消费者权益保护法》所规定的经营者只有存在欺诈行为才承担惩罚性赔偿责任，到现行的以客观的、标准化的“食品安全标准”违反与否作为惩罚性赔偿责任承担与否的判断标准。二是惩罚性赔偿力度在逐步加大，自1993年《消费者权益保护法》首次提出“退一赔一”的惩罚性赔偿制度之后；2013年修订的《消费者权益保护法》针对经营者的不同行为确定了“退一赔三”或“赔偿损失外，另赔付所受损失二倍以下的惩罚性赔偿”；2015年修订的《食品安全法》又针对食品生产经营者的不同行为确定了“退一赔十”或“退一赔损失的三倍”等惩罚性制度。三是经营者

"明知"的举证责任合理转移，食品消费者举证责任明显降低，2009 年《食品安全法》和 2015 年《食品安全法》都规定，销售者承担十倍赔偿责任的前提是明知所售食品不符合食品安全标准，这里的明知应为确定知道或推定知道，即对销售者适用过错责任原则。根据《民事诉讼法》"谁主张、谁举证"的原则，销售者主观过错的举证责任应由消费者承担，而消费者和销售者在对商品信息的获取上并不对称，消费者对销售者是否明知很难举证，这无疑加重了食品消费者的维权成本。而在司法实践中，裁判者通常通过客观归责的方式、以经营者违反法定审慎审查义务推定其明知，大幅度降低了消费者举证责任。

（三）我国食品安全惩罚性赔偿的司法现状

显而易见，立法无论是加大惩罚性赔偿的赔偿力度、放宽惩罚性赔偿的适用范围，还是举证责任的重新分配，其目的都是为了降低食品消费者维权的难度、提升其维权的主动性和积极性。但从笔者通过无讼检索到的 2015 年—2018 年期间适用 2015 年《食品安全法》第 148 条第二款作为裁判依据的 4227 件案例来看（以下简称"样本案例"）①，惩罚性赔偿案件出现的高峰期是 2016 年，以后迅速回落。就通常理解而言，案件数量回落的原因无非是两方面的，要么是食品安全环境整体改善导致需要维权的情况减少，要么是消费者维权的结果与预期不符导致其主动放弃维权，或者二者兼而有之。

---

① 笔者以 2015 年《食品安全法》第 148 条第二款作为检索依据，由于新法于 2015 年 10 月 1 日起实施，所以 2015 年度的案例主要是新法实施后裁判的案例，且因新旧法衔接导致检索所得的 4227 件样本案例中也有个别案例是适用 2009 年《食品安全法》第 96 条第二款作为裁判依据的案件。无讼网所统计的 2015 年 - 2018 年期间全国法院系统依据 2015 年《食品安全法》第 148 条第二款作为裁判依据的案例共 4227 件，但这个案件数量仅是无讼网统计的裁判文书的数量，并不代表这个期间全国各级法院审理的食品安全惩罚性赔偿案件总量。因为有些裁判文书可能没有上网公开，有些裁判文书上网具有一定的滞后性，甚至有些已上网公开但无讼尚未收集。

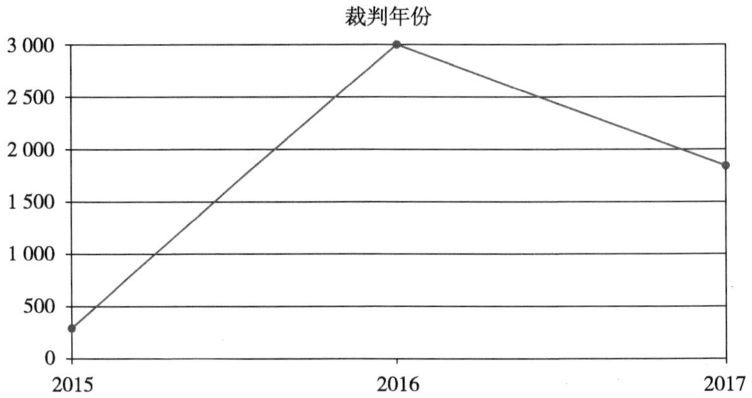

但事实上，根据2015年至2017年度食品药品监管统计年报相关数据显示[①]，同期的食品安全状况并没有得到根本的改善，而法院审理的惩罚性赔偿案件数量却出现了急剧的下降。在食品安全状况并未明显改善的情况下，食品安全维权案件的数量在急剧下降，唯一合理的解释就是有很大一部分消费者即使在遭遇了问题食品的情况下也不再选择主动维权。换言之，立法者原本以为十倍赔偿的巨大获益空间会大大鼓励消费者维权的积极性，进而发挥其“私人总检察长”的监督功能，从而净化食品药品市场

① 2015年食品药品监管部门共查处食品案件241834件，涉及物品总值40398.5万元，罚款104548.8万元，没收8194.7万元，查处无证30659户，捣毁制假窝点743个，吊销许可证235件，移送司法机关1618件。2015年食品药品监管部门共查处保健食品案件5992件，涉及物品总值7698.7万元，罚款3409.4万元，没收323.0万元，取缔（查处）未经许可生产经营244户，捣毁制假售假窝点36个，停业整顿318户，移交司法机关143件。2016年食品药品监管部门共查处食品案件171221件，货值金额52620.9万元，罚款160570.9万元，没收违法所得金额8046.8万元，查处无证7741户，捣毁制假窝点344个，吊销许可证146件，移送司法机关1514件。2016年食品药品监管部门共查处保健食品案件3725件，货值金额7866.7万元，罚款4786.4万元，没收违法所得金额196.9万元，取缔（查处）未经许可生产经营75户，捣毁制假售假窝点21个，责令停产停业97户，移交司法机关141件。2017年食品药品监管部门共查处食品（含保健食品）案件25.7万件，货值金额6.8亿元，罚款23.9亿元，没收违法所得1.6亿元。责令停产停业1852户次，吊销许可证186件，捣毁制假售假窝点568个，移送司法机关2454件。2017年食品药品监管部门共查处药品案件11.2万件，货值金额3.3亿元，罚款4.0亿元，没收违法所得金额1.1亿元，取缔无证经营1146户，捣毁制假售假窝点238个，责令停产停业1569户，吊销许可证162件，移交司法机关1951件。以上数据源自2015－2017年度食品药品监管统计年报。

环境。但该条款现实的实施情况却与立法者的立法预期相去甚远。

为了探究食品安全惩罚性赔偿制度的实施现状和效果，笔者通过对上述样本案例的分析，发现该类案件呈现以下几个特点：

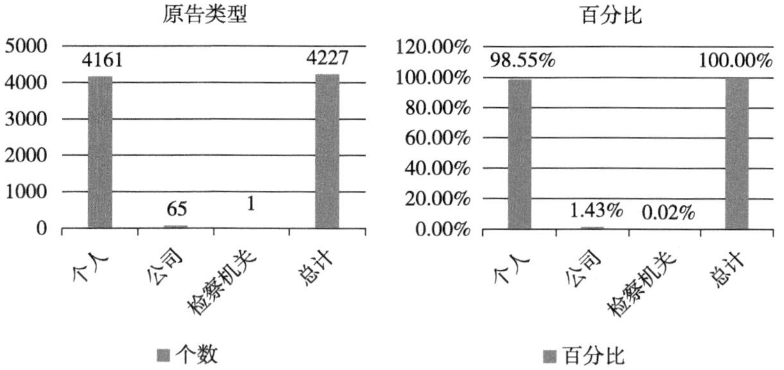

1. 原告类型单一，基本上都是问题食品的购买者，且主要以自然人购买者为限。样本案例中，自然人作为原告的案件为4161件，占样本案例总数的98.55%，而且都是问题食品的购买者，没有出现购买者以外的实际使用者为原告主张惩罚性赔偿的。而且，绝大多数原告呈现出针对不同食品多次反复维权的现象，或者出现多个原告就某一问题产品集中维权的现象，甚至有的原告针对同一问题食品多次购买分别索赔①或者一次购买多次索赔②。尽管大多数法院并未以原告知假买假或者职业打假为由否定其消费者资格，但也有部分法院以原告多次反复维权属于职业打假人、或者购买食品数量明显不合理等理由否定原告的消费者身份，或者虽未直接否定消费者身份，但以涉案食品未造成实际损害为由否定原告惩罚性赔偿请求。这些现象也进一步说明，尽管《食药规定》第3条明确规定“生产者、销售者以购买者明知食品、药品存在质量问题而仍然购买为由进行抗

① 参见（2016）沪01民终13127号民事判决书：“原告出于索赔利益最大化之目的，于1个多月时间里，分8天61次从好又多超市购买同一或类似散装冷冻食品61盒，并以每盒食品索赔1000元为标准分别主张惩罚性赔偿金”。

② 参见（2016）沪02民终字2854号民事判决书：原告从世纪联华虹口公司一次性购买23包散装绿豆，后对世纪联华虹口公司同时出售的23包绿豆分别起诉，在每个案件中均要求按1000元赔偿。

辩的，人民法院不予支持”，但在司法实践中，各地法院对于知假买假的职业打假者是否属于消费者的认定还是存在较大分歧的。

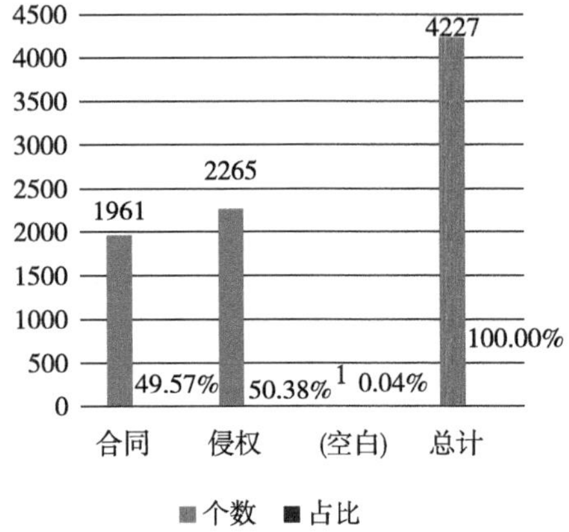

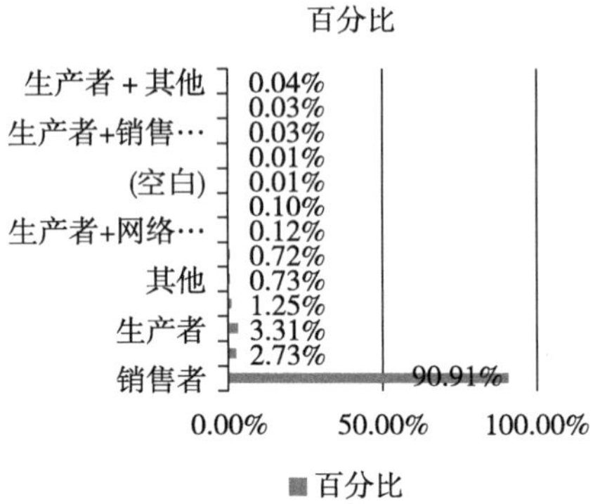

2. 案由相对集中，合同之诉过半，被告大多数情况下是经营者。在4227个样本案例中，有1961件案件事由是合同纠纷，占样本案例总数的49.57%；有2265件案件事由是侵权纠纷，占样本案例总数的50.38%；还有一个案件未写明事由，可忽略不计。尽管合同纠纷与侵权纠纷的比例相差无几，但是从被告的分布来看，销售者作为被告被诉的案件占到案件总数的90%以上，而且作为个案被告的销售者往往是信誉良好、经营规范、食品安全相对有保障的大型商超或者购物平台；生产者作为被告被诉的案件仅占到2.73%。从案由的统计结果来看，法院更倾向于将《食品安全法》148条规定的惩罚性赔偿责任定性为侵权责任，但从实际被诉的对象来看，消费者起诉主张惩罚性赔偿似乎更倾向于将其视为违约责任。之所以出现这种差异，原因在于我国学术界和实务界关于惩罚性赔偿制度性质的认识主要源自美国，因为美国将惩罚性赔偿主要局限于侵权责任领域。而我国《食品安全法》关于惩罚性赔偿责任的规定既可以是违约性质的惩罚性赔偿，也可以是侵权性质的惩罚性赔偿。而且从个案的诉讼请求来看，案由选择的不同并不影响其诉讼请求的趋同以及其胜诉概率。

3. 对“不符合食品安全标准”的理解分歧较大。样本案例中，几乎所有惩罚性赔偿请求提出的理由都是涉案食品“不符合食品安全标准”，但由于我国《食品安全法》第148条第二款并没有明确该食品安全标准的范围,《食品安全法》虽设专章规定食品安全标准，但食品安全标准仍存在着内涵的不确定性和外延的模糊性，加之司法实践中对于食品安全标准审查原则的不统一，导致各级法院法官对食品安全标准的理解存在较大的分歧，出现严重的同案不同判，甚至同一法院不同法官对同一案件作出截然相反的判定，严重影响了司法的权威和严肃。概括而言，司法实践中以涉案食品“不符合食品安全标准”为由，提起惩罚性赔偿的案件主要有两大类：第一类是消费者主张食品本身存在质量问题的案件，而食品质量问题案件具体又可以细分为两种：一种是生产或经营过期、变质、失效的食品，一种是生产或经营的食品非法添加了食品添加剂、药品、保健食品、非食品原料等；第二类是消费者主张预包装食品的标签、说明书存在瑕疵的案件，该类案件所占比例最高，该类标签瑕疵案件又主要包括两种：一种是“漏标”，即标签、说明书的标识遗漏必要信息，一种是“错标”，即标签、说明书的标识存在错误。但无论是食品过期、非法添加等严重违法情形，还是错标、漏标等标签问题，消费者提起惩罚性赔偿诉讼请求都是以标签标注的内容为主要依据，而标识尽管通过观感视觉可识别，通过文字、图示易举证，但标识问题究竟是否关涉食品安全，很大程度上依靠裁判法官结合标识的形式、内容以及一般公众理解等要素综合判断，这与法官的知识水平、生活阅历、审判经验也密切相关，裁判结果的不一致显然不可避免。

4. 经营者“明知”的认定分歧较大，裁判者或者直接忽略经营者是否明知，或者将法定义务的违反直接推定为明知。《食品安全法》第148条第二款尽管将“明知”作为食品经营者承担惩罚性赔偿责任的前提条件，但对于明知的内涵、明知的认定标准以及明知的具体内容并未明确。司法实践对食品经营者“明知”的理解和认识也远未形成一致，从样本案例的审判情况来看，裁判法官对于食品经营者明知的认定普遍呈现出客观归责的倾向，食品经营者被认定为明知的比例也在显著提升，认定“明知”的说理也越来越简单化，有的甚至直接忽略法律对经营者“明知”的要求，径直判令销售问题食品的经营者承担惩罚性赔偿责任。

5. 惩罚性赔偿数额极其有限。笔者从 4227 件样本案例中选取一审案件共计 2541 件进行考察，发现赔偿金额为 1000 元以下的案件为 834 件，占样本案例的 32.8%；赔偿金额在 1 万元以下的案件为 1692 件，占样本案例的 66.6%；赔偿金额万元以上的，不超过样本总数的 5%。这实际上从实践层面再次证实了食品安全惩罚性赔偿制度惩罚力度不足的弊端。

样本案例中一审案件惩罚性赔偿数额分布表

赔偿金额	案件数量	占比
1000 元以下	834	32.8%
1 万元以下	1692	66.6%
1～10 万元	11	0.43%
10～100 万	4	0.16%
100 万以上	0	0%
总计	2541	100%

6. 对损害的界定及损害是否作为惩罚性赔偿责任的适用前提认识不一。食品安全惩罚性赔偿是否应当以“损害”作为其适用前提以及损害的范围如何界定，理论界和司法实务界对此都争论不休。在 2013 年最高院《食药规定》出台之前，理论界和司法界都倾向于认为，惩罚性赔偿不具有独立诉讼理由，该种赔偿必须背载着一个补偿性赔偿的传统产品责任诉讼。因此，原告有权获得补偿性赔偿被广泛认定为获得惩罚性赔偿的先决条件[①]。这在很大程度上限制了惩罚性赔偿制度的司法适用，使其几乎成为“僵尸条款”。为了激活食品安全惩罚性赔偿制度的司法实施效率，2013 年最高院颁布的《食药规定》第 15 条明确了食品安全惩罚性赔偿责任的承担不以消费者存在现实的人身损害作为前提。在笔者所选取的样本案例中，绝大部分案件也没有以消费者存在现实的损害作为惩罚性赔偿责任的适用前提，但也有部分案件却以食品未造成消费者人身、财产或者其

① ［美］戴维·G·欧文．董春华译．产品责任法［M］．北京：中国政法大学出版社，2012：368.

他损失为由驳回了消费者的惩罚性赔偿请求。而且对于损失的界定标准也存在着较大差异，有的裁判法官认为损失不包括价款损失，而有的裁判法官则认为价款损失也属于损失的一部分。正是由于司法实践中对于损失地位的不同认定以及损失范围的不同界定标准，导致了普遍的同案不同判，进而严重地影响了司法的统一和法律的权威。

正是由于我国食品安全惩罚性赔偿立法存在着功能错位、文意不清以及随意超越法律制度射程等诸多问题，导致司法实践中普遍存在着消费者界限模糊、标准认定不统一、裁判标准随意，同案不同判现象严重，不仅打击了消费者对食品安全治理的信心，也严重影响了司法的公信力。尽管当前学术界对食品安全惩罚性赔偿关注和研究的很多，但遗憾的是现有的研究大多数是建立在现有立法的科学性和合理性基础上的对具体制度的正确解释和协调适用，尽管也有少数文章能从立法的高度对食品安全惩罚性赔偿的功能定位、立法缺陷进行审视和检讨，但很少有文章将立法缺陷以及立法缺陷对司法形成的困扰进行研究和考察。立法者本以为十倍赔偿足可以鼓励消费者积极提起诉讼、足可以震慑不法的食品生产经营者，但实际的情况却是真正的消费者即使购买到了问题食品，也会选择不了了之，因为十倍赔偿貌似非常严厉，但问题是十倍赔偿的基数是食品的价款，而大多数食品的价格都不高，即使是十倍赔偿，最后消费者能够得到的赔偿也是数额有限。立法者本以为损失三倍的惩罚性赔偿的增补可以弥补价款十倍赔偿惩罚力度不足的缺陷，但实际的情况却是由于损失证明的难度过大，损失三倍的惩罚性赔偿几近闲置。总而言之，就其实际运行效果来看，现行立法所规定的食品安全惩罚性赔偿既没有实现鼓励消费者维权的效果，只是在一定程度上实现了鼓励纵容职业打假者的知假买假行为；也没有达到惩罚、威慑食品生产经营者的目的，因为十倍价款的赔偿远远低于其违法所得收益；更没有达成净化食品药品市场环境的愿望，因为职业打假人打假索赔的直接目的是获益，肯定会选择举证容易、收益有保障的打假对象。但是，法学研究的惯性思维决定了我们习惯于站在立法的角度审视司法的结果，但很少从司法的运行实效和得失来检讨立法的得失。本文拟从分析和考察食品安全惩罚性赔偿条款在司法实务中的实际运行状态和存在的困境入手，厘清制度供给在司法实践中的回应状况，找出应当回应而没有回应，回应不充分甚至回应错误之处，进而通过对其功能定位的及时回溯，实现对具体制度纠偏和更加精细化的设计，从而确保惩罚性赔偿与既有的法制资源相协调，并在制度演进过程中切实发挥其作用。

第二章　食品安全惩罚性赔偿责任的求偿主体

按照《食品安全法》第148条第二款的规定：生产不符合食品安全标准的食品或者经营明知是不符合食品安全标准的食品，消费者除要求赔偿损失外，还可以向生产者或者经营者要求支付价款十倍或者损失三倍的赔偿金……也就是说，享有惩罚性赔偿请求权的主体必须是消费者，而该法本身并未对何谓“消费者”进行明确的规定，理论和实务上对此条款所称“消费者”的认定标准都源自于《消费者权益保护法》对于消费者的界定。而《消费者权益保护法》对“消费者”的具体概念也没有进行明确的界定，仅是在该法第2条规定了“消费者为生活需要购买、使用商品或者接受服务，其权益受本法保护，本法未作规定的，受其他有关法律、法规的保护”。显然，要界定何为“消费者”必须首先明确何为“生活消费”，而何为“生活消费”，该法对此并没有明确的界定。实践中对于“生活消费”的理解也不尽一致。有观点认为生活消费应限于生活必需的消费品；也有观点认为“生活消费”是为个人或者家庭生活需要而消费物质资料或者精神产品的行为，不能将其仅仅理解为吃穿的消费，它既包括衣食住行等生存型消费，也包括职业培训等发展型消费，还包括文化旅游等精神或休闲型消费；还有观点认为“生活消费”是一个随着经济社会发展而发展的概念，过去不认为是生活消费的，现在或者将来可能成为生活消费，如网络消费，未来还有可能出现太空旅行消费等。《消费者权益保护法》的立法目的是保护整体上为弱者的消费者一方的合法权益，原则上讲，只要提供商品或者服务一方从事的是市场经营活动，购买商品或者接受服务的一方是为了个人或者家庭终极消费的需要，而不是为了从事生产经营或者职业活动的需要，就应当适用本法。这种开放式的定义方式所导致的“消费者”内涵和外延的不确定，引发了理论和实务中的诸多争议。

一、消费者是否必须是个人？

对于消费者是否仅限于自然人，我国《消费者权益保护法》并没有作出明确的规定。而各国立法对于消费者是否仅限于自然人这个问题上，有着截然不同的两种立法模式。一种是认为凡是在消费领域中，为生产或生活目的消耗物质资料的人，不论是自然人还是法人，不论是生活消费还是生产消费，也不论是生活资料类消费者还是生产资料类消费者，都属于消费者。如《泰国消费者保护法》就规定“所谓消费者，是指买主或从事业者那里接受服务的人，包括为了购进商品和享受服务而接受事业者的提议和说明的人”。而另一种则是认为消费者仅指因非商业性目的而购买商品、使用商品的人。所谓非商业性目的就是仅限于购买者自己的消费，而不是用于转卖或营业。如《牛津法律辞典》将消费者归纳为“那些购买、获得、使用各种商品和服务（包括住房）的人”。《英国消费者信用法》规定：消费者是非因自己经营业务而接受同供货商在日常营业中向他或经要求为他提供的商品或劳务的人。《日本消费者合同法》规定：消费者是为经营事业目的之外缔结合同的自然人。而《美国统一商法典》也规定：消费者是为了个人、家庭成员或者家庭目的而购买商品的个人。显而易见，从域外立法例来看，世界多数国家和地区基本形成了一个共识，就是消费者应该是自然人而非组织，因为只有自然人才有生活消费的现实需求，而单位作为若干自然人的集合体，单位的生活消费需求也是通过自然人实现的。

我国《消费者权益保护法》草案曾将消费者的范围规定为自然人，但后来立法没有通过这一条，而是规定成了：“消费者为生活消费需要购买、使用商品或者接受服务，其权益受本法保护”。这一变化至少说明当时立法者对消费者的定义范围是有争议的，不同意消费者仅限于自然人这种观点，故而《消费者权益保护法》在消费者这个定义上采取了回避的态度。随后，各地（例如广东、深圳、浙江、重庆、海南、西藏、新疆等十几个省市自治区）的地方性法规，曾普遍将单位列入消费者的范围。但随后，地方性法规又普遍进行了一轮修改，如上海市、河南省等省市的条例原来规定“本条例所称消费者，是指为生活消费需要购买、使用商品或者接受服务的个人和单位”；但之后修改为“消费者在本行政区域内为生活消费需要购买、使用商品或者接受服务，其合法权益受本条例保护”。此规定虽仍未明确界定消费者是自然人，但与原规定比对，实际上已排除单位为消费者。尽管学术界的许多学者仍坚持认为消费者应该包括单位和个人，但学术界的观点，称为学理解释，虽对法官裁判案件起到一定的影响效果，但其毕竟不具备正式的法律效力。法官的上级是法律，在《消费者权益保护法》没有明确消费者范围的情况下，地方人大通过立法的前后修改，将单位排除在消费者之外的做法并未与法律相抵触，应属合法有效，自然应当优先适用，而并非去适用所谓的学者观点。

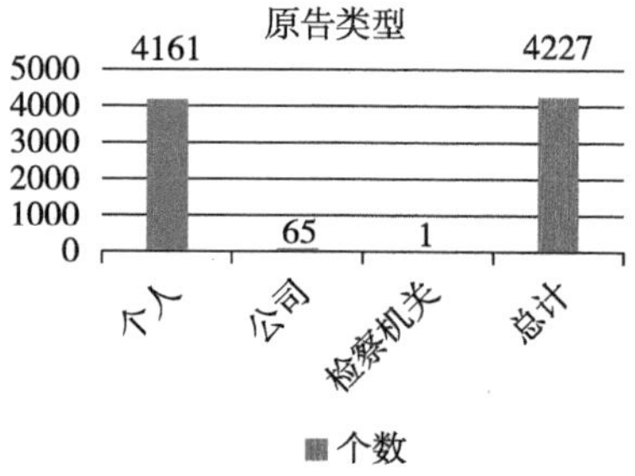

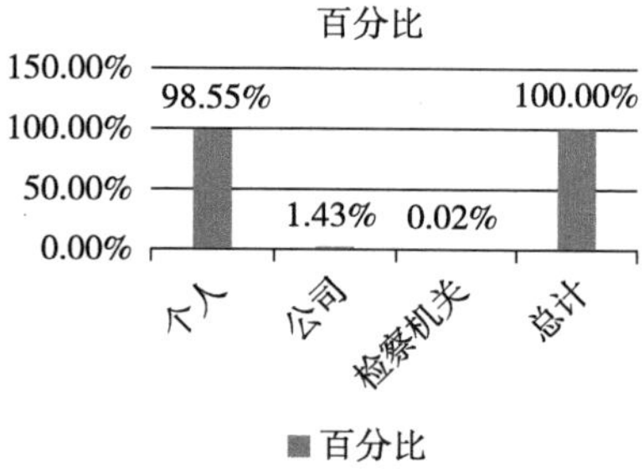

正是由于《消费者权益保护法》在立法层面对消费者是否必须是自然人这一问题采取了回避的态度，导致理论界对此问题颇多争议。但在司法实践领域却对此达成了高度一致的看法，即无论是依据《消费者权益保护法》主张三倍赔偿的消费者，还是依据《食品安全法》主张十倍赔偿的食品消费者，绝大多数都是自然人。在笔者从无讼检索到的4277件样本案例中，仅有一起检察机关提起的，是行政诉讼，不在讨论范围内；有4161件案件提起食品安全惩罚性赔偿请求的原告是自然人，占样本案例总数的98.55%；单位提起的食品安全惩罚性赔偿一共有65起，占样本案例总数的1.43%。对于单位提起的惩罚性赔偿请求，法院一般都以其所购食品并非为了生活消费，不能适用《消费者权益保护法》和《食品安全法》，驳回其惩罚性赔偿请求。例如在北京成林百汇商贸有限公司与北京华联综合

超市股份有限公司西直门分公司等买卖合同纠纷一案中，原告成林百汇公司在被告华联西直门分公司处预定团购了十二箱佳诚开心果，后以涉案食品的脂肪含量明显超过标注的含量、其营养素参考值也超过正常比例为由，向法院诉请被告退货并支付货款十倍的惩罚性赔偿金。但法院认为《食品安全法》第148条第二款规定的惩罚性赔偿的求偿主体限定为“消费者”，根据我国相关法律规定，消费者是指为生活需要购买、使用商品或者接受服务的主体，原告成林百汇公司在其诉状及庭审中均陈述购买涉案商品系用于馈赠与其有业务往来的老客户，其目的仍是为了获得商业利益，而非生活消费，因此原告成林百汇公司所诉事实不应适用《消费者权益保护法》《食品安全法》关于惩罚性赔偿的规定，而应受《中华人民共和国合同法》等相关法律规定调整，最终对其惩罚性赔偿请求不予支持①。

就立法目的而言，《消费者权益保护法》和《食品安全法》之所以允许消费者提起惩罚性赔偿请求、对其权益采取倾斜式保护主要是考虑到消费者在个体交易过程中由于信息不对称处于弱势地位，无法与生产经营者相抗衡。而单位并非消费关系中的弱者，当单位作为商品的买受人、服务合同的订立者时，与经营者相比，根本不是处于一种弱势的地位，它和经营者之间在谈判地位、所掌握的交易信息等各方面都是等同的。当单位与个体经营者或实力更弱的单位发生经济关系时，其甚至处于强者的地位，根本没有必要通过适用消费者权益保护的特殊制度对其进行特别的保护。而且《消费者权益保护法》中规定的很多消费者权利，比如消费者安全权、知情权、选择权、公平权、索赔权、结社权、交易权、隐私权、购买使用商品和接受服务时的人格尊严、民族习惯得到尊重的权利等，都仅是针对自然人而言的，而非单位。如果单位作为购买方，完全可以依靠《合同法》《侵权责任法》以及《产品质量法》追究食品生产经营者的违约责任或者侵权责任，而不必一律依靠救助弱势消费者的《消费者权益保护法》和《食品安全法》。

---

① 参见（2016）京0102民初32293号民事判决书。

二、消费者是否必须局限于消费合同主体?

根据《食品安全法》第148条第二款的规定，惩罚性赔偿责任的求偿主体应当限定为“为生活需要购买、使用商品或者接受服务”的消费者，而此处的消费者究竟是仅指消费合同的一方当事人还是包括商品和服务的最终使用者，立法并未明确。当前，无论是学术界还是司法实务界都倾向于将消费者限定于与生产经营者存在消费合同关系的一方当事人，这就意味着当食品生产经营者生产销售“不符合食品安全标准”的食品时，享有惩罚性赔偿请求权的主体务必是消费合同的一方当事人，消费合同主体以外的人是不可能依据《食品安全法》的规定提起惩罚性赔偿请求的。但实际上，食品生产经营者的主观恶性及其行为性质对于消费者和消费者以外的人并没有显著的区别，都应当接受法律的惩罚，但当消费者放弃维权时，法律就会出现没有适格主体提起惩罚性赔偿请求的尴尬状态。尽管消费者以外的主体在遭受损害的情况下，可以依据《侵权责任法》第47条的规定[1]，请求侵权的食品生产者或者经营者承担惩罚性赔偿责任。但该惩罚性赔偿请求权主体必须是因缺陷食品导致死亡或健康严重损害的被侵权人，换言之，依据《侵权责任法》第47条提起的惩罚性赔偿的仅限于侵权性质的惩罚性赔偿，必须是在存在现实损害的前提才可以提起，而且“相应的惩罚性赔偿”并没有明确具体的赔偿数额或者赔偿数额的具体计算标准。探究食品安全惩罚性赔偿制度设置的目的不难发现，立法者是希望通过惩罚性赔偿鼓励社会公众积极维权，以“私人检察总长”的角色参与到食品安全综合治理中来，但在具体的制度设计上却将惩罚性赔偿的请求权主体局限在与食品生产经营者存在消费合同关系的一方主体，而将众多直接消费食品的消费者拒之门外，这样的规定势必会使惩罚性赔偿制度在司法层面的实施效果大打折扣。而事实上，从笔者检索的样本案例中也不难发现，大多数依据《食品安全法》第148条第二款提起惩罚性赔偿的

---

① 《侵权责任法》第47条：明知产品存在缺陷仍然生产、销售，造成他人死亡或者健康严重损害的，被侵权人有权请求相应的惩罚性赔偿。

原告都是知假买假的职业打假人，而非真正意义上的食品消费者。因为《食品安全法》所规定的惩罚性赔偿也即十倍赔偿仅是食品价款十倍的赔偿，貌似严厉实则隔靴搔痒，由于大多数食品价格都不高，即便是十倍赔偿也不足以提起消费者维权的兴趣。加之我国民众固有的厌讼心理、诉讼结果不确定的潜在风险以及诉讼耗时耗力等诸多因素的影响，导致绝大多数食品消费者即使购买了问题食品也会选择不了了之。而另一方面，由于食品安全惩罚性赔偿的获得并不以消费者遭受损害为前提，所以在这种零成本而有巨大收益可能的制度保障下，一种制度性逐利手段和主体——打假以及职业打假人甚至至打假公司不断涌现几成产业。最终的结果就是形成了现在特有的司法景观：真正的食品消费者即使遭遇问题食品也会选择理性沉默，而职业打假人却依仗食品安全惩罚性赔偿制度在无本逐利。这样的司法回应肯定是不符合立法者的立法预期的，折射到立法上，那就意味着惩罚性赔偿制度在立法上肯定是存在缺陷的，这种缺陷体现在其请求权主体设置方面就是不应当将食品安全惩罚性赔偿的请求权主体仅限定在与食品生产经营者存在消费合同的主体范围内，还应当将其扩大到因食用问题食品遭受损害的所有食品的实际消费者。在立法技术上，可以区分两种情况，一种是在没有造成现实损害的情况下，惩罚性赔偿请求权主体仅限定为消费者；另一种则是在存在现实损害的情况下，惩罚性赔偿请求权的主体应当扩大到所有被侵害者，即受害者可以援用《食品安全法》的规定主张价款十倍或损失三倍的惩罚性赔偿。

此外，免费赠送食品是食品经营过程中的重要营销手段，由于食品、药品事关消费者的人身安全，即使是赠品，也必须保证质量安全。消费者对赠品虽未支付对价，但是实际上赠品的成本已经分摊到付费商品中，故赠送的食品、药品造成消费者权益损害的，生产者与销售者亦应承担赔偿责任。2013 年颁发的《食药规定》第 4 条也规定“食品、药品生产者、销售者提供给消费者的食品或者药品的赠品发生质量安全问题，造成消费者损害，消费者主张权利，生产者、销售者以消费者未对赠品支付对价为由进行免责抗辩的，人民法院不予支持”。但对于接受赠品的消费者能否享有惩罚性赔偿请求权，目前我国《食品安全法》中并没有明确规定，这也给食品安全惩罚性赔偿制度的适用带来了一定的困难。单从理论层面来看，即使按照现行法律规定将食品安全惩罚性赔偿的请求权主体局限于与食品生产经营者存在消费合同关系的合同当事人一方，免费受赠食品的消费者也有权提起惩罚性赔偿请求，因为其与生产经营者之间存在着赠与合同关系。但根据《合同法》第191条的规定“赠与的财产有瑕疵的，赠与人不承担责任。附义务的赠与，赠与的财产有瑕疵的，赠与人在附义务的限度内承担与出卖人相同的责任。赠与人故意不告知瑕疵或者保证无瑕疵，造成受赠人损失的，应当承担损害赔偿责任。”按照该规定，赠与人原则上对于赠与的食品是不负担瑕疵担保责任的，此其一；其二，根据《食品安全法》的规定，食品安全惩罚性赔偿数额的计算应当是价款十倍或者损失的三倍，在食品消费者未产生现实损失的情况下，其惩罚性赔偿请求将势必因为无对价而落空。因此，考虑到与现有法律制度的协调适用，加之消费者毕竟在形式上未支付价款获赠食品、药品，故对于生产者、销售者对赠品承担责任的条件应作一限定，即该赠品必须实际出现了质量安全问题，造成了消费者的损害，消费者才能主张惩罚性赔偿责任。

三、“知假买假”者是否属于消费者？

如前所述，《消费者权益保护法》对于消费者界定所采用的的这种开放式的定义方式，不仅没有明确消费者是否仅限于自然人，而且对于司法实践中普遍存在的“知假买假”者是否属于消费者也未能给出一个确定的结论。因为在立法者看来，《消费者权益保护法》第2条所称“为生活消费需要”内涵丰富，涵盖范围较宽，可解释余地大。而“知假买假”行为是否适用《消费者权益保护法》存在较大争议，立法者认为不宜就此问题作出具体规定，相关纠纷应按本条规定的原则，根据案件具体情况作出处理。待到对于“知假买假”问题逐渐形成统一认识，达成共识的时候，确有必要，可以再通过立法予以明确①。这种立法上的态度不明朗直接导致

① 李适时．中华人民共和国消费者权益保护法释义［M］．北京：法律出版社，2013：16－17.

了理论上的争议不断和司法实践中裁判规则的摇摆不定。

（一）学术界关于“知假买假”者身份的争议

学术界对于“知假买假”是否属于生活消费、“知假买假”者能否纳入消费者范畴基本形成了三种观点：第一种是以梁慧星为代表的以购买者内在的目的和动机作为判断其购买行为是否属于“生活消费”的标准，梁慧星教授认为“买假索赔”案件以获得双倍赔偿为目的，其显然不是“为生活消费的需要”。因此，按《消费者权益保护法》第2条规定，应否定“知假买假”者的消费者地位，其权益也不应受《消费者权益保护法》保护，自然也不能适用《消费者权益保护法》规定获得惩罚性赔偿[①]。这种以内在的目的和动机来判断购买者的购买行为的性质，尽管从理论上来讲是贴合立法者的本意的，但实际情况却是除非购买者自己承认知假买假，否则执法者很难根据购买者的外在行为表象来准确地判断其行为的目的和动机。第二种观点是以王利明教授为代表的以购买者购买后是否转售谋利作为判断其购买行为是否属于“生活消费”的标准，王利明教授认为，购买商品和接受劳务本身就体现着消费者一定的经济利益追求。因此，任何人只要其购买商品或者接受服务的目的不是为了将商品或者服务再次转手，不是为了专门从事商品交易活动，其便是消费者。只要“知假买假”者购买商品不是为了销售，不是为了再次将其投入市场交易，就不应当否认其为消费者[②]。这种以购买后是否转售来判断购买者购买行为的性质，尽管在一定程度上符合我们的生活经验逻辑，但作为法律的评判标准仍是不周延的，因为有些购买行为尽管没有后续的转售，但也区别于普通意义上的生活消费，诸如行政执法部门为调查取证而购买的商品，职业打假人为索赔获利而购买的商品等。第三种观点是以所购买的商品的物理属性作为认定购买者行为性质的标准，《消费者权益保护法》的起草人之一何山

① 梁慧星．消费者权益保护法第49条的理解与适用［N］．人民法院报，2001-3-29.

② 王利明．消费者的概念和消费者权益保护法的调整范围［J］．政治与法律．2002，（2）：8.

认为，消费者是相对于经营者而言的。生产、销售商品和提供服务的是经营者，经营者之外可均为消费者。为生活消费而购买、使用商品或接受服务的是消费者，为物质文化生活而直接消耗为生活消费，为打假并获取物质利益而购买假冒的生活消费品，同样属于生活消费，购买者是《消费者权益保护法》所保护的消费者，可以获得《消费者权益保护法》所规定的惩罚性赔偿①。但这种单纯以物品属性来决定法律适用显然是值得商榷的，因为很多物品单就其性能而言，无法将其确定地归类为可以直接消耗的生活消费品还是用于生产经营的生产资料，自然也就无法准确地判断其购买者是否为消费者了。

（二）司法对“知假买假”者身份的区别对待

1. 普通消费领域

这种学术上关于消费者界定的争鸣，反映在实务中的焦点问题就是“知假买假”者是否属于消费者，能否依据《消费者权益保护法》或《食品安全法》的规定提起惩罚性赔偿的请求？对此问题，《食品安全法》出台之前，尽管学术上有讨论有争议，但在司法上却没有太多的不确定性，因为《消费者权益保护法》规定只有在经营者的行为构成欺诈的情况下，消费者才可以提起惩罚性赔偿请求。而按照《最高人民法院关于贯彻执行〈中华人民共和国民法通则〉若干问题的意见》（以下简称《民法通则意见》）第68条规定“一方当事人故意告知对方虚假情况，或者故意隐瞒真实情况，诱使对方当事人作出错误意思表示的，可以认定为欺诈行为”。而从法律层面来看，经营者欺诈行为的构成必须具备四个条件：其一，经营者必须具有欺诈的故意，也就是说经营者必须明知自己告知消费者的是虚假的信息会使消费者陷入错误认识，而希望或者放任这种结果的发生；其二，经营者必须实施了欺

---

① 何一山．还我一个宁静的公序良俗——消费者权益保护法有关问题访谈录［J］．中国律师．1998，（3）：37.

诈的行为，在向消费者销售商品或者提供服务的过程中存在故意陈述虚假事实或者故意隐瞒真实情况行为，致使消费者陷入错误认识；其三，消费者因为经营者的欺骗行为陷入错误认识，倘若经营者虽然实施了欺诈行为，但消费者并没有产生错误认识或者消费者尽管产生错误认识，但并不是因为经营者的欺诈行为造成的，也不构成法律意义上的欺诈，消费者也不能依据《消费者权益保护法》主张惩罚性赔偿；最后，消费者因经营者的欺诈行为购买了商品或者接受了服务，即经营者的欺诈行为与消费者不真实的意思表示之间具有因果联系，如果消费者虽因经营者的欺诈行为陷入错误，但并未购买商品或者接受服务，则不能认为构成欺诈，消费者也不能依据《消费者权益保护法》主张惩罚性赔偿。

正是由于《消费者权益保护法》将惩罚性赔偿的适用限定在“经营者欺诈”这个狭小的范围内，因而尽管消费者权益保护法没有明确“知假买假”者是否属于消费者，但在司法界几乎是一边倒地认为“知假买假”者不属于消费者，原因在于“知假买假”者并不是因为经营者的欺诈行为而陷入错误认识，进而购买了商品或者接受了服务，“知假买假”者购买商品和接受服务的目的也不是为了“生活消费”，而是为“索赔谋利”，因此不属于消费者，也无权依据《消费者权益保护法》的规定提起惩罚性赔偿的请求。所以当时知假买假的职业打假人惯用的套路是向商家或监管部门投诉，通过调解获得相应的赔偿，而不是向法院提起惩罚性赔偿的诉讼。

此后，《最高人民法院办公厅对十二届全国人大五次会议第 5990 号建议的答复意见》（以下简称“答复意见”）第一条也明确说明，“按照《消费者权益保护法》第五十五条的规定，在普通消费产品领域，消费者获得惩罚性赔偿的前提是经营者的欺诈行为。民法上的欺诈，按照《民法通则意见》第六十八条的解释，应为经营者故意告知虚假情况或故意隐瞒真实情况，使消费者作出了错误意思表示。而对于知假买假人而言，不存在其主观上受到欺诈的情形。”该《答复意见》第 3 条进一步明确：“从目前消费维权司法实践中，知假买假行为有形成商业化的趋势，出现了越来越多的职业打假人、打假公司（集团），其动机并非为了净化市场，而是利用惩罚性赔偿为自身牟利或借机对商家进行敲诈勒索。更有甚者针对某产品已经胜诉并获得赔偿，又购买该产品以图再次获利。上述行为严重违背诚信原则，无视司法权威，浪费司法资源，我们不支持这种以恶惩恶，饮鸩止渴的治理模式”。《答复意见》实际上从立法层面进一步确认了在普通消费领域，知假买假者是不享有惩罚性赔偿请求权的。

2. 食品、药品领域

与《消费者权益保护法》所规定的惩罚性赔偿必须以经营者的欺诈为前提不同，2009 年颁布实施的《食品安全法》第 96 条第二款则明确规定“生产不符合食品安全标准的食品或者销售明知是不符合食品安全标准的食品，消费者除要求赔偿损失外，还可以向生产者或者销售者要求支付价款十倍的赔偿金”。依据该条款规定，食品是否符合食品安全标准是生产经营者承担价款十倍的惩罚性赔偿责任的前提条件，消费者提请十倍价款的惩罚性赔偿请求无需以生产者或者经营者存在欺诈行为作为适用前提。于是在理论界又重新展开了食品药品领域的“知假买假”者是否属于消费者，能否依据《食品安全法》的规定主张十倍价款的惩罚性赔偿的大讨论。而在司法实践中，尽管大多数法院仍旧固守着对消费者范围的保守认定以及对“知假买假”者的天然排斥，但也有不少法院对此存在不同意见，采取不同的做法，最终的结果就是对食品、药品领域的知假买假者的惩罚性赔偿请求，有的法官支持，有的法官不支持，形成严重的同案不同判，影响了法律的统一实施。

正是在这种背景下，2013 年颁发的《食药规定》为“知假买假”者尤其是职业打假人开启了司法便利之门，该规定第 3 条明确规定：“因食品、药品质量问题发生纠纷，购买者向生产者、销售者主张权利，生产者、销售者以购买者明知食品、药品存在质量问题而仍然购买为由进行抗辩的，人民法院不予支持。”从该条司法解释字面意思来看，生产者、销售者以购买者明知质量有问题仍然购买为由进行抗辩的不予支持；反之亦然，消费者明知食品、药品质量有问题仍然进行购买，即知假买假进行索赔，也应当对其诉讼请求予以支持。就立法者的立法本意而言，食品、药品是直接关系人体健康安全的特殊的、重要的消费产品，加之该《食药规定》的颁布实施是在地沟油、三聚氰胺奶粉、毒胶囊等一系列重大食品、药品安全事件频繁曝出，群众对食药安全问题反映强烈的大背景之下，是给予特殊背景下的特殊政策考量。立法者认为在食品药品领域承认“知假买假”者的消费者资格、支持其依据《食品安全法》提起的惩罚性赔偿请求，尽管会让这些“知假买假”者获得意外收益，但对于净化食品、药品市场环境，保障人民生命健康安全，都是有益而无害的。但事实上，由于按照《食药规定》第 3 条规定，“知假买假”行为本身并不影响其消费者的主体资格，也不妨碍其依据《食品安全法》主张惩罚性赔偿；加之《食药规定》第 15 条又进一步明确规定食品、药品领域的惩罚性赔偿不以消费者人身权益遭受损害为前提，这就直接促成了 2014 年《食药规定》实施后食品安全惩罚性赔偿诉讼的爆发性增长。

就其客观效果而言，知假买假乃至职业打假的涌现，对于增强消费者的权利意识，鼓励百姓运用惩罚性赔偿机制打假，打击经营者的违法行为产生了一定的积极作用。但就现阶段情况来看，职业打假人群体及其引发的诉讼出现了许多新的发展和变化，其负面影响日益凸显。就其打击效果来看，食品安全惩罚性赔偿诉讼集中爆发在成本小、举证难度低、对食品安全并无实质性影响的食品标签领域，其打击对象基本上集中在信誉良好、商品质量有保障、管理较为规范的大型超市和企业，而对于真正对市场危害较大的假冒伪劣产品及不规范的小规模经营主体，打击效果并不明显。而这样的诉讼和赔偿不仅没有起到立法者原本期待的净化食品、药品环境的作用，恰恰相反，在零成本而有巨大收益可能的制度保障下，一种制度性逐利手段和主体——打假以及职业打假人甚至打假公司不断涌现几成产业，同时也产生了相当多的社会问题①。

随后 2015 年新修改的《食品安全法》第 148 条第二款以“但书”条

① 戈含锋．论纵向监管理念对食品安全法草案民事责任立法的影响［J］．食品研究与开发，2014，35（18）：223.

款的方式，明确规定了单纯的食品标签、说明书瑕疵，只要不影响食品安全且不会对消费者造成误导的，消费者就不能据此提出惩罚性赔偿请求。但在司法实践中对于哪些瑕疵会对食品安全形成实质性影响并对消费者构成误导，各级各地法院的认定标准也很难形成统一，有的法院甚至直接无视“但书”规定，只要标签内容违反食品安全标准的相关规定就支持惩罚性赔偿责任。在笔者通过无讼检索到的4277件样本案例中，绝大多数案件仍然集中在食品标签领域，很多案件中都隐约闪现“知假买假”者甚至职业打假人的身影。很多原告呈现出针对不同食品重复多次反复维权的现象，或者出现多个原告就某一问题产品集中维权的现象，甚至有的原告针对同一问题食品多次购买分别索赔[①]或者一次购买多次索赔[②]。从所检索到的案件整体情况来看，知假买假在食品、药品买卖过程中最常见的表现形式主要有两种情况：一种是消费者在购买食品、药品前，已明知食品不合格（如过期食品）而故意购买，事后再主张惩罚性赔偿；另一种则是具有一定专业技术的职业打假人，以营利为目的故意购买不安全食品，然后以消费者身份主张惩罚性赔偿。

对于前者即普通消费者偶发的知假买假行为，最高人民法院曾以指导案例的形式进一步确认了购买者的消费者主体资格，在该指导案例中，原告孙银山明知香肠过期而予以购买并进行索赔的行为，裁判法院认为：“消费者是相对于销售者和生产者的概念。只要在市场交易中购买、使用商品或者接受服务是为了个人、家庭生活需要，而不是为了生产经营活动或者职业活动需要的，就应当认定为‘为生活消费需要’的消费者，属于消费者权益保护法调整的范围。本案中，原、被告双方对孙银山从欧尚超

① 参见（2016）沪01民终13127号民事判决书：“原告出于索赔利益最大化之目的，于1个多月时间里，分8天61次从好又多超市购买同一或类似散装冷冻食品61盒，并以每盒食品索赔1000元为标准分别主张惩罚性赔偿金”。

② 参见（2016）沪02民终字2854号民事判决书：原告从世纪联华虹口公司一次性购买23包散装绿豆，后对世纪联华虹口公司同时出售的23包绿豆分别起诉，在每个案件中均要求按1000元赔偿。

市江宁店购买香肠这一事实不持异议，据此可以认定孙银山实施了购买商品的行为，且孙银山并未将所购香肠用于再次销售经营，欧尚超市江宁店也未提供证据证明其购买商品是为了生产经营。孙银山因购买到超过保质期的食品而索赔，属于行使法定权利。因此欧尚超市江宁店认为孙银山‘买假索赔’不是消费者的抗辩理由不能成立”①，换言之，经营者单纯以购买者知假买假并不能否定其消费者主体资格。

对于后者即职业打假人的知假买假行为，有的法院认可其消费者主体资格，直接支持其惩罚性赔偿请求；有的法院则以原告多次反复维权属于职业打假人或者购买食品数量不合理等理由否定原告的消费者身份，不认可其消费者主体资格，进而否认其享有惩罚性赔偿的请求权；也有的法院虽未直接否定其消费者身份，但以涉案食品未造成实际损害为由否认其惩罚性赔偿的请求。这进一步说明，尽管《食药规定》第 3 条明确规定“生产者、销售者以购买者明知食品、药品存在质量问题而仍然购买为由进行抗辩的，人民法院不予支持”，但在司法实践中，各地法院对于知假买假的职业打假者是否属于消费者的认定还是存在较大分歧的。

（三）职业打假的规制逻辑

1. 立法：普通消费者偶发的知假买假与职业打假区别对待

就立法者所追求的立法效果而言，对于普通消费者偶发的知假买假行为支持其惩罚性赔偿请求，客观上对于维护消费者权益、打击无良商家乃至净化食品、药品市场无疑具有非常积极的意义。尽管知假买假者主观上

---

① 最高人民法院指导案例 23 号：孙银山诉南京欧尚超市有限公司江宁店买卖合同纠纷案。基本案情：2012 年 5 月 1 日，原告孙银山在被告南京欧尚超市有限公司江宁店（简称欧尚超市江宁店）购买“玉兔牌”香肠 15 包，其中价值 558.6 元的 14 包香肠已过保质期。孙银山到收银台结账后，即径直到服务台索赔，后因协商未果诉至法院，要求欧尚超市江宁店支付 14 包香肠售价十倍的赔偿金 5586 元。裁判要点：消费者购买到不符合食品安全标准的食品，要求销售者或者生产者依照食品安全法规定支付价款十倍赔偿金或者依照法律规定的其他赔偿标准赔偿的，不论其购买时是否明知食品不符合安全标准，人民法院都应予支持。

存在谋取私利的企图，但是从社会整体效果而言，其行为客观上能够有效抑制制假售假，有利于弥补消费者维权的不足。因此，《食药规定》第3条对知假买假的购买者，认定其具有消费者主体资格。而对于职业打假人或者打假组织来说，虽然其打假客观上也有利于抑制制售假冒伪劣食品、药品行为，但考虑到职业打假通常是有组织、经常化的活动，这些职业打假人或打假公司（集团）的动机并非为了净化市场，而是利用惩罚性赔偿为自身牟利，甚至利用惩罚性赔偿借机对商家进行敲诈勒索。为成功获得索赔，一些职业索赔人通过行政投诉举报向商家施压后，还会通过行政复议、行政诉讼、向纪检监察机关举报、申请政府信息公开等方式，给行政部门施压。而在当前市场监管体制改革的大背景下，基层所的食品药品专业监管力量有限，本该花在更关乎老百姓生命财产安全的有限精力，被接二连三的职业举报“稀释”了，只要来投诉就不能不管，联系企业、调查走访都要花时间，但行政执法部门往往被职业索赔者当作要钱的工具，钱拿到了，投诉也就撤销了。最高人民法院张勇健等四位法官在《〈关于审理食品药品纠纷案件适用法律若干问题的规定〉的理解与适用》一文中明确表示“对于职业打假人或者打假组织来说，虽然其打假客观上有利于抑制制售假冒伪劣食品、药品行为，但考虑到职业打假通常是有组织、经常化的活动，不符合消费者权益保护法对消费者的界定，故对其消费者身份不宜确定。职业打假者购买不合格食品、药品后提起诉讼的，人民法院应予受理，并依照产品质量法第四章和合同法第七章、第九章的规定处理①。换言之，《食药规定》第3条尽管不否认知假买假者的消费者主体资格，但并未将知假买假者和职业打假人划等号，而从上述最高人民法院四位法官对《食药规定》的解读来看，职业打假人显然是不属于立法者所谓的消费者范畴的，自然也不应当支持其惩罚性赔偿请求。

将消费者偶发的知假买假行为与职业打假人的职业打假行为区别对

---

① 张勇健、程新文、张进先、王毓莹．《关于审理食品药品纠纷案件适用法律若干问题的规定》的理解与适用［J］．人民司法．2014，(3)：16.

待，这种假设在理论上是成立的，但在司法实务中，如何实现对偶发的知假买假者与职业打假人的区分却是一个无解的难题。更严重的是最高人民法院这种通过司法解释直接“支持知假买假、否定被告抗辩权”，并以指导案例的形式树立“知假买假”仍然可以主张惩罚性赔偿的标杆的方式，势必会对社会主体形成诉讼投机的负面暗示，这也就是为什么2014年《食药规定》正式实施后，食品安全惩罚性赔偿案件暴增，打假以及职业打假人甚至至打假公司不断涌现并呈产业化发展趋势的重要原因。

2. 司法：普通消费者偶发的知假买假与职业打假无法绝对区分

如前所述，当前司法的一个困境是如何有效识别知假买假的单纯消费者和知假买假的职业打假人，对此，理论界和实务界都进行了相应的研究和探索。

有学者认为对于二者的区分可以借鉴刑法中关于“赌博罪”和“组织行为”的规定，对于以索赔为目的形成组织或者以买假索赔为业的，不属于消费者；而“知假买假”者即便以索赔为目的，只要其没有形成组织或者并非以买假索赔为业，认可将其界定为消费者①。

深圳市中级人民法院也曾于2016年2月9日形成会议纪要，该会议纪要第九条规定：消费者根据《食品安全法》第148条第二款规定向生产者或者销售者主张惩罚性赔偿的，生产者或者销售者能够证明消费者系以营利为目的专门购买不符合食品安全标准的食品的，对于消费者的惩罚性赔偿请求，人民法院不予支持。消费者因购买不符合食品安全标准的食品获得惩罚性赔偿后，再次购买相同或者类似不符合食品安全标准的食品，或者消费者一次性购买不符合食品安全标准的食品数量明显超过普通消费者的正常生活需要的，可以认定其是以营利为目的专门购买不符合食品安全标准的食品。但该文件在网上公布引起热议后，旋即被废止。

笔者从4227件样本案例中选取沈阳市沈河区人民法院审结的338件案件样本进行逐项考察发现，各级法院在具体的案件审理过程中，大多数并

---

① 刘保玉、魏振华．“知假买假”的理论阐述与法律适用［J］．法学论坛．2017，3（32）：64.

没有对职业打假人与普通的知假买假者区别对待。之所以选取沈阳市沈河区人民法院审结的案件作为考察样本，主要原因是笔者从无讼检索到的样本案例统计显示，广州市中级人民法院是适用该条款审理食品安全惩罚性赔偿最多的法院，而沈阳市沈河区人民法院则是适用该条款审理食品安全惩罚性赔偿次之的法院。广州市中级人民法院审理的食品安全惩罚性赔偿案件最多尚且可以以经济发达地区人们的法律意识和维权的主动性都相对较高来解释，而沈阳市沈河区人民法院适用该条款审理的食品安全惩罚性赔偿案件次之却引发了笔者的好奇。通过对具体案件的查阅，笔者发现该地区有一个比较专业的打假团队，而且该法院审结的食品安全惩罚性赔偿案件呈现出如下几个特征：原告、被告基本确定；诉讼标的都很小，大多数案件最终赔偿金额以 1000 元封顶；诉讼标的物主要集中在食品标签领域。但法院在审理食品安全十倍赔偿案件中几乎没有对知假买假的单纯消费者和知假买假的职业打假人进行甄别，原因是认为甄别主体的操作性不强，实践中难以认定什么是职业索赔。

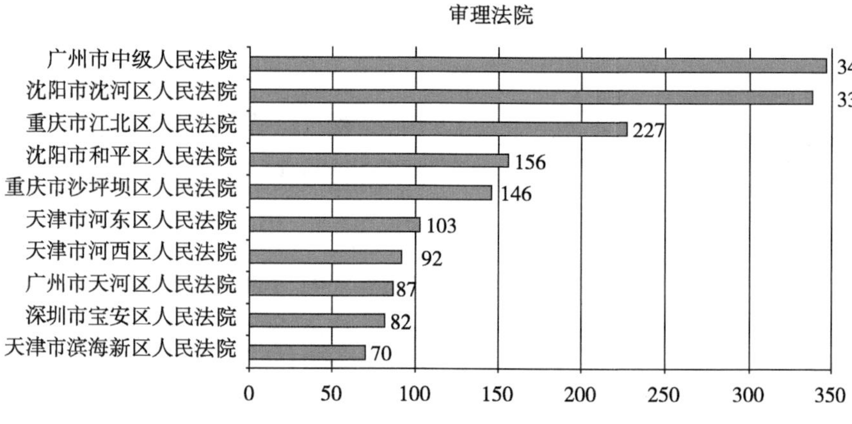

审理食品安全惩罚性赔偿案件数量最多的十个法院

立法者之所以主张对偶发的消费者的知假买假与职业打假人的知假买假进行区别对待，对前者承认其消费者身份，对后者不承认其消费者身份，原因在于立法者认为这种辨别对于从事司法审判的一线实务部门而言，哪些属于偶发性的消费者知假买假，哪些属于职业打假人的买假索赔应当是一目了然的，因为职业打假人一般会存在大量反复购买、事先准备取证、固定模板文书、多地分散投诉等违反一般消费者常规消费作法的行为。也有人主张当法官有合理怀疑或者经营者提出合理质疑时，可以通过举证责任分配让主张惩罚性赔偿的购买者自证“生活需要”，一般人完成了购买行为的举证即推定为消费者（如提供小票），但对于异常大量购买、购买同步取证、多次起诉等有违日常经验法则的情形，可以让购买人承担生活需要的举证责任，举证不能的，购买人需要承担相应的败诉风险。但事实上，这种个案认定通常是综合各方面证据形成的自由心证，难以在规范层面形成统一判断标准，而且这种标准一旦形成就容易被恶意规避。经营者固然难以证明购买者牟利目的，法官可能也难以从现有证据认定购买者的主观心态。换言之，在司法实践层面，很难对所谓消费者偶发的知假买假行为和职业打假人的知假买假行为进行区分。

3. 当前对职业打假行为的规制立场

毫无疑问，职业打假者这一群体的存在将不合格的产品暴露在大众眼前，曾一度被百姓奉为打假英雄，其打假行为对于增强消费者的权利意识，鼓励百姓运用惩罚性赔偿机制打假，打击经营者的违法行为曾经产生过一定的积极作用。换言之，在“职业打假”群体中，“知假买假”者也存在着一定程度的“公益目的”，他们利用民间力量对违反市场正常秩序的群体进行了有效的监督，客观上也起到了与食品安全违法行为作斗争，并监督和改进生产者或销售者经营行为的效果，倒逼生产者销售者主动守法经营，不可否认其存在一定的社会价值。然而不得不说的是职业打假者表面上的光鲜不足以掩盖其以谋求自身利益为目的的原罪：

首先，《食药规定》之所以承认知假买假者的消费者主体资格，原因在于食品、药品是直接关系人体健康、安全的特殊的、重要的消费产品，而该司法解释亦产生于地沟油、三聚氰胺奶粉、毒胶囊等一系列重大食品、药品安全事件频繁曝出，群众对食药安全问题反映强烈的大背景之下，是给予特殊背景下的特殊政策考量。但实际上，绝大多数职业打假人不足以承担起社会对其的期许，在现实中常常发生企业与职业打假人私下赔钱了事的情况；尤其是伴随着职业打假人或打假集团借助惩罚性赔偿制度趁机牟利甚至敲诈勒索，不少职业打假人由正当维权变为恐吓敲诈，甚至明目张胆地索取“保护费”，迫使经营者在满足索赔要求和接受处罚之间作选择。如此一来，不仅不能将出事的食品问题暴露在公众的视线里，反而会扰乱食品市场的运行秩序，造成司法资源的巨大浪费，而且任由这种状态发展蔓延会严重影响社会诚信体系的构建，其产生的负面社会效益已经远远超过了积极作用。

其次，职业打假者作为以购买假货作为谋生手段的群体，他们具有普通消费者所不具有的专业性和牟利性，其本质上并不处于普通消费者的弱势地位。很多职业打假人不仅熟知食品安全标准的相关规定，而且取证手段也越来越专业，索赔流程很娴熟，购买——协商赔偿——举报——行政复议——诉讼一气呵成，对经营者全方位施压以获取赔偿，如果协商结果不符合预期，就会发起行政复议、行政诉讼等，最后提起惩罚性赔偿诉讼。显而易见，在食品安全问题日益凸显的当下，简单的依靠纵向监管的强化、一味的降低惩罚性赔偿责任的适用标准并不能应对当前食品安全问题的复杂性和根源的多样性。若不在法理层面予以厘清，并依法矫治，无疑会恶化营商环境，浪费行政与司法资源，伤害社会诚信。

最后，以打假作为其职业的人多次向法院提起诉讼的行为不仅会引起司法资源的浪费，而且还会侵害到真正消费者的正当权利。需要特别指出的是，即使是食品药品领域，虽然不能因为知假买假而拒绝给予惩罚性赔偿制度的保护，但是这一权利的依据是《食品安全法》第 148 条第二款，而该规定中享有权利的主体是消费者，因此，如果否认了职业打假人的消费者身份，同样不能主张惩罚性赔偿，这与消费者知假买假不影响其主张惩罚性赔偿并行不悖①。

所以，就立法选择而言，职业打假人的消费者主体资格是不应该得到

① 吕来明、王慧诚．食品安全法惩罚性赔偿条款的适用条件［J］．人民司法．2019，（1）：82.

承认的，因为市场的监督工作应由政府承担而不是靠所谓的职业打假者，职业打假者对市场秩序和司法工作带来的弊远远大于利。据此，国家工商总局2016年8月5日公布的《中华人民共和国消费者权益保护法实施条例（征求意见稿）》（以下简称征求意见稿）第2条规定："消费者为生活消费需要而购买、使用商品或者接受服务的，其权益受本条例保护。但是金融消费者以外的自然人、法人和其他组织以营利为目的而购买、使用商品或者接受服务的行为不适用本条例。"而在2016年11月18日公布的《中华人民共和国消费者权益保护法实施条例（送审稿）》（以下简称送审稿）则将第2条改为："消费者为生活消费需要而购买、使用商品或者接受服务，其权益受本条例保护。但自然人、法人或其他组织以牟利为目的的购买、使用商品或接受服务的，不适用本条例。"上述条文是对"职业打假"这一社会热点问题在立法层面的回应，实际上是将"知假买假"者全部排除在消费者之外，而没有区分究竟是普通消费者知假买假还是职业打假人知假买假。《征求意见稿》和《送审稿》的第2条均认为"知假买假"者不属于消费者，更不应当适用有关惩罚性赔偿的规定。略有不同的是《征求意见稿》将这种主观心理状态定义为"以营利为目的"，而《送审稿》将其定义为"以牟利为目的"。根据《现代汉语词典》的解释，"营利"为中性词，偏向于谋求利润之意，既包括合法营利，也包括非法营利；而"牟利"为贬义词，多为利用不当手段谋取不当利益之意。总之，"牟利"相较于"营利"的主观恶性更大，更应受到谴责与非难。从"营"到"牟"的措辞变化，虽有价值倾向、感情色彩之细微差异，但从其旨在规制"知假买假"的制度设计初衷来说，两者并不存在本质上的差异。从规范层面来看，无论是出于营利还是牟利的目的，这两种主观状态映射到具体的行为上均表现为明知假货而购买并索取高额的惩罚性赔偿，而法律规制的恰恰是人的外在行为，而非心理活动。而从实践的角度来看，去证明"营利"或"牟利"之目的的途径并无差异，目前，主要的证明途径为证明其购买数量超过合理自用数量或其重复购买、多次举报、反复诉讼等。故此，笔者认为"营"与"牟"之变的意义不大。但是问题的关键在于法律将“知假买假”者全部排除在食品安全惩罚性赔偿范围之外的同时，也应当为其价值的发挥创设合法的通道。而职业举报人制度本来是不需要借道消费合同就能将职业打假行为纳入法治化轨道，使职业打假人以“公众”而非假冒的“消费者”参与抑制违法经营的行动中。我国台湾地区的《食品安全卫生检举案件处理及奖励办法》第四、五条就明确规定民众如果检举食品搀伪、假冒、超过有效日期或使用违法添加物等食品安全事件查证属实，台湾县市卫生局应将至少罚款实收金额50%以上比例作为举报人的检举奖金，其余食品安全检举案件，至少罚款实收金额20%以上比例作为举报人的检举奖金。只要举报的食品安全案件属实，即使案件最终被判无罪，检举奖金也不被追回。同时，在重大食品安全检举案件中，根据检举内容以及对案件侦破的贡献程度，允许额外发放10万至200万元奖金。如果举报人为现职或离职员工检举其违法业主，额外发放的奖金最高上限可至新台币400万元[①]。我国《产品质量法》第10条就明确规定了举报人的奖励制度，即“任何单位和个人有权对违反本法规定的行为，向市场监督管理部门或者其他有关部门检举。市场监督管理部门和有关部门应当为检举人保密，并按照省、自治区、直辖市人民政府的规定给予奖励”。我国《食品安全法》第115条第一款也规定“县级以上人民政府食品药品监督管理、质量监督等部门应当公布本部门的电子邮件地址或者电话，接受咨询、投诉、举报。接到咨询、投诉、举报，对属于本部门职责的，应当受理并在法定期限内及时答复、核实、处理；对不属于本部门职责的，应当移交有权处理的部门并书面通知咨询、投诉、举报人。有权处理的部门应当在法定期限内及时处理，不得推诿。对查证属实的举报，给予举报人奖励”。而奖励制度正是为了弥补政府监管之不足，通过物质奖励的方式，鼓励全社会同各种不正当竞争行为或明知产品存在严重缺陷而仍然制

---

① 谢梦雅．食品安全治理探析——借鉴中国台湾地区相关食品安全的法律规定［J］．商．2015，（17）：261.

售缺陷产品的行为作斗争[①]。奖励制度分为受害人奖励和举报人奖励两种方式，受害人奖励类似于惩罚性赔偿制度，而将职业打假人纳入举报人奖励制度进行规范，无论是从理论上还是立法上都是可行的。

但遗憾的是，立法者对职业打假人的态度从最初的鼓励纵容直接跨越到当下的围追堵截，2018 年至今各地乃至国家纷纷出台政策打击职业索赔，2018 年 5 月 1 日起施行的《深圳经济特区食品安全监督条例》第 97 条规定明确指出：食品药品监督管理部门、消费者委员会受理关于食品安全问题的投诉举报时，发现投诉人超出合理消费或者以索取赔偿、奖励作为主要收入来源的，可以终止调查并将相关线索纳入食品安全风险监测范围。但是，可能引发食品安全事故或者涉嫌犯罪的除外。2018 年 10 月 12 日上海市工商行政管理局、上海市人民政府法制办公室等更是七部门联手，发布了《关于有效应对职业索赔职业举报行为维护营商环境的指导意见》，明确“鼓励公益性职业举报行为，规范和治理影响营商环境的私益性职业索赔、职业举报行为，严厉打击职业索赔、职业举报过程中存在的涉嫌敲诈勒索、诈骗、滥用投诉举报权等行为”，落实对职业索赔、职业举报行为的分类管理、分类指导。澎湃新闻从相关渠道获悉，该指导意见实施以后，上海 2019 年上半年职业索赔数量已大幅下降约三成。杭州于 2018 年成立电子商务产业园后配套出台了《关于优化营商环境遏制职业索赔、职业举报行为的指导意见》，对碰瓷式职业索偿行为，实施“投诉不受理、举报不处罚、诉讼复议不支持”政策。2019 年 5 月 9 日，中共中央、国务院发布的《关于深化改革加强食品安全工作的意见》也明确提出“对恶意举报非法牟利的行为，要依法严厉打击。我国 2019 年 5 月 10 日国家市场监督管理总局发布的《市场监督管理投诉与举报处理办法》（征求意见稿）中也拟规定：不为生活消费目的购买、使用商品或者接受服务的投诉将不予受理。2019 年 8 月 8 日，国务院办公厅印发《关于促进平台经

---

① 孙效敏．奖励制度与惩罚性赔偿制度之争——评我国《侵权责任法》第 47 条［J］．政治与法律．2010，（7）：94－95.

济规范健康发展的指导意见》提出，为保护平台、平台内经营者和平台从业人员等权益，依法打击网络欺诈行为和以“打假”为名的敲诈勒索行为。这一系列规定或意见实际上是相当于将职业打假人彻底排除在食品安全治理之外。由于本文的主旨在于探讨惩罚性赔偿请求权的主体是否能够涵盖职业打假者这一问题，对于知假买假者亦或职业打假人如何参与食品安全治理是另一层面的问题，本文暂不予讨论。但立法者这种从一开始的鼓励纵容到最后的围追堵截的做法，在立法政策上是否具有合理性是值得商榷的。

4. 对职业打假行为应然的规制逻辑

显而易见，在发挥职业打假人作用时，现行立法有饮鸩止渴之嫌，忽略了两个重要因素：第一，最高院关于经营者不得以消费者“知假买假”进行抗辩的主张，忽略了实体法与程序法的不同特征，即使最高院不作此冗余的解释，实践中被告也难以举证原告确系知假买假，在抽象规则上直接否定被告抗辩权而不是基于个案分配举证责任，对社会主体势必会形成诉讼投机的负面暗示，这也是为什么我国当前在食药领域职业打假盛行的重要原因之一；第二，我国立法上缺乏知假而不用买假即可发起法律行动的制度设计，既有作法是对这一缺失的替代性作法，是解决社会矛盾的围堵之法而非疏解之道，也造成削足适履之弊。如能形成不借道消费合同的食品安全治理规则，使职业打假人以“公众”而非假冒的“消费者”参与抑制违法经营的行动中，才能将个案非当事人外的社会治理力量纳入法治化轨道。

笔者认为从法律实施层面而言，立法者既不必像《食药规定》那样忽略实体法和程序法的界限，直接规定“经营者不得以消费者知假买假进行抗辩”的解释，从而避免对社会主体形成诉讼投机的负面暗示；也不必像《深圳经济特区食品安全监督条例》以及《市场监督管理投诉与举报处理办法》（征求意见稿）等那样对职业打假人围追堵截，从而避免运动式治理的极端化。毕竟职业打假行为的积极作用也是应当肯定的，其负面作用也不能过度夸大，更不能对其全盘否定，而且职业打假和普通消费行为从行为表象上也不可能绝对区分。因此，当前讨论的重心与其说是对支持与不支持职业打假的讨论，还勿宁说是对职业打假规制程度的讨论。探讨如何进一步压缩职业打假者的获益空间、增加其获益难度方才更具问题的本质性和关键性意义，具体而言就是如何逐步限制和遏制职业打假人的牟利性打假行为。

众所周知，职业打假早已有之，但职业打假的产业化发展却是在2014年《食药规定》实施之后出现的，因为该规定第3条明确规定“因食品、药品质量问题发生纠纷，购买者向生产者、销售者主张权利，生产者、销售者以购买者明知食品、药品存在质量问题而仍然购买为由进行抗辩的，人民法院不予支持”，该种以司法解释的形式直接“支持知假买假、否定生产经营者抗辩权”的做法，势必会对职业打假形成一种法律上的引导和鼓动作用。但伴随着职业打假的负面影响日益凸显，早在2017年5月19日最高人民法院办公厅出台了《对十二届全国人大五次会议第5990号建议的答复意见》（法办函［2017］181号以下简称《答复意见》）明确指出“在除购买食品、药品之外的情形，逐步限制职业打假人的牟利性打假行为”，要“适时借助司法解释、指导案例等形式，逐步遏制职业打假人的牟利性打假行为”。但按照《答复意见》及《食药规定》第3条之规定，逐步遏制或限制“职业打假人的牟利性打假行为”在食品药品领域却实行“适用除外”，即职业打假人在食品药品领域仍可以依靠制度无本取利。且不说在食品药品安全标准泛化的情况下，食品药品领域继续纵容职业打假人的做法是否具有必要性，单就以恶治恶这一规范逻辑本身的合理性也是值得质疑的，因为食品药品领域的知假买假、职业打假并没有使食品安全的严峻形势得以缓解，也未净化食品药品市场环境。即便是职业打假真的有利于缓解食品安全形势，但为了一时的抑制食品违法经营而牺牲市场经济赖以展开的契约精神和诚信原则，长期看来对法治建设有害无益。基于此，笔者认为对职业打假人牟利性打假行为的限制应当不加区别地适用于所有消费领域。

首先，应当修改现行法律规定，从立法层面否定知假买假行为的合法性。如前所述，《食药规定》第3条直接“支持知假买假、否定生产经营者抗辩权”的做法，势必会对社会主体形成诉讼投机的负面暗示，因此建议删除该规定，直接借助举证责任分配的方案来加以解决。因为按照民事证明责任“谁主张、谁举证”的原则，生产者、经营者以购买者明知食品、药品存在质量问题而仍然购买为由进行抗辩的，应当提供购买者具有明知的证据，不能提供的，人民法院不予支持。如此一来，其实践效果与《食药规定》第3条的实践效果可能殊途同归，毕竟消费者是否明知纯属其主观心理状态，生产者和经营者的举证责任难度较大，但却符合民法原理。同时还需要对《答复意见》进行修正，删除“限制职业打假人的牟利性打假行为”在食品药品领域的“适用除外”，将其不加区别地适用于所有消费领域。

其次，逐步规范对“职业打假人牟利性打假行为”的界定。最高院《答复意见》采取“身份”+“行为”的双重限定规范模式，既要对“职业打假人”的身份进行认定，也要对其“牟利性打假行为”进行判断。从理论上讲，职业打假人和普通消费者之间唯一的区别在于是否以“生活消费”为目的，但在实践中二者很难实现绝对的区分，各地法院对于“职业打假人”身份的认定主要从“同类案件的诉讼量”“大量重复购买”“事先摄影、公证”以及“是否有正当职业”等因素予以考量。如在优禾生活实业（上海）有限公司、冯慧亮买卖合同纠纷案中，二审法院就以冯慧亮在短时间内大量提起购物纠纷，特别是在本地区就案涉同一食品、同一被告先后三次提起索赔诉讼的实际认定其购买行为超出了“为生活消费需要购买商品”的范畴，据此对冯慧亮十倍价款赔偿的主张不予支持①。而对于“牟利性打假行为”则是从正面认定和反面排除结合进行，正面认定主要是看职业打假人是否存在有规划的、持续、反复的索赔行为，“这种行为就是营利性行为”，亦即是具有“牟利性目的”的打假行为或者说牟利性打假行为；反面排除则是由购买者举证证明自己并非“牟利性目的”，而是正当消费行为的方式。

① 参见（2018）浙01民终120号民事判决书。

当然，在现行立法关于惩罚性赔偿制度进行根本性变革之前，职业打假市场的利润空间肯定会一直存在，司法裁判规则的设定实际上对这一利润空间进行尽可能合理的分配，究竟是将这一利润空间分配给职业打假人，还是分配给市场上的各种程度“假货”的经营者，是一个关涉规制工具与规制目标、规制体制与规制对象、规制强度与规制效果是否匹配等多种因素综合权衡的问题，而“职业打假人牟利性打假行为”的认定仅仅是其中一环，它还得考虑实体法层面上惩罚性赔偿需不需要以“损害”为前提、“欺诈”的认定、食品安全标准范围的确定，程序层面举证责任的分配，乃至行政处罚与司法裁判的衔接等问题，而且将“职业打假人牟利性打假行为”排除在惩罚性赔偿范围之外也不可能完全杜绝职业打假行为。

（四）司法出路：消费者惩罚性赔偿请求权的集合行使

食品安全惩罚性赔偿制度设置的初衷是为了鼓励消费者的维权行为、惩罚不法生产经营者的不法行为、净化食品药品市场环境。但就该制度目前的司法回应现状来看，该制度已经沦为职业打假者无本取利的工具，倘若通过逐步遏制或限制“职业打假人的牟利性打假行为”，将大量的职业打假人排除在惩罚性赔偿之外，那就意味着这一制度很可能形同虚设，彻底成为僵尸条款。因为受惩罚性赔偿数额有限、信息不对等、诉讼能力悬殊、证据分布不均衡等因素限制，普通消费者即使遭遇了问题食品也会选择理性沉默。食品安全惩罚性赔偿制度的立法初衷与司法效果的这种背离，直接引发了学界对该制度存在合理性的怀疑，有学者甚至认为该制度混淆了公法和私法的界限、根本没有存在的必要。但实际上，惩罚性赔偿制度在弥补公法执行不足以及实现生产经营者外部成本的内部化方面都是有积极作用和意义的。因此，当前最应该讨论的问题不是该制度的存废问题，而是如何破解这一制度的司法困境。笔者认为破解当前司法困境的方式有二：一是从立法层面加大惩罚性赔偿的惩罚力度，该问题本文第五部分将专门进行论述，此处不再赘述；二是从司法实施层面促成消费者惩罚性赔偿请求权或曰诉讼实施权的集合行使。

就其本质而言，惩罚性赔偿制度是立法者在经济分析的基础上通过赋予消费者惩罚性赔偿请求权，试图通过额外的诉讼收益激励消费者积极维权，使食品生产经营者的外部成本尽可能的内部化。但是，由于食品安全惩罚性赔偿数额有限、信息不对等、诉讼能力悬殊、证据分布不均衡等因素限制，消费者通过个别诉讼行使补偿性与惩罚性赔偿请求权仍可能存在诉讼不经济情形。而要避免个体在分别行使诉权过程中存在的不经济问题，最有效的方式就是通过诉权的集合行使，以追求诉讼的规模效应。在实现诉讼规模效应方面，英、美两国的集团诉讼、德国的团体诉讼以及欧盟关于保护消费者集体利益的代表人诉讼都提供了可以借鉴的做法。按照我国《民事诉讼法》的规定，民事诉讼的形态包括个人诉讼、共同诉讼、代表人诉讼以及公益诉讼，而个人诉讼和共同诉讼都无法解决个别诉讼不经济的问题，无法激励消费者维权的积极性，惟有代表人诉讼在形式上可以实现消费者诉权的集合行使，在客观效果上实现诉讼的规模效应，解决个别诉讼不经济的问题。但问题的关键在于，我国现行《民事诉讼法》规定的代表人诉讼虽源自美国的集团诉讼，但与集团诉讼又存在着本质的区别：首先，代表人的产生方式不同。我国代表人诉讼是由其他当事人明确授权产生或由人民法院与多数人一方商定；而美国集团诉讼则是以默示方法消极认可诉讼代表人的代表地位。其次，我国代表人诉讼明确了将不确定人数转化为确定人数的程序，即权利登记程序，通过向法院登记，使群体成员人数确定下来，对于法院公告期未明示参加诉讼的，不作为群体成员；而美国集体诉讼则采用相反的做法，规定法院公告期间没有明确申请排除于集团之外的，视为参加诉讼。最后，判决扩张的方法不同。我国代表人诉讼判决是对未作登记的权利人间接有扩张力，即在权利人独立提起诉讼后，人民法院裁定适用对群体诉讼的判决和裁定；而美国的集团诉讼判决是直接扩张于未明示把自己排除于集团之外的成员。显而易见，我国法律关于代表人诉讼的明确授权、登记确认、诉讼裁定适用等技术性要求已经使其功能大打折扣，加之司法部门案件数量统计、地方政府治理的现实需求以及其他一些人为制造的障碍，导致该制度在消费者诉权集合行使方面难以发挥应有的功能。

正是由于代表人诉讼存在着上述弊端，所以有学者提出应当允许消费者将其所固有的损害赔偿请求权概括性移转给具备提起公益诉讼主体资格条件的消费者协会，借助消费者协会的团体诉讼节约消费者维权成本、避免败诉所需要承担的风险，而惩罚性赔偿金归属受害消费者所有意味着消费者将“不劳而获”，消费者通过消费者协会维权的积极性将大为提升①。而消费者协会不经消费者的特别授权就可以代表消费者提起诉讼，大多数学者认为是基于诉讼信托，但从立法层面来看，《日本信托法》第 11 条、《韩国信托法》第 7 条以及我国台湾地区《信托法》第 5 条都否认诉讼信托的法律效力，我国《信托法》第 11 条也明确规定：“专以诉讼为目的设立的信托无效。”但我国台湾地区《信托法》在第 5 条原则上禁止诉讼信托的同时，又在一定程度上对公益团体开放这一制度，最典型的就是我国台湾地区的《消费者保护法》第 50 条的规定：“消费者保护团体对于同一原因事件，致使众多消费者受害时，得受让 20 人以上消费者损害赔偿请求后，以自己名义提起诉讼。对于所得之赔偿，扣除诉讼必要费用后，交付该让与请求权之消费者。”而大陆同样在《信托法》第 11 条明确禁止诉讼信托的同时②，于 2016 年 5 月 1 日实施的《最高人民法院关于审理消费民

---

① 黄忠顺. 食品安全私人执法研究——以惩罚性赔偿型消费公益诉讼为中心［J］. 武汉大学学报（哲学社会科学版）. 2015，（7）：91.

② 我国尽管在立法上禁止诉讼信托，但早在 2004 年在著作权领域就确认了诉讼信托的实践，2004 最高院公报案例：黑龙江省饶河县四排赫哲族乡人民政府以赫哲族全体人民的代表的身份向法院提起诉讼，主张对《乌苏里船歌》享有著作权，北京第二中级人民法院认为：原告作为依照宪法和法律在少数民族聚居区内设立的乡级地方国家政权，既是赫哲族部分群体的政治代表，也是赫哲族部分群体公共利益的代表。在赫哲族民间文学艺术可能受到侵害时，鉴于权利主体状态的特殊性，为维护本区域内赫哲族公众的利益，原告以自己的名义提起诉讼，符合宪法和法律确立的民族区域自治法律制度，且不违反法律的禁止性规定，因此属于适格的原告。”承认赫哲族乡政府作为赫哲族利益的受托人，在赫哲族整体利益受到侵害时，有权以原告资格提起诉讼，这实际上就是诉讼信托。随后国务院于 2004 年 12 月 22 日专门颁布的《著作权集体管理条例》第 2 条明确规定著作权领域的诉讼信托，即“本条例所称著作权集体管理，是指著作权集体管理组织经权利人授权，集中行使权利人的有关权利并以自己的名义进行的下列活动：……进行涉及著作权或者与著作权有关的权利的诉讼、仲裁等”。

事公益诉讼案件适用法律若干问题的解释》（以下简称《消费民事公益诉讼司法解释》）第1条却明确规定“中国消费者协会以及在省、自治区、直辖市设立的消费者协会，对经营者侵害众多不特定消费者合法权益或者具有危及消费者人身、财产安全危险等损害社会公共利益的行为提起消费民事公益诉讼的，适用本解释。法律规定或者全国人大及其常委会授权的机关和社会组织提起的消费民事公益诉讼，适用本解释”。该规定表明，我国的诉讼信托制度也是向社会公益团体开放的，亦即在消费者权益受到侵害的情况下，消费者协会可以作为消费者的代表提起公益诉讼。

那么消费者协会提起公益诉讼的同时，能否依据《食品安全法》148条第二款的规定一并提起惩罚性赔偿请求？《食品安全法》第148条明确规定食品安全惩罚性赔偿请求权的主体为消费者，作为消费者代表的消协组织，是否有权提起惩罚性赔偿，法律并没有作出明确的表述。在我国，公益诉讼制度尚处在探索和摸索阶段，不仅之前的法律法规对其缺少相关制度设计，最新的相关法律文本，也为司法实践留出探求的空间。《消费民事公益诉讼司法解释》第13条明确规定“原告在消费民事公益诉讼案件中，请求被告承担停止侵害、排除妨碍、消除危险、赔礼道歉等民事责任，人民法院可予支持”。根据该规定，公益诉讼的请求并未明确包含惩罚性赔偿，所以消费者协会提起的食品公益诉讼基本都没有涉及到惩罚性赔偿问题，大多数只是提出赔礼道歉诉讼请求，难以真正发挥该制度的功能。

2017年最高人检察院发布的《关于加大食药领域公益诉讼案件办理力度的通知》（下称《通知》）明确要求，对于食药领域的民事公益诉讼案件，可以探索提出惩罚性赔偿的诉讼请求，增加违法行为人的违法成本，从根本上遏制食药领域侵害社会公共利益的违法行为。但2017年3月8日，广东省消委会接受检察机关的检察建议，向深圳市中级法院就李某等20余人销售病死猪肉提起食品安全公益诉讼的同时，请求法院判令李某等人承担惩罚性赔偿金1006.2万元，并通过新闻媒体公开赔礼道歉。这是全国第一例惩罚性赔偿消费公益诉讼，但对这起诉讼，法院仅支持了关于赔礼道歉和部分律师费的诉讼请求，并没有支持惩罚性赔偿的诉讼请求。原因在于法院认为民事赔偿以填补损失为原则，以法律明确规定适用惩罚性赔偿为例外，消费者协会请求惩罚性赔偿，负有提供明确法律依据的举证责任，但其引用的《消费民事公益诉讼司法解释》第 13 条第一款虽未明确排除惩罚性赔偿，但也未明确规定可适用惩罚性赔偿，因此原告依据该条主张惩罚性赔偿，依据不足。而且按照《食品安全法》第 148 条二款的规定，惩罚性赔偿必须由消费者提出，本案中消费者协会并未购买相关的猪肉用于消费，因此并非本案猪肉的消费者，也没有支付过购买被告销售的猪肉的价款或者受到其他损失，因此本案并不适用食品安全法的上述条款，其所主张的 1006.2 万元的惩罚性赔偿，缺乏法律依据，不予支持①。但实际上，这种销售用甲醛浸泡过的病死猪肉的不法行为严重危害了广大消费者舌尖上的安全，侵害了不特定多数消费者的身体健康，侵犯了广大消费者的健康权。但是，这类案件中的消费者却极少提起赔偿诉讼，甚至有些消费者根本没法知道自己是否受到侵害，而且绝大多数消费者也没有办法获取证据，因为谁也不会为买一块猪肉去保留证据，所以让消费者提起惩罚性赔偿的诉讼请求几乎是不可能的，但消费者的损害却是现实的、客观存在的。所以，在这种情况下，将食品安全惩罚性赔偿请求权的主体资格进行适度的扩张，允许具有法定维权职责的消费者协会在具备条件的情形下通过公益诉讼提起惩罚性赔偿请求，不仅能实现对众多消费者合法权益的保护，而且还可以实现对侵权者侵权行为的经济制裁。这两者都是消费公益诉讼需要承担的诉讼任务，不可偏废。

《食品安全法》中有关惩罚性赔偿的规定，虽然是指具体的特定的消费者受到损失，但其立法本意实际上有两层，一是要让受侵害的个体权利得到伸张，二是要让侵权者受到严厉的经济制裁。在消费者不提起诉讼且侵权行为损害了公益的情况下，消费者协会提起公益诉讼的同时主张惩罚性赔偿可以参照这个立法，因为消费者的损害是客观存在的。但消费者协

---

① 参见（2017）粤 03 民初 547 号民事判决书。

会享有的惩罚性赔偿权与消费者享有的惩罚性赔偿权应该具有不同性质，消费者的惩罚性赔偿权属于民事诉权，目的是为了补偿受害人的财产性损失，是消费者自己享有的判决利益，请求权人和受益人是二者合一的；消费者协会的惩罚性赔偿权不同于私权，也不应该是公权，应该是介于二者之间的具有独立性的请求权。这种请求权在《消费者权益保护法》和《食品安全法》中没有特别明确指出，但通过法律解释可以推出来。《消费民事公益诉讼司法解释》第13第一款规定："原告在消费民事公益诉讼案件中，请求被告承担停止侵害、排除妨碍、消除危险、赔礼道歉等民事责任的，人民法院可予支持"。本条虽然没有明确列举"赔偿损失"，但是也没有明确禁止。深圳市中院认为该条并未明确规定可适用惩罚性赔偿，因此，消协组织不能提起惩罚性赔偿；但实际上，这一条款也并未排除消协组织要求赔偿的权利。分歧就在于怎么理解条文列举的停止侵害、排除妨碍、消除危险、赔礼道歉四项请求权后紧跟着的那个"等"字。中国法学会消费者权益保护法学研究会会长河山认为法律中所有的"等"应该都是等外，没有等内。全国人大常委会法工委民法室副主任杜涛解释说："有些法条中为什么加个'等'？因为立法时在认识上还有一些分歧，不能明确写进去，堵死了也不太好，就不给它关门，写一个'等'。"中国人民大学法学院教授刘俊海认为："社会生活是复杂的，而且不断地在变动，必须有一个'等'，让法律由僵硬的法律变成一个活的法律。"

事实上，赔偿损失请求权缺失的消费民事公益诉讼，只能在一定程度上制止侵权行为本身，而无法充分保护消费者的合法权益，也不能有效禁止不法经营行为，更不能收缴不法经营者此前已经获得的高额不法收益以及对其他经营者形成有效的警示和震慑。而且很多重大食品安全案件通过刑事程序已经实现了禁止加害行为的目的，如果另行启动一个复杂的民事公益诉讼只为了要求违法经营者"赔礼道歉"，那么就是在用消费民事公益诉讼这一"重型武器"打"死苍蝇"，不仅没有节约司法资源，反而会造成对司法资源的极大浪费。由于消费领域公益和私益的融合，民事消费公益诉讼原告在身份上既是公共利益的维护者，也是消费者个体利益的实现者，公益私益的融合以及民事消费公益诉讼原告的双重身份属性，加之两种惩罚性赔偿共同指向被告的同一个行为，使得社会法语境下的源于公共利益保护的惩罚性赔偿类型可以吸收私益性的惩罚性赔偿，进而将两者融于一个惩罚性赔偿请求。消费公益诉讼原告可以直接根据法律规定，获得惩罚性赔偿请求权，而其胜诉所获得的惩罚性赔偿金则可以直接救济受害的消费者。

正是由于理论上关于消费者协会提起惩罚性赔偿请求具有正当性，而实践中支持消费者协会代表消费者提起惩罚性赔偿的呼声也越来越高。2017年10月26日，广东省消委会再次接受广州市检察院的检察建议，对钟某、骆某等贩卖假盐的不法分子依法向法院提起惩罚性赔偿消费公益诉讼。2018年4月24日，广州市中级法院作出判决，判令钟某、骆某等承担惩罚性赔偿金共计80480元。在该案中，法院认为"食品侵权属特殊侵权。根据《中华人民共和国食品安全法》第一百四十八条和有关司法解释的规定，消费者购买了不符合安全标准的食品，即使没有食用，即使没有发生实际的损害后果，也可同时主张退还价款和价款十倍的惩罚性赔偿。即使没有消费者起诉两被告，依法也不能免除其犯罪行为所应承担的民事侵权责任。消费民事公益诉讼具有替代性和补充性，是为了保护众多不特定消费者的合法权益，同时避免消费侵权者的民事侵权责任落空。对原告关于两被告应该承担民事侵权责任的意见，本院予以支持"①。

至于消费者协会胜诉后，所获惩罚性赔偿金该如何管理使用？理论上有很多的争议，但广州中院判决将惩罚性赔偿金全部收缴国库，理由是"原告虽主张追缴的民事惩罚性赔偿金应在消费者诉讼时效届满后再上缴国库，但根据生活习惯，广大善良的消费者不会因为购买一包食盐而保存购买凭证及其外包装，以备日后诉讼之用。可以想见，至今没有消费者提起民事私益诉讼，今后也不会有。且在消费者的诉讼时效均不完全相同且不确定的情形下，本院认为将民事惩罚性赔偿金直接上缴国库，更符合实

① 参见（2017）粤01民初387号民事判决书。

际情况”①。但这种处理方式是以消费者集体弃权为假设和适用前提的，万一日后有消费者主张权益，上缴国库的钱是否需要退出来似乎也是一个未解的难题。笔者认为，惩罚性赔偿金的去向取决于消费公益诉讼发起主体在消费公益诉讼中的身份定位，如果作为原告的消费者协会代表国家，则公益诉讼惩罚性赔偿金性质上属于刑事罚金，肯定要上缴国库。但在消费公益诉讼中，作为原告的消费者协会属于民事主体，其提起惩罚性赔偿请求的请求权基础是民事侵权法律关系，公益诉讼所获惩罚性赔偿金是消费者受损权益的救济金，上缴国库是不合理的。因为国家对不法经营者的处罚应当通过刑事和行政处罚来实现，而不应当借助民事赔偿手段。因此，消费者协会代表不特定消费者通过公益诉讼所获的惩罚性赔偿，实际上仍应当属于消费者，相比较于上缴国库，这笔钱以基金的方式管理应该更为合理，但消费者对赔偿基金主张权利也应有时间的限制。在基金的具体管理方面有两个思路可以考虑：一个思路是成立消费者民事诉讼赔偿基金会，每次打赢官司之后，将所获赔偿金单独记账，倘若日后有消费者有证据证明自己就是消协胜诉的官司里真正的受害人，就可以领到赔偿，这就实现了消费者的“零成本维权”；第二个思路是委托基金会管理，现有的法律包括慈善法已经规定了相关的损害赔偿金的管理方法，中国消费者协会可以委托信托公司或者慈善组织来管理惩罚性赔偿基金。当然，无论采用哪种方式对惩罚性赔偿金进行管理，一定要严格依法监管，确保基金保值增值。

① 参见（2017）粤01民初387号民事判决书。

第三章　可追溯背景下食品安全惩罚性赔偿的求偿对象界定

为了从源头上保证食品安全，我国2015年修订的《食品安全法》要求“食品企业需按照要求建立起自己的可追溯体系，保证食品的可追溯性”，而作为食品安全可追溯制度重要内容的食品标识制度的建立，为食品安全责任追究机制的建立提供了便利，消费者通过食品标签即可快速锁定食品安全问题的责任方、并寻求法律救济。同时，为了最大限度地保护食品消费者，食品安全立法将食品安全的责任主体进行了最大化的扩张规定，将食品生产者和经营者之外的食品营销参与者，诸如广告经营者、广告发布者、推荐者、检验机构等主体均规定为食品安全连带责任的承担者。

一、“生产经营者是食品安全第一责任人”原则的内涵

按照《食品安全法》第148条第二款的规定，食品生产者和食品经营者是食品安全惩罚性赔偿当然的责任承担主体，因为按照当代食品安全管理的基本原则，“生产经营者是食品安全第一责任人”，应当对其生产经营食品的安全负责，正所谓“谁生产，谁负责；谁经营，谁负责”。从国际上来看，食品生产经营者承担食品安全主体责任是一个通行的原则，如日本食品安全法明确规定，食品生产经营者是食品安全第一责任人。欧盟虽然未在法律中明文规定这一制度，但也把食品生产经营者承担主体责任作为一个重要的立法理念。此次修改《食品安全法》，把“食品生产经营者对其生产经营食品的安全负责”单独作为一款加以规定，意在进一步强化食品生产经营者的主体责任。食品生产经营者是食品安全第一责任人，这就意味着食品生产经营者不仅要积极主动、想方设法采取各种措施，确保其食品的安全，而且对因食品不安全对消费者产生损害的，首先应当由食品生产经营者承担责任，其不能以原料、侵权添加剂供应商等第三方的过

错为由推卸责任①。因为如果排除食品消费之前的非生产经营企业的人为加害因素，造成食品安全事故的原因就只能存在于企业的生产经营过程之中②。而法律之所以将食品生产者和经营者作为首要的责任主体，主要是基于风险控制的考虑，因为现代社会风险控制必须要遵循“谁制造了风险，谁应该承担责任”的风险就近原则。谁离风险源最近，谁最熟悉风险的产生之处，谁就应该对此负风险控制以及承担危害后果的责任。

从近年来频繁发生的食品安全事件来看，引发食品安全事件的风险因子主要是包括微生物种类或数量指标不合格、农兽药残留、重金属超标、物理性异物等具有自然特征的食品安全风险因子，以及违规使用（含非法或超量使用）食品添加剂、非法添加违禁物、生产经营假冒伪劣食品等具有人为特征的食品安全风险因子。而根据江南大学食品安全风险治理研究院发布的《2017 年中国食品安全事件研究报告》显示：在 2017 年发生的食品安全事件中，由于造假或欺诈、质量指标不符合标准、超范围和超限量使用食品添加剂、生产加工工艺问题、添加使用非食用物质等人为特征因素造成的食品安全事件占发生事件总数的 51.21%。

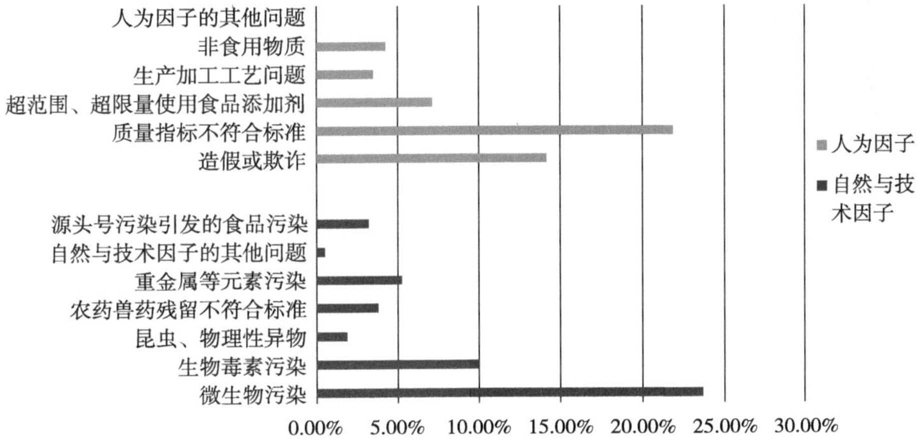

■ 2017年发生的食品安全事件的风险因子分布与占比

① 李迎宾．食品安全“第一责任人”原则探析［J］．农产品质量与安全，2014，(6)：3.

② 王贵松．企业对食品安全的组织化保障义务［J］．北京行政学院学报．2012，(3)：11.

相对而言，自然特征的食品安全风险因素引发的食品安全事件仍然相对较少，占发生事件总数的48.79%。在人为特征因素引发的食品安全事件中，质量指标不符合标准的事件数量最多，占事件总数的21.96%，其他依次为造假或欺诈（14.26%）、超范围或超限量使用食品添加剂（7.12%）、添加使用非食用物质（4.35%）、生产加工工艺问题（3.53%）等①。而且从最近10年来我国发生的食品安全事件的历史数据推测，人源性风险占主体的这一基本特征将在未来一个很长的发展阶段继续存在，难以在短时期内发生根本性改变，所以从食品安全风险制造和控制的双重视角来看，对食品“控制力”更强的生产经营者设定相应的义务和责任，有利于从源头控制食品安全的潜在风险。

但由于食品风险的不确定性以及损害的不可逆转性，食品生产经营者仅在事后对其产出的不安全食品承担法律责任是不够的，因为这既不能预防风险，更不足以消除风险。因此，食品生产经营者的责任包括事先、事中和事后三个方面，体现在食品生产经营的全过程②。对于食品生产经营者的事先、事中责任，《食品安全法》是通过为其设定法律义务的方式实现的。食品生产经营者的法定义务大体上包括三个方面：首先，为确保食品符合最低限度的安全标准，《食品安全法》对食品生产经营实施强制许可制度，食品生产经营者必须按照法律规定的程序和要求取得食品生产经营许可证，并保证生产经营持续符合许可要求；其次，为防止食品安全事故的发生，实现对食品生产经营活动的有效控制，《食品安全法》第四、五、六章以三章的篇幅对食品生产经营活动提出了要求，内容包括食品生产经营的一般规定，生产经营过程控制，食品标签、说明书和广告，特殊食品的特殊要求以及食品检验和食品进出口；最后，为了保证食品生产经营活动符合国家法律、法规和食品安全标准的要求，《食品安全法》还要求食品生产经营者必须建立健全保证食品安全的规章制度、建立食品安全

① 江南大学食品安全风险治理研究院《2017年中国食品安全事件研究报告》。

② 马英娟、刘振宇．食品安全社会共治中的责任分野［J］．行政法学研究．2016，（6）：18.

追溯体系、建立职工食品安全知识培训和食品安全管理人员的培训和考核制度、建立从业人员健康管理制度、建立食品安全自查制度、食品原料、食品添加剂、食品相关产品、食用农产品进货查验记录制度、建立添加剂和食品相关产品出厂检验记录制度以及食品召回制度等制度性保障和配备专职或兼职的食品安全专业技术人员和食品安全管理人员等组织性保障。而义务的实现往往需要责任的约束，所以针对违反上述义务的食品生产经营者，《食品安全法》分别从刑事、行政以及民事责任三个方面予以课责，而食品生产经营者所承担的惩罚性赔偿责任则是兼具民事责任补偿功能和行政、刑事责任惩戒功能的一种新型的责任类型。但就其本质而言，惩罚性赔偿责任仍属于民事责任的范畴，所以消费者提起的惩罚性赔偿请求必须依附于既有的民事责任。

就我国《食品安全法》整体的立法模式和语言表述来看，该法为了行文表述的方便，很多条款所采用的是高度精炼的立法语言，将食品生产者、食品销售者和餐饮服务的提供者统称为食品生产经营者。但实际上，食品生产者和经营者对食品风险的控制力还是存在本质的差异的。比较而言，食品生产者对食品风险的控制力显然更强，是食品安全风险的源头，因此在食品安全的责任划分、归属等方面，不能机械地、笼统地理解为食品生产者和经营者对食品安全负有同等的义务和责任，而应当根据食品生产者和食品经营者对食品安全风险的实际控制能力，合理设置生产者和经营者的注意义务和风险控制责任。因此，《食品安全法》第 148 条规定食品生产者只要“生产不符合食品安全标准的食品”就需要承担惩罚性赔偿责任，而不考虑其主观上是否存在过错；而食品经营者则必须是在“经营明知是不符合食品安全标准的食品”的情况下才需要承担责任，而“明知”则属于过错的一种形态。

二、食品生产者：无过错责任

按照《食品安全法》第 150 条的规定，食品分为产品和食用农产品，但绝大多数的食品是以产品的形式呈现在消费者面前的。食品的购买人购买了以产品形态呈现的食品，就成为了《产品质量法》中所谓的消费者，因产品存在缺陷造成人身、缺陷产品以外的其他财产（以下简称他人财产）损害的，生产者应当承担的赔偿责任就是产品责任，产品责任是一种典型的侵权责任。而所谓产品缺陷，根据《产品质量法》第46条的规定“是指产品存在危及人身、他人财产安全的不合理的危险；产品有保障人体健康和人身、财产安全的国家标准、行业标准的，是指不符合该标准。”由此可见，《食品安全法》第148条中所谓的“不符合食品安全标准的食品”就是有缺陷的食品，因生产、销售不符合食品安全标准的食品致消费者损害的案件就是产品责任案件，消费者根据《食品安全法》第148条第一款要求食品生产经营者承担补偿性赔偿责任的同时，还可以根据《食品安全法》第148条第二款或者《侵权责任法》第47条要求食品生产经营者承担惩罚性赔偿责任。

（一）无过错责任的内涵

产品责任属于特殊侵权行为，参加《民法通则》起草的专家学者如魏振瀛教授、张佩霖教授等都认为产品责任适用无过错责任①，《产品责任法》的立法者也坚持这个立场，该法第41条第一款明确规定“因产品存在缺陷造成人身、缺陷产品以外的其他财产（以下简称他人财产）损害的，生产者应当承担赔偿责任”；《侵权责任法》设专章规定了产品责任，在归责原则上也坚持无过错责任立场，该法第41条也规定“因产品存在缺陷造成他人损害的，生产者应当承担侵权责任”。正是由于食品生产者承担的产品责任属于无过错责任，因此依附于产品责任的惩罚性赔偿责任也无须关注其主观状态，根据《食品安全法》第148条规定，只要“生产不符合食品安全标准的食品”，食品生产者就需要承担惩罚性赔偿责任，

① 关于产品责任的归责原则，目前主要有严格责任说和无过错责任说，但由于缺陷产品致人损害的严格责任与无过错责任都不要求责任主体主观上必须具有过错，因此本文对严格责任与无过错责任在同一意义上使用，不作过细的区分。

无论其主观上是否存在过错。

通常而言，主观动机是决定责任的重要考量因素，以民事侵权责任为例，“在古代，侵害他人民事权益造成损害的，即应承担责任”，这可以算做是无过错责任的原始形态，当事人责任的承担与有无过错没有必然联系。工业革命早期，民事侵权责任的追究和承担开始关注责任人的主观动机，而不仅仅因后果的存在即导致责任，这既反映了对个体人格的尊重，也有利于促进工业文明的发展。但随着工业化规模的扩大，生产技术的复杂化以及及意志因素脱离或者不能完全认识或者决定行为后果的情形日益增多，举证和探究当事人到底有无过错日益困难，简单的过错责任日益不足以维护被侵害人的权益。于是，20 世纪上叶出现了过失责任的客观化现象，判断侵权人是否有过错，不是以其个人的主观判断能力为标准，而是采客观的认定标准，英美法上拟制了“合理人”标准，我国民国时期的判例采“善良管理人”标准①。之后，社会化大生产所衍生的危险大幅增加、事故和公害急剧增多的社会现实催生了不考虑过错因素的无过错责任，无过错责任主要是基于工业生产给人们的生命安全带来的危险而产生的，故又称危险责任②。产品责任就属于无过错责任的典型形式，其归责主要不再是过错等主观动机，而在于各种不同危险源的存在，无过错责任并不是说责任人没有过错，只是在归责过程中不考虑其过错等主观因素。当然归责不考虑责任人的主观过错，仅仅说明主观动机在责任追究过程中的决定作用趋于弱化，但侵权责任的追究是一个多种因素综合考量的过程，归责过程不考虑过错，并不意味着赔偿数额的确定无需考虑过错，事实上，惩罚性赔偿数额确定过程中首要考量的因素就是行为人的主观过错程度。

（二）生产者惩罚性赔偿责任的承担方式

无过错责任在更大程度上保障了消费者的权益、简化了消费者的维权

---

① 魏振瀛．侵权责任方式与归责事由、归责原则的关系［J］．中国法学．2011，（2）：28.

② 魏振瀛．侵权责任方式与归责事由、归责原则的关系［J］．中国法学．2011，（2）：28

过程，而食品标识制度的建立为消费者直接向生产者追索责任成为可能，食品消费者在购买到问题食品后，很容易通过食品标签锁定食品的生产者。但消费者对生产者的锁定，只能依据食品标签所标注的生产厂商，而实践中有可能标签标注的生产者并非实际的生产者（如委托生产加工），亦或食品的不安全因素是原材料供应商或中间的加工商造成的，而食品标签通常只标示成品生产商，真正该负责任的中间加工企业、半成品提供企业，标签上却往往不予标注。面对食品生产庞杂的的产业链和销售链，即使专业人员借助专业技术也不可能准确识别真正的违法者，倘若立法者将甄别惩罚性赔偿主体的责任强加给消费者，不仅有悖消费者权益保护的初衷和本意，也无法实现惩罚性赔偿制度的目的。因为对于消费者而言，其无论从自身对食品的辨别能力还是信息掌握程度都不可能准确识别到底哪个生产者是应当承担责任的主体。《食品安全法》的立法也正是基于对消费者现实状况和权益保护需求的切实考虑，才为消费者确定追诉对象指明了方向，即消费者只要找到任何一个生产者就可以获得赔偿，而只要消费者能够明确责任承担主体，《食品安全法》保护消费者立法目的就已经完成。至于最终惩罚性赔偿责任的承担，应该在《食品安全法》之外找出更有效的方法来确定最终的责任承担者①。换言之，即使食品生产、加工者，与实际的生产者和加工者可能是不一致的，凡是以自己的名义向市场提供

① 当消费者维护自身权益时，消费者仅能根据包装标示起诉成品生产商，要求承担惩罚性赔偿责任，真正违法企业可能免于追诉，如此一来，虽然消费者权益得到了保护，但是防范违法行为人的作用没有真正发挥，有悖于《食品安全法》立法初衷。所以《食品安全法》责任主体笼统规定为生产者有失严谨。对于生产者，《食品安全法》更应该细化责任主体，真正确定惩罚性赔偿主体，完全发挥惩罚性赔偿功能。笔者认为，这种单纯规定产品责任只属于最终食品包装上的最终生产商的规定并不合理。所以，笔者认为鉴于消费者举证责任的困难性以及消费者在消费过程中的弱势地位，消费者可以先向产品上标注的最终的成品生产商追责，获得惩罚性赔偿金。但同时应赋予成品生产商追偿请求权，在其承担惩罚性赔偿金后，可以在法定期间，向真正违法主体行使该追偿请求权。如此，可使惩罚性赔偿真正发挥效用。而且，这种内部追偿的规定也减轻了消费者的举证责任。但是，企业内部或分公司生产出不符合食品安全标准的食品时，那么在消费者维权过程中，无论法院作出何种判决，对于该企业来说都是合理的。

食品者，不管其是不是实际生产者和加工者，都要负第一位的赔偿责任。即使可以证明食品安全的问题是出在实际生产者和加工者那里，也同样如此。这样做便于消费者进行诉讼，有利于保护消费者权益①。

司法实务中生产者被诉承担惩罚性赔偿责任，通常有两种情形：一种情形是生产者同时也是食品的直接销售者；另一种则是生产者不直接与消费者产生买卖合同关系，而是仅作为食品的生产者被起诉。对于第一种情况，由于食品生产者身份与食品经营者的身份是重合的，消费者可以基于二者之间的消费合同主张违约责任的同时提起惩罚性赔偿的请求，也可以在问题食品造成其损失的情况下主张侵权责任的同时提起惩罚性赔偿请求；但在第二种情况下，尽管按照148条第二款的字面规定，消费者可以选择请求食品的生产商承担惩罚性赔偿责任，也可以请求食品的销售者承担惩罚性赔偿责任。如果消费者选择向生产者主张惩罚性赔偿责任，由于其与生产者之间并不存在有效的合同关系，甚至并没有缔约的接触过程，因此从理论上讲，消费者只可能向生产者主张不安全食品的侵权责任。而侵权责任的承担是以损失为前提的，如果不安全食品已经给消费者造成现实损害，消费者向食品生产者主张侵权责任的同时，可以提起价款十倍或者损失三倍的惩罚性赔偿请求；倘若消费者仅仅购买了不安全食品，根本没有食用，也没有现实损害产生，消费者是否还有权向生产者主张侵权责任？如果消费者不能向生产者主张侵权责任，那其向生产者主张的惩罚性赔偿责任又属于何种责任？按照《食品安全法》的规定，生产者只要生产不符合食品安全标准的食品就需要承担惩罚性赔偿责任，无论其主观上是否存在过错，也无论该食品是否给消费者造成现实的损害。法律之所以对生产者施以如此严苛的责任，目的在于保护在交易中处于明显弱势地位的食品消费者，希望通过严厉的惩罚性赔偿责任增加不良商家的违法成本、遏制其违法行为，从而净化食品、药品市场环境，从生产源头上控制食品安全这一大难题。

---

① 薄守省．论食品安全事故赔偿中的责任人［J］．政法论坛．2012，4（2）：87.

但问题在于，在食品生产者生产不符合食品安全标准的食品未造成消费者固有利益损害的情况下，消费者要求生产者承担惩罚性赔偿责任是没有请求权基础。请求权在民事权利中包含两个系统。一个系统是民事权利的请求权；另一个系统是民事权利保护的请求权。前一个系统的保护请求权是民事权利本身固有的保护请求权，随着原权利的产生而产生，原权利的消灭而消灭，因此也叫做原权利的保护请求权，简称“原权请求权”。后一个系统的权利保护请求权是基于权利被侵害而发生的权利保护请求权，不是原权利本身的权利内容，而是基于侵权责任法的规定而产生的新的请求权，是基于原权利的损害而新生的权利，因此也称作次生的权利保护请求权，简称为“次生请求权”。原权请求权在所有的民事权利中都存在。次生请求权是专门为了救济民事权利受到侵害后而设立的请求权系统，是侵权行为法的基本手段①。消费者与生产者之间无合同关系，则消费者对生产者不享有合同债权，也就没有原权请求权，即消费者不能向生产者主张违约损害赔偿请求权。消费者虽然享有人身权、财产权等实体权利，享有基于人身权、财产权的原权请求权，但在生产者生产的不符合食品安全标准的食品未造成消费者固有利益损害的情况下，则生产者的行为不符合产品责任的构成要件，消费者对生产者无次生的请求权，也就不能主张侵权责任损害赔偿请求权。由此可见，认为只要生产者生产了不符合食品安全标准的食品，消费者即有权要求其承担惩罚性赔偿责任缺乏请求权基础②。在这种情况下，消费者只能向与其存在合同关系的经营者主张违约性质的价款十倍的惩罚性赔偿请求权。至于经营者承担责任以后，如果食品不安全的原因是生产者导致的，经营者可以基于其与生产者之间的购销合同关系，根据《合同法》的规定，要求生产者承担违约责任，赔偿其因为向消费者承担惩罚性赔偿责任而遭受的损失。

---

① 杨立新．曹艳春．论民事权利保护的请求权体系及其内部关系［J］．河南政法管理干部学院学报，2005，（4）：56－57.

② 王吉林．我国食品安全法中的惩罚性赔偿之解读［J］．天津法学．2015，103（1）：44－45.

三、食品经营者：过错责任

食品经营者有广义和狭义之分，从广义上讲，食品从生产领域进入流通领域在到达用户手中之前，买卖食品的任何人都是经营者，其中包括制造商、批发商、进口商和零售商等。从狭义上讲，经营者是将商品卖给用户或消费者的人，通常是指零售商。《消费者权益保护法》和《食品安全法》两部法律在主体语境的使用上是存在差别的，《消费者权益保护法》中明确表示适用惩罚性赔偿的主体为“经营者”，依据该法第3条的规定，这里的经营者是“为消费者提供其生产、销售的商品或者提供服务”，因此既包含生产者，又包含销售者和服务的提供者。但在《食品安全法》中，适用惩罚性赔偿的主体为“经营者”和“生产者”，此处的“经营者”意指除生产者以外的其他食品经营者，即按照《食品安全法》第2条的规定“食品经营包括食品销售①和餐饮服务②”，但从司法实践的整体情况来看，《食品安全法》第148条所谓经营者主要是指食品销售者③。因此，二法并不存在惩罚性赔偿适用的主体范围的差别，只不过存在主体界定时使用词语的不同。但无论是《消费者权益保护法》还是《食品安全法》均未直接对经营者的含义作出界定，《反不正当竞争法》第2条第三

---

① 需要指出的是，原法将食品的销售称为“食品流通”，在此次修改食品安全法的过程中，有的意见提出，“食品流通”这一概念的内涵比较宽，除了食品销售以外，从大的方面讲，也包括食品贮存、运输等活动。在修订后的食品安全法已将“食品的贮存和运输”明确列为调整范围的情况下，为避免内容交叉，建议将“食品流通”修改为“食品销售”。据此，修订后的食品安全法将本条和其他条款中的“食品流通”均改为“食品销售”。

② 根据《食品安全法》的释义，餐饮服务根据原卫生部颁布的《餐饮服务许可管理办法》，是指通过即时制作加工、商业销售和服务性劳动等，向消费者提供食品和消费场所及设施的服务活动。

③ 根据笔者从无讼检索到4227件样本案例的被告情况来看，承担惩罚性赔偿责任的食品经营者仅限于食品销售者，没有将餐饮服务的提供者作为被告，向其主张惩罚性赔偿的。这一方面是因为餐饮服务属于即时消费，出现问题食品以后，无论是消费者还是餐饮服务的提供者都倾向于即时解决，但更主要的原因还是因为餐饮服务业对于问题食品的举证比较困难，消费者很难通过食品标签等外在的标识对食品是否符合食品安全标准进行识别。

款规定："本法所称的经营者，是指从事商品经营或者营利性服务（以下所称商品包括服务）的法人、其他经济组织和个人。"《反垄断法》第12条规定："本法所称经营者，是指从事商品生产、经营或者提供服务的自然人、法人和其他组织。"结合两个反法关于经营者界定以及食品安全法关于食品经营范围的限定，我们可以将食品经营者界定为从事营利性食品销售和餐饮服务的自然人、法人或其他组织。无论食品经营者的组织形式如何，只要其"销售明知是不符合食品安全标准的食品"，就需要承担惩罚性赔偿责任。也就是说，立法者考虑到食品生产者和食品经营者对食品风险的控制能力不同，因此对经营者设定的注意义务和责任较轻，只要求经营者在存在"明知"的主观要件时，才需要承担惩罚性赔偿责任。

（一）经营者"明知"的认定

1."明知"的司法裁判现状

2009年《食品安全法》第96条第二款和2015年《食品安全法》第148条第二款，均将"明知"作为食品经营者承担惩罚性赔偿责任的前提条件，但对于明知的内涵、明知的认定标准以及明知的具体内容并未明确。

2017年北京中院审结的21起食品安全惩罚性赔偿案件对于"明知"的认定

序号	案号	原审被告	明知的内容	明知的认定标准
1	（2017）京01民终3942号	北京欧尚超市有限公司来广营店	未涉及	未涉及
2	（2017）京03民终4413号	锦江麦德龙现购自运有限公司北京十里河商场	未涉及	未涉及
3	（2017）京03民终498号	北京品优超市有限公司	未涉及	未涉及
4	（2017）京01民终5931号	北京家乐福商业有限公司鲁谷店	未涉及	未涉及
5	（2017）京01民终5934号	北京家乐福商业有限公司鲁谷店	未涉及	未涉及

续表

序号	案号	原审被告	明知的内容	明知的认定标准
6	(2017)京02民终3657号	北京永辉超市有限公司大兴西红门分公司	未涉及	未涉及
7	(2017)京01民终4417号	北京永辉超市有限公司昌平龙旗分公司	未涉及	未涉及
8	(2017)京01民终4417号	北京永辉超市有限公司昌平龙旗分公司	未涉及	未涉及
9	(2017)京01民终3912号	江西大井冈贸易有限公司	未涉及	未涉及
10	(2017)京01民终4881号	北京沃尔玛百货有限公司	未涉及	未涉及
11	(2017)京02民终3657号	北京永辉超市有限公司大兴西红门分公司	未涉及	未涉及
12	(2017)京03民终10888号	锦江麦德龙现购自运有限公司北京十里河商场	未涉及	未涉及
13	(2017)京03民终4414号	锦江麦德龙现购自运有限公司北京京顺路商场	未涉及	未涉及
14	(2017)京02民终1578号	北京屈臣氏个人用品连锁商店有限公司	涉案食品不符合食品安全标准	知道和应当知道，未尽到法定审查义务，即属于“应当知道”。
15	(2017)京01民终5582号	北京万福缘商贸有限公司。	涉案食品不符合食品安全标准	怠于履行审慎注意义务，即为明知
16	(2017)京03民终5057号	杭州望巨贸易有限公司	涉案食品不符合食品安全标准	未履行高度审慎的注意义务，即视为明知
17	(2017)京03民终4432号	北京永辉超市有限公司通州分公司	涉案食品不符合食品安全标准	疏于履行自身的法定义务，即为明知
18	(2017)京01民终1313号	北京物美商业集团股份有限公司	涉案食品不符合食品安全标准	未尽到法律规定的注意义务，即为明知
19	(2017)京01民终1314号	北京物美商业集团股份有限公司	涉案食品不符合食品安全标准	未尽到充分的查验义务，即为明知
20	(2017)京01民终5920号	北京家乐福商业有限公司鲁谷店	未涉及	负有审核义务
21	(2017)京01民终5926号	北京家乐福商业有限公司鲁谷店	未涉及	负有审核义务

司法实践对食品经营者“明知”的理解和认识也远未形成一致，但近年来司法对于食品经营者明知的认定普遍呈现出客观归责的倾向，食品经营者被认定为明知的比例也在显著提升，认定“明知”的说理也越来越简单化。笔者从4227件样本案例中，选取北京市2017年以《食品安全法》第148条第二款作为裁判依据的二审案件共计25件作为研究样本。这25件案件中，除了2件未支持十倍赔偿[①]，2件涉及第三方食品营销平台的责任[②]，其余21件都是消费者追究食品经营者十倍赔偿责任且获得支持的案件，其中有13份判决中根本未提及经营者是否明知，有2份判决仅提到了食品经营者负有“审核义务”，仅有6份判决中提到了经营者明知，但关于经营者明知的认定说理寥寥数语，多的不过200多字，少的不足30字。整体来看，裁判法官对于经营者“明知”的主观状态，在司法实务中通常采取三种不同的处理办法：一种是直接无视《食品安全法》第148条第二款关于经营者“明知”的主观状态的规定，径直以经营者销售的食品不符合食品安全标准为由，判令其承担惩罚性赔偿责任；第二种是将法定义务的违反作为认定经营者明知的理由，一旦经营者不能证明其履行了法律规定的义务时，即推定其主观状态为明知。如北京万福缘商贸有限公司与苏强强买卖合同纠纷二审民事判决书认为“万福缘公司作为具有法人资格的企业，应规范经营，严把进货关，对所销售产品是否符合《中华人民共和国食品安全法》的规定应尽审慎注意义务，但其怠于履行该义务，其行为应属于明知是不符合食品安全标准的食品而销售[③]”；杭州康钰保健食品有限公司、杭州望巨贸易有限公司与邢东胜买卖合同纠纷二审民事判决书认为“食品的不适宜人群及食用限量营养成分是食品的重要信息，望巨公司作为销售商，应当对其所销售的产品尽到高度审慎的注意义务，全面审查所售食品的标注是否符合国家相关标准。现望巨公司未尽到法定义务，应

---

① 参见（2017）京02民终2091号民事判决书、（2017）京01民终1066号民事判决书。

② 参见（2017）京03民终3429号民事判决书、（2017）京03民终3433号民事判决书。

③ 参见（2017）京01民终5582号民事判决书。

予担责”[①]；张兆华与北京永辉超市有限公司通州分公司买卖合同纠纷二审民事判决书则认为“经营者销售符合法律规定的合格产品是其最基本的法律义务，也是商家所负有的最基本的社会责任，永辉公司销售不符合食品安全标准的调和油的行为，说明其疏于履行自身的法定义务，以不构成法律上的“明知”作为抗辩意见，本院不予采信”[②]。第三种则是认为“明知”包括“知道”和“应当知道”，如北京屈臣氏个人用品连锁商店有限公司与刘洋买卖合同纠纷一案的判决书认为：“明知”的法律含义包括“知道”和“应当知道”。食品的营养成分是食品的重要信息，亦是消费者购买食品所考量的重要因素，屈臣氏公司作为销售商，有义务全面审查所售食品的营养成分是否符合国家相关标准。涉案食品的外包装中文标签上营养成分表中关于维生素 C 的含量明显不符合《食品营养强化剂使用标准》的规定，屈臣氏公司未尽到法定审查义务，其销售行为属于“应当知道”涉案食品是不符合食品安全标准的食品而进行销售，因此，屈臣氏公司的行为应当认定为“销售明知是不符合食品安全标准的食品”的行为，屈臣氏公司应当承担由此产生的法律责任”[③]。

尽管裁判者的表述方式不同，但蕴含的基本裁判逻辑是一致的，那就是“违反法定义务—认定为明知—判令承担惩罚性赔偿责任”。该种操作方式虽然简便易行，但“违反法定义务径行认定为明知”是否会泛化对“明知”的认定？“明知”的这种客观归责方式是否会盲目加重食品经营者的责任？“明知”包括“应当知道”是否会背离惩罚性赔偿责任的慎用原则、进而影响其制度存在的正当性？以及对食品经营者法定义务范围认识不一和以法定义务违反推定明知精确性不足导致的裁判标准不统一等问题都与惩罚性赔偿责任规范的准确适用息息相关。而食品经营者惩罚性赔偿责任规范的精准适用，关键在于准确把握惩罚性赔偿主观构成要件“明

---

① 参见（2017）京 03 民终 5057 号民事判决书。

② 参见（2017）京 03 民终 4432 号民事判决书。

③ 参见（2017）京 02 民终 1578 号民事判决书。

知”的含义，并正确的适用“明知”认定规则。

2. “明知”的含义

我国民法一般将行为人的过错按其程度不同划分为故意与过失。王卫国教授早在20世纪80年代就在《过错责任原则的第三次勃兴》一书中提出了过错程度的等级，即过错可分为故意与过失，过失又包含重大过失与一般过失，而一般过失又区分较重的一般过失和较轻的一般过失①。在侵权责任法领域，故意的内容表现为加害人对他人合法权益的主动、积极的否定，首先是“明知”损害结果发生的可能性，其次是“希望”或者“放任”损害结果发生的心理状态②。但我国惩罚性赔偿责任规范却一反常态，对于行为人的主观状态使用了三个完全不同的词语来表述：《消费者权益保护法》第55条规定“经营者提供商品或者服务有欺诈行为”是适用惩罚性赔偿的充分必要条件，而按照《民法通则意见》第68条规定，民事上的欺诈是指“一方当事人故意告知对方虚假情况，或者故意隐瞒真实情况，诱使对方当事人作出错误意思表示的”行为。而欺诈行为显然已经涵盖了行为人使他人陷入错误认识并作出错误意思表示的“故意”。《商标法》第63条规定“恶意侵犯商标专用权，情节严重的”是适用惩罚性赔偿责任的充分必要条件，尽管“恶意”在很多情况下是由故意构成的，但故意并不必然导致恶意，只有行为人的“故意”行为达到足以影响交易秩序并与最基本的市场交易道德相违时，即其行为可责难程度达到“情节严重”时才有必要将其定性为“恶意”，并以此来印证行为人的主观恶性程度。而《食品安全法》第148条则规定“经营者销售明知不符合食品安全标准的食品”是适用惩罚性赔偿的前提条件，《侵权责任法》第47条也规定“明知产品存在缺陷仍然生产、销售，造成他人死亡或者健康严重损害”是适用惩罚性赔偿的必要条件。但何为“明知”却语焉不详，因为民

① 王卫国．过错责任原则的第三次勃兴［M］．杭州：浙江人民出版社，1987：71.

② 张新宝．侵权责任法原理［M］．北京：中国人民大学出版社，2005：71.

法学术界关于行为人主观状态的相关理论研究基本上是围绕“故意”和“过失”展开的，对于“明知”的研究相对薄弱。而“明知”作为刑事立法运用频次很高的表述犯罪主观要素的术语，刑法理论界和实务界对于明知的研究和适用比较成熟，刑法上的“明知”通常被认定为“知道”或“应当知道”①。但也有学者反对将“明知”认定为“知道”或“应当知道”，认为“明知”是指行为人已经知道某种事实的存在或者可能存在，而不包括应当知道某种事实的存在，否则便混淆了故意与过失②。事实上，刑法立法者也是将“明知”和“应知”作为并列的同位概念使用的，《刑法》第219条第二款明确规定：“明知或者应知前款所列行为，获取、使用或者披露他人的商业秘密的，以侵犯商业秘密论”。而司法解释却将“知道”与“应当知道”并列在一起，将“应知”作为“明知”的下位概念，显然是属于背离《刑法》而另起“炉灶”。对此，有刑法学者和实务界人士专门对此进行了澄清，认为司法解释中“应当知道”用语表述上可能会造成误解，用词问题可以在今后的司法解释中考虑如何表述使其更加妥帖，但是，“明知”包括“知道和应当知道”，而且“应当知道”是指主观上的故意不包括过失这一基本立场是应当坚持的③。

至于《食品安全法》第148条关于惩罚性赔偿责任中的“明知”的理解，有学者认为“明知”只应限定为故意，而不包括重大过失，这样不仅

---

① 最高人民法院、最高人民检察院在1992年12月11日公布的《关于办理盗窃案件具体应用法律若干问题的解释》首次将“明知”认定为“知道”或“应当知道”，该解释第8条规定：“认定窝赃、销赃罪的‘明知’，不能仅凭被告人的口供，应当根据案件的客观事实予以分析。只要证明被告人知道或者应当知道是犯罪所得的赃物而予以窝藏或者代为销售的，就可以认定”。此后一系列的刑事司法解释延续了该种界定方式。如《关于依法查处盗窃、抢劫机动车案件的规定》《关于审理破坏森林资源刑事案件具体应用法律若干问题的解释》《办理走私刑事案件适用法律若干问题的意见》《关于办理妨害预防、控制突发传染病疫情等灾害的刑事案件具体应用法律若干问题的解释》《关于办理假冒伪劣烟草制品等刑事案件适用法律问题座谈会纪要》《关于办理侵犯知识产权刑事案件具体应用法律若干问题的解释》《办理毒品犯罪案件适用法律若干问题的意见》等。

② 张明楷．刑法分则的解释原理（上）[M]．北京：中国人民大学出版社，2011：159.

③ 陆建红．刑法分则“明知”构成要件适用研究——以掩饰、隐瞒犯罪所得、犯罪所得收益罪为视角．法律适用．2016，(2)：80.

可以体现对惩罚性赔偿的慎用原则，亦可凸显惩罚性赔偿规则赖以存在的制度正当性①，也有学者认为“在惩罚性赔偿的视域，‘明知’的认识要素包括两种类型，一是确定知道；二是推定知道。在意志因素层面，‘明知’只能由故意表征，过失不能被‘明知’所囊括”②。而大多数学者认为遵从规范解释立场，“明知”应解释为一种确定知道的状态。笔者认为，“明知”的理解首先要遵从立法的规范解释，其次要以惩罚性赔偿的制度功能加以印证（即立法目的解释），主要在于探知“明知”的认识因素和意志因素。

（1）明知的认识因素：明确知道+推定知道

明知作为一种确定的认识状态，明知肯定包括食品经营者明确承认其知道或者消费者有确切的证据证明经营者知道。但在司法实务中，诉讼的对抗性决定了经营者只会寻找各式各样的不知道的借口，而不会明确承认其知道；而普通消费者，其无论在客观情势上还是经济成本上都不可能介入经营者的经营、管控环节，因此让消费者拿出确切的证据证明经营者知道几乎是不可能的。

显而易见，如果将明知局限于明确知道，实际上相当于完全否定了食品安全惩罚性赔偿责任适用的可能性。因此，为了合理减轻或分配消费者的证明责任，推定知道成为司法实践中认定明知的主要方式。推定知道是指尽管经营者否认其明知，亦无直接证据证明其知道，但根据经营者已经实施的客观行为，通过法律推理和生活经验法则推定其知道。需要强调的是“推定”是“基础事实+常态联系→推定事实”的逻辑过程，必须满足基础事实真实可靠，常态联系具有高度盖然性，推定事实不被推翻三个条件③。当然，推定的适用是受到许多条件限制的，例如需要科学和合理地

---

① 税兵．惩罚性赔偿的规范构造——以最高人民法院第23号指导性案例为中心．法学．2015，(4)：104－105.

② 宁尚成、庄绪龙．食品销售领域惩罚性赔偿“明知”要件的司法认定．山东法官培训学院学报，2018，244（5）：167.

③ 宁尚成、庄绪龙．食品销售领域惩罚性赔偿“明知”要件的司法认定．山东法官培训学院学报，2018，244（5）：168.

界定推定的基础事实、应允许被告人进行反驳等。因此，面对认定行为人“明知”心态的永恒难题，推定只是证明手段的一环，并不能起到“一推解千愁”的效果。但无论是明确知道还是推定知道均不应包括行为人“本应知道”而实际上“不知道”的情况，因为与2015年《食品安全法》同日修订的《广告法》中第45条、第56条中明确将“明知”和“应知”作为并列的同位概念①，这说明立法者在立法时是非常清楚“明知”和“应知”属于两种截然不同的主观状态。如果立法者认为食品经营者“应知而未知”也需要承担惩罚性赔偿责任的话，完全可以采用和《广告法》相类似的表述方式。

（2）明知的意志因素：故意而非过失

如前所述，在刑法领域，“明知”主观上为故意不包括过失这一基本立场已达成一致，食品安全惩罚性赔偿作为最严苛的民事责任承担方式，其目的在于通过让加害人承担超出实际损害数额的赔偿，以惩罚和遏制严重侵权行为。而惩罚性赔偿制度存在的正当性就在于其对“明知故犯”者的惩戒作用和否定性评价功能，故而《食品安全法》中经营者“明知”的意志因素只应限定为故意不应包括过失。而且从比较法角度考量，即使是惩罚性赔偿制度适用最普遍的美国，也主要是将其限定在故意侵权领域，而对于重大过失必须是与粗暴的、恶名昭彰的、应受谴责的情形相联系方可适用惩罚性赔偿制度②。而我国《消费者权益保护法》《商标法》中关

① 《广告法》第四十五条：公共场所的管理者或者电信业务经营者、互联网信息服务提供者对其明知或者应知的利用其场所或者信息传输、发布平台发送、发布违法广告的，应当予以制止。第五十六条第三款：前款规定以外的商品或者服务的虚假广告，造成消费者损害的，其广告经营者、广告发布者、广告代言人，明知或者应知广告虚假仍设计、制作、代理、发布或者作推荐、证明的，应当与广告主承担连带责任。第五十六条第三款规定：前款规定以外的商品或者服务的虚假广告，造成消费者损害的，其广告经营者、广告发布者、广告代言人，明知或者应知广告虚假仍设计、制作、代理、发布或者作推荐、证明的，应当与广告主承担连带责任。

② 美国《侵权行为法重述》第908条就规定惩罚性赔偿的目的是“惩罚极端无理行为之人，且亦为阻止该行为人及他人于未来从事类似之行为而给予之赔偿；惩罚性赔偿得因被告之邪恶动机或鲁莽弃置他人权利于不顾之极端无理行为而给予。”

于惩罚性赔偿制度的规定，或者针对经营者的欺诈行为，或者针对行为人的恶意行为，而无论是欺诈还是恶意，其主观状态都是故意，而不可能是过失。立法者也强调“惩罚性赔偿必须以侵权人的过错形态为故意时方可适用①”，如此方能凸显惩罚赔偿制度存在的正当性，最大限度地发挥惩罚性赔偿的吓阻功能。显而易见，无论从文义解释抑或立法目的解释，明知的意识因素都只能限于故意，司法实务中将违反法定义务等同于明知的做法，混淆了过错的形态，因为违反法定义务尽管能说明行为人的行为存在违法性或者存在过失，但行为违法或者存在过失与主观上明知仍属于两个截然不同的范畴，将故意和过失给予相同的司法评价，最终肯定会影响惩罚性赔偿制度的司法效果。

3. “明知”的认定标准

明知尽管可以通过经营者的自认或者消费者举证等方式直接认定，但如果只能通过直接认定的方式才能认定经营者“明知”，经营者就会将“明知”的规定作为其逃避惩罚性赔偿责任的“挡箭牌”，必然会造成大量“明知故犯”但又缺乏直接证据证明其“明知”的经营者逃脱法律制裁。因为民事诉讼中遵循“谁主张、谁举证”的原则，如果消费者需对经营者的“明知”承担全部的举证责任，无疑会加重消费者的举证责任，尤其是在消费者与经营者之间信息严重不对称的情况下，让消费者承担此种举证责任，违背了食品安全法惩罚性赔偿的本意，降低了对违法销售者的威慑力，惩罚性赔偿制度的初衷可能落空。为合理分配和减轻原告举证责任，破解诉讼僵局，推定知道作为裁判者认定“明知”的重要手段在司法实践中大量得以运用。推定作为从已知的基础事实推断未知待证事实的一项制度，是根据某一事实的存在而作出的与之相关的另一事实存在与否的判断，这种推定与证据问题息息相关，它可以免除主张推定事实的一方当事

---

① 最高人民法院主编.《中华人民共和国侵权责任法》条文理解与适用［M］. 北京：人民法院出版社，2010：343.

人的举证责任，并把证明不存在推定事实的证明责任转移于对方当事人。推定的逻辑结构为“基础事实 + 常态联系→推定事实”，常态联系是介于基础事实与推定事实之间的桥梁，其可靠性直接决定了推定事实能否成立，一般而言常态联系中的因果关系须具备近乎充分条件的逻辑联系。需要指出的是，推定建立的基础虽主要是逻辑和经验，但运用时不仅要考虑逻辑和经验，还必须考虑其他因素，如社会政策、公平性、便利性以及程序方便等①。

具体到食品安全惩罚性赔偿领域，司法实践中为减轻原告的举证负担，通常将经营者法定义务的违反作为推定其明知的理由，一旦经营者不能证明其履行了法定义务，就推定其主观上“明知”。至于法定义务违反能否作为推定明知的逻辑结构中的常态联系，理论界上存有不同看法。反对者认为违反法定义务只能表明行为人存在过错，不能据此认为其属于故意（甚至不能证明存在重大过失），违反法定义务与明知之间并不具有高度盖然性。支持者认为法定义务系行为人应履行的最低义务标准，违反法定义务与明知之间存在大概率关系，将此作为推定明知的常态联系不仅符合法律政策，也可以减少证明及认定负担。笔者赞同第二种观点，既然以严格责任要求生产者有利于震慑食品安全犯罪，那么同理对于销售不合格产品的经营者也应该一视同仁，这样做既符合了法律意义上的公平正义，也更有利于对食品严把质量关，迫使生产者和经营者都能够对自身加强管理，构建一个良好的市场秩序。因为“有些推定的设立理由不仅是认识论的考量，还有价值论或政策性的考量，如司法公正的要求、诉讼效率的要求、稳定社会关系的要求等。在这类推定中，立法推定与司法推定的区别②可能

① 龙宗智．推定的界限及适用［J］．法学研究，2008，（1）：110.

② 所谓立法推定，是指由立法机关在有关法律中明确规定的推定规则；所谓司法推定，则是由司法机关通过解释法律和创设判例等方式确立的推定规则。立法推定可以更好地保障规则的普遍适用性和相对稳定性；司法推定则可以更好地兼顾规则的个案适用性和灵活适用性。立法推定一般具有较强的效力；而司法推定的效力则比较宽松。由于推定是以基础事实与推定事实之间的常态联系或盖然性伴生关系为依据的，所以在基础事实与推定事实之间的伴生关系比较稳定或盖然性很高的情况下，就可以采用立法推定的模式；而在基础事实与推定事实之间的伴生关系不太稳定或盖然性较低的情况下，则可以采用司法推定的模式。

就不在于伴生关系的盖然性高低了”[①]。实际上，在民事司法解释中早有以违反执业准则、规则即认定为明知的法律推定[②]。尤其是在当前我国食品安全形势日益凸显的历史阶段，为净化食品药品市场环境，在食品经营者法定义务的违反与经营者主观“明知”之间建立常态联系，不仅可以督促食品经营者从严履行其法定义务，而且还可以起到良好的司法导向作用。我国当前司法实践中，虽然也遵循以法定义务的违反作为推定食品经营者“明知”的裁判逻辑，但对经营者法定义务的范围却极度泛化。

（1）法定义务的界限

如前所述，“明知”的客观归责的操作方式简单易行且效用良好，但却存在着对经营者法定义务范围认识泛化以及由此导致的推定明知精确性不足等问题，因此，司法实务中运用推定方式认定明知首先需要解决的问题就是经营者究竟违反何种法定义务可作为推定明知的常态联系，亦即经营者违反哪些义务可以直接推定其“明知”。

从笔者检索的2017年北京市中级人民法院审结的支持惩罚性赔偿的21件案件来看，提及经营者明知的仅有6份判决书，都是以经营者违反法定义务推定经营者主观上明知，但对法定义务的界定却相当随意，在北京家乐福商业有限公司鲁谷店与何建军买卖合同纠纷案和北京家乐福商业有限公司鲁谷店与苏强买卖合同纠纷案中，法院认为“食品的生产日期是涉及到食品安全的重大问题，经营者对产品是否标注有生产日期负有审核义务”，而“家乐福鲁谷店销售的涉案产品并未标识生产日期”，据此认定涉

---

① 何家弘．从自然推定到人造推定——关于推定范畴的反思［J］．中国法学，2008，（4）：120.

② 《最高人民法院关于审理涉及会计师事务所在审计业务活动中民事侵权赔偿案件的若干规定》第五条规定：“注册会计师……出具不实报告并给利害关系人造成损失的，应当……承担连带赔偿责任：（一）……（二）明知被审计单位对重要事项的财务会计处理与国家有关规定相抵触，而不予指明；（三）明知被审计单位的财务会计处理会直接损害利害关系人的利益，而予以隐瞒或者作不实报告；（四）明知被审计单位的财务会计处理会导致利害关系人产生重大误解，而不予指明；（五）明知被审计单位的会计报表的重要事项有不实的内容，而不予指明；……第（二）至（五）项所列行为，注册会计师按照执业准则、规则应当知道的，人民法院应认定其明知。”

案食品“系不符合食品安全标准的食品，家乐福鲁谷店对此应承担相应的责任”①；在北京万福缘商贸有限公司与苏强强买卖合同纠纷案中，二审法院认为“涉案商品包装无厂名、厂址、生产厂家联系方式、商标、生产标准、配料表、净含量、规格、生产日期、保质期、食品许可证编号、产品标准代号等内容”，“万福缘公司作为具有法人资格的企业，应规范经营，严把进货关，对所销售产品是否符合《中华人民共和国食品安全法》的规定应尽审慎注意义务，但其怠于履行该义务，其行为应属于明知是不符合食品安全标准的食品而销售”②；在杭州康钰保健食品有限公司、杭州望巨贸易有限公司与邢东胜买卖合同纠纷案中，法院认为“食品的不适宜人群及食用限量营养成分是食品的重要信息，望巨公司作为销售商，应当对其所销售的产品尽到高度审慎的注意义务，全面审查所售食品的标注是否符合国家相关标准。现望巨公司未尽到法定义务，应予担责③”。显而易见，裁判者认为食品经营者应知晓对食品相关的所有安全规定，并依此标准履行全面审查义务，一旦存在食品不符合食品安全标准，就推定经营者构成明知，需要承担惩罚性赔偿责任。其依据在于《食品安全法》第四条明确规定“食品生产经营者对其生产经营食品的安全负责。食品生产经营者应当依照法律、法规和食品安全标准从事生产经营活动，保证食品安全，诚信自律，对社会和公众负责，接受社会监督，承担社会责任”。

但实际上，《食品安全法》第四条是关于食品生产经营者食品安全责任的概括性规定，该规定并没有设置具体的行为规范，如果将其作为判断食品经营者法定义务的判断依据，无疑会不当扩大食品经营者的义务范围，混淆食品生产者和食品经营者的责任和能力界限，并最终影响了推定明知结论的妥当性。

鉴于此，笔者认为食品经营者的法定义务仍需结合食品经营者在食品

① 参见（2017）京01民终5920号民事判决书、（2017）京01民终5926号民事判决书。

② 参见（2017）京01民终5582号民事判决书。

③ 参见（2017）京03民终5057号民事判决书。

生产流通环节的角色和作用来理解，要求食品经营者按照相关生产者的强制性规范对食品进行把关，无疑会增加交易环节的成本，也会造成经营者责任过大。而且按照《食品安全法》第136条之规定“食品经营者履行了本法规定的进货查验等义务，有充分证据证明其不知道所采购的食品不符合食品安全标准，并能如实说明其进货来源的，可以免予处罚，但应当依法没收其不符合食品安全标准的食品；造成人身、财产或者其他损害的，依法承担赔偿责任”。由此可见，《食品安全法》并不要求食品经营者全面了解食品安全的所有规定，事实上，以所有食品安全规定作为常态联系，已经偏离了常态联系构建中高度盖然性的要求。所以，笔者认为真正能产生推定经营者明知效果的法定义务违反应该仅限于《食品安全法》第53条和第54条①等规定的食品经营者的审慎审查义务，如进货查验义务和按照保证食品安全的要求贮存食品、定期检查库存食品、及时清理变质或者超过保质期的食品的义务。

但在司法实践中，对经营者进货查验义务仍存在形式审查和实质审查的分歧。比如在北京屈臣氏个人用品连锁商店有限公司与刘洋买卖合同纠纷案中，二审法院认为“食品的营养成分是食品的重要信息，亦是消费者购买食品所考量的重要因素，屈臣氏公司作为销售商，有义务全面审查所售食品的营养成分是否符合国家相关标准。涉案食品的外包装中文标签上

① 《食品安全法》第五十三条规定：食品经营者采购食品，应当查验供货者的许可证和食品出厂检验合格证或者其他合格证明（以下称合格证明文件）。食品经营企业应当建立食品进货查验记录制度，如实记录食品的名称、规格、数量、生产日期或者生产批号、保质期、进货日期以及供货者名称、地址、联系方式等内容，并保存相关凭证。记录和凭证保存期限应当符合本法第五十条第二款的规定。实行统一配送经营方式的食品经营企业，可以由企业总部统一查验供货者的许可证和食品合格证明文件，进行食品进货查验记录。从事食品批发业务的经营企业应当建立食品销售记录制度，如实记录批发食品的名称、规格、数量、生产日期或者生产批号、保质期、销售日期以及购货者名称、地址、联系方式等内容，并保存相关凭证。记录和凭证保存期限应当符合本法第五十条第二款的规定。第五十四条规定：食品经营者应当按照保证食品安全的要求贮存食品，定期检查库存食品，及时清理变质或者超过保质期的食品。食品经营者贮存散装食品，应当在贮存位置标明食品的名称、生产日期或者生产批号、保质期、生产者名称及联系方式等内容。如进货查验义务和按照保证食品安全的要求贮存食品，定期检查库存食品，及时清理变质或者超过保质期的食品的义务。

营养成分表中关于维生素 C 的含量明显不符合《食品营养强化剂使用标准》的规定，屈臣氏公司未尽到法定审查义务，其销售行为属于“应当知道”涉案食品是不符合食品安全标准的食品而进行销售，因此，屈臣氏公司的行为应当认定为“销售明知是不符合食品安全标准的食品”的行为，屈臣氏公司应当承担由此产生的法律责任”。尽管屈臣氏公司主张涉案商品经中国出入境检验检疫局的检验，并取得《卫生证书》，且屈臣氏公司对供应商的资质亦进行了审查，其已经履行了进货检查与产品质量保持义务。但法院认为屈臣氏公司负有的是全面审查义务，未查出涉案食品不符合食品安全标准即为未履行法定义务①。而形式审查则只需要依法履行了查验义务就不构成明知，比如在“上诉人陈磊与上诉人东莞市悦美网络科技有限公司网络购物合同纠纷一案中”，一审、二审法院均认为“悦美公司提交了生产商佳佳美公司的营业执照及食品经营许可证，已经履行了进货查验义务。对于陈磊要求悦美公司赔付十倍价款的诉讼请求，没有事实及法律依据，法院不予支持”②。比较而言，笔者认为经营者查验义务履行应采取形式审查的方式，即按照《食品安全法》第 136 条之规定“食品经营者履行了本法规定的进货查验等义务，有充分证据证明其不知道所采购的食品不符合食品安全标准，并能如实说明其进货来源的，可以免予处罚”。换言之，食品经营者并不需要保证通过查验义务的履行发现所有的不符合食品安全标准的食品。

（2）明知的具体内容

从理论上讲，明知的内容正是侵权案件举证和判决的关键因素，明知的内容可以是明知食品属于不安全食品，也可以是明知不安全食品可能造成特定的原告或者其他不特定的第三人死亡或健康严重损害。但从当前司法实践的角度来看，各级法院对于明知的解读基本都局限于食品经营者只

① 参见（2017）京 02 民终 1578 号民事判决书。

② 参见（2019）京 02 民终 2481 号民事判决书，由于笔者所选取的北京中院 2017 年的 25 件样本案例中未涉及认可进货查验义务形式审查的案例，所以选取同一法院 2019 年度的案例以说明问题。

需要知道其经营的食品不符合食品安全标准即可，而不要求其明知所经营的食品可能会致使他人死亡或健康严重损害的后果。从笔者检索查阅的2017年北京中院审结的21件食品安全惩罚性赔偿案件中，仅有8份判决中提到了经营者是否构成“明知”，而且明知的内容基本上都限于明知食品不符合食品安全标准。这种对于食品经营者“明知”的解读，虽然便利了司法，但实际上却背离了民法传统，比如在美国法中，“明知”是“故意”的一种形式，后者意味着“实质上的确定性”（substantialcertainty），即法律禁止的后果实际上将会发生的确定性。任何不满足此项严格标准的心理状态都不能称之为“明知”。除非法律禁止的后果相当确定地会发生，否则即便行为人知道存在发生损害的危险（甚至是很大的危险），他也不属于明知地（比如故意地）造成损害①。

（3）明知认定中的考量因素

司法实践中要运用《食品安全法》第148条第二款苛以经营者惩罚性赔偿责任，除经营者自认或者消费者有直接证据证明经营者明知外，基本得依靠推定知道的方式。而当前我国食品经营者经营水平参差不齐，旨在规制经营者明知故犯主观恶意的惩罚性赔偿制度，对于明知的认定必须综合考量经营者的认知水平和知识能力等因素，而不能将违反法定义务迳行认定为明知，如果单纯从打击食品安全不法行为的食品安全政策考虑未尝不可，甚至从短期来看能够迅速地促使销售者履行法定职责，但惩罚性赔偿制度最首要的功能是遏制，而非惩罚，其制度的最佳状态是威慑，以精确打击为使命。

此外，由于推定所依靠的常态联系存在例外情况，所以推定必须允许受不利推定的当事人反证和反驳，只有不被推翻的推定事实方能作为认定案件事实的依据。据此，法官在适用推定时负有告知义务，为受不利推定的当事人行使反驳权提供程序上的保障，给予当事人充分参与、充分论证

① ［美］文森特·R·约翰逊．邓辉译．惩罚性赔偿、中国侵权责任法与美国经验［J］．法治研究．2018，（4）：129.

的权利和机会。销售者既可以举证证明其未违反法定义务基础事实不成立，亦可以就违反法定义务与明知不存在必然联系提出辩解。“正义需要以看得见的方式实现”，惩罚性赔偿的严厉性要求法官必须运用证据规则，详加论述整个判决结果的推演过程，而文书说理精细化是此类案件得到社会认同的基本要求。

（二）经营者惩罚性赔偿责任的承担方式

经营者“经营明知是不符合食品安全标准的食品”，作为合同相对人的消费者自然可以依据《合同法》的规定，要求其承担违约责任；倘若不安全食品已经造成消费者损害，经营者的行为同时满足侵权责任和违约责任的构成要件，构成违约责任和侵权责任的竞合，根据《合同法》第 122 条规定，消费者可以选择要求经营者承担违约责任或者承担侵权责任。在此基础上，惩罚性赔偿作为依附于补偿性赔偿的责任类型，应当根据消费者所选择的补偿性损害赔偿请求权的类型来最终确定适用违约或者侵权性质的惩罚性赔偿责任。具体而言，消费者选择违约责任的，可依据《食品安全法》第 148 条第二款请求经营者支付价款或服务费用十倍的惩罚性赔偿金，此种惩罚性赔偿责任的性质依附于违约请求权，亦为违约性质的惩罚性赔偿。消费者选择侵权责任的，可以进一步依据侵权性惩罚性赔偿责任内部竞合的选择方法，在要求经营者承担损失三倍的惩罚性赔偿责任或要求经营者支付价款或服务费用十倍的惩罚性赔偿之间作出选择。

四、食品营销参与者：连带责任

为了最大限度的保护食品消费者、净化食品市场，除了食品的生产者和经营者以外，《食品安全法》还将食品安全的责任主体进行了最大限度的扩张性规定，通过缺陷食品侵权责任并合的法律手段，规定了大量的缺陷食品营销参与者的侵权责任并合规则，将为缺陷食品提供生产经营场所和条件者、集中交易市场的开办者、柜台出租者、展销会的举办者、网络交易第三方平台、广告的经营者和发布者以及食品检验、认证机构，乃至在虚假广告或者其他虚假宣传中向消费者推荐食品的组织和个人都纳入了食品安全责任主体范畴，与生产经营者承担连带责任。

（一）食品营销参与者的界定

营销参与者是由美国侵权法学家戴维·G·欧文提出并使用的概念，杨立新教授将营销参与者定义为：营销参与者是指在商品或服务的交易领域中，为商品的生产、销售以及服务活动提供营销支持，促成商品、服务经营者与消费者达成交易的经营者和非经营者①。按照《食品安全法》的规定，食品营销参与者主要包括以下八类责任主体：

一是《食品安全法》第122条规定的：明知食品生产者、经营者未取得食品生产经营许可从事食品生产经营活动，或者未取得食品添加剂生产许可从事食品添加剂生产活动的，仍为其提供生产经营场所或者其他条件的，使消费者的合法权益受到损害的，应当与食品、食品添加剂生产经营者承担连带责任。

二是《食品安全法》第123条的规定的：明知食品经营者用非食品原料生产食品、在食品中添加食品添加剂以外的化学物质和其他可能危害人体健康的物质，或者用回收食品作为原料生产食品，或者经营上述食品；生产经营营养成分不符合食品安全标准的专供婴幼儿和其他特定人群的主辅食品；经营病死、毒死或者死因不明的禽、畜、兽、水产动物肉类，或者生产经营其制品；经营未按规定进行检疫或者检疫不合格的肉类，或者生产经营未经检验或者检验不合格的肉类制品；生产经营国家为防病等特殊需要明令禁止生产经营的食品；生产经营添加药品的食品等违法行为，仍为其提供生产经营场所或者其他条件，使消费者的合法权益受到损害的，应当与该食品生产经营者承担连带责任。

三是《食品安全法》第130条规定的：集中交易市场的开办者、柜台出租者、展销会的举办者允许未依法取得许可的食品经营者进入市场销售

---

① 杨立新．缺陷食品营销参与者的侵权责任并合［J］．河南社会科学，2017，25（01）：82.

食品，或者未履行检查、报告等义务，使消费者的合法权益受到损害的，应当与食品经营者承担连带责任。

食用农产品批发市场违反该法第 64 条关于“应当配备检验设备和检验人员或者委托符合本法规定的食品检验机构，对进入该批发市场销售的食用农产品进行抽样检验；发现不符合食品安全标准的，应当要求销售者立即停止销售，并向食品药品监督管理部门报告”的规定，致使消费者的合法权益受到损害的，应当与食品经营者承担连带责任。

四是《食品安全法》第 131 条规定：网络食品交易第三方平台提供者未对入网食品经营者进行实名登记、审查许可证，或者未履行报告、停止提供网络交易平台服务等义务，使消费者的合法权益受到损害的，应当与食品经营者承担连带责任。

消费者通过网络食品交易第三方平台购买食品，其合法权益受到损害的，可以向入网食品经营者或者食品生产者要求赔偿。网络食品交易第三方平台提供者不能提供入网食品经营者的真实名称、地址和有效联系方式的，由网络食品交易第三方平台提供者赔偿。网络食品交易第三方平台提供者赔偿后，有权向入网食品经营者或者食品生产者追偿。网络食品交易第三方平台提供者作出更有利于消费者承诺的，应当履行其承诺。

五是《食品安全法》第 138 条第三款的规定：食品检验机构出具虚假检验报告，使消费者的合法权益受到损害的，应当与食品生产经营者承担连带责任。

六是《食品安全法》第 139 条第二款的规定：食品认证机构出具虚假认证结论，使消费者的合法权益受到损害的，应当与食品生产经营者承担连带责任。

七是《食品安全法》第 140 条第二款的规定：广告经营者、发布者设计、制作、发布虚假食品广告，使消费者的合法权益受到损害的，应当与食品生产经营者承担连带责任。

八是《食品安全法》第 140 条第三款的规定，社会团体或者其他组织、个人在虚假广告或者其他虚假宣传中向消费者推荐食品，使消费者的合法权益受到损害的，应当与食品生产经营者承担连带责任。

（二）食品营销参与者的连带责任是否包括惩罚性赔偿责任？

《食品安全法》规定这么多类食品营销参与者的法律责任，目的是为了保证从生产到销售这一条分支庞大的供应链上的食品生产者、经营者的规范生产、经营。一方面保证消费者请求赔偿主体承担赔偿责任时可以有更多的选择，或者在有的赔偿责任主体因破产等原因丧失赔偿能力时仍然可以向其他赔偿主体提起赔偿，或者在无法找到食品生产者、经营者要求其承担责任时，仍然能让有过错的食品营销参与者来承担赔偿责任，从而保证消费者的合法权益能够得到充分的保障。另一方面要求有过错的食品营销参与者以责任并和的形式，与生产经营者一起对遭受损害的消费者承担连带责任，也是为了惩罚和制裁对损害发生有原因力的其他行为人，在加重他们的法律责任的同时，警示他们不要参与缺陷食品的生产经营活动，避免承担连带责任。

至于该连带责任是否应当包括食品生产者和食品经营者依据 148 条第二款需要承担的惩罚性赔偿责任呢？立法并没有明确，但从立法的体系解释和目的解释而言，《食品安全法》规定了食品生产经营者惩罚性赔偿责任的前提下，又专门规定要求有过错的食品营销参与者与生产者和经营者共同承担连带责任，且既未限定责任的类型，也未明确排除惩罚性赔偿责任，所以，笔者认为该连带责任应该既包括一般责任的连带，也应当包括惩罚性赔偿责任的连带，唯有如此，才能进一步强化食品营销参与者的责任，简化消费者对造成损害的缺陷食品营销参与者的追责过程，使得在保障消费者的食品安全之余，更有利于消费者在受到损害之时更好地通过法律维护自身的合法权益。

而且，当前司法实践中也认可食品营销参与者的连带责任应当包括惩罚性赔偿责任。例如在北京顺丰电子商务有限公司与杨元网络购物合同纠纷中，一审、二审法院均认为杨元通过顺丰公司经营的顺丰优选网站购买了诉争产品，该产品不符合食品安全标准，虽然顺丰公司提交了相关证据证明其对入网食品经营者×公司进行了实名登记并审查了食品流通许可证、全国工业产品生产许可证，但依据杨元提交的成都市青羊区、金牛区市场监督管理局出具的情况反馈和回复，顺丰公司所提供的×公司地址不实。因顺丰公司亦未举证证明其提供了关于×公司其他真实有效的联系方式，按照《食品安全法》第131条之规定，顺丰公司应当承担连带责任，故一审、二审法院均判令顺丰公司承担对消费者的十倍赔偿责任①。

《食品安全法》规定的食品营销参与者连带责任的适用范围及条件一览表

条款	责任人	适用范围	主观	客观	责任形态
第122条	为其提供生产经营场所或者其他条件的经营者	没有许可证生产食品或食品添加剂	明知	损害	连带责任
第122条	为其提供生产经营场所或者其他条件的经营者	用非食品原料等物质制造食品	明知	损害	连带责任
第130条第一款	传统交易平台开办者、柜台出租者、展销会举办者食用农产品批发市场	允许未依法取得许可的食品经营者进入市场；食用农产品批发市场违反法律规定	未履行法定义务	损害	连带责任
第131条第一款	网络交易平台提供者	网络交易平台提供者未对入网食品经营者实名登记、审查许可证等	未履行法定义务	损害	不真正连带责任
第138条第三款	食品检验机构	出具虚假检验报告	故意	损害	连带责任
第139条第二款	食品认证机构	出具虚假认证结论	故意	损害	连带责任
第140条第二款	广告经营者、发布者	虚假食品广告	故意	损害	连带责任
第140条第二款	社会团体、其他组织、个人（广告代言人）	虚假食品广告、虚假宣传	故意	损害	连带责任

尽管食品营销参与者的连带责任包括惩罚性赔偿责任，但其承担惩罚性赔偿责任的条件明显严于食品生产者和经营者。首先，食品营销参与者

① 参见（2017）京03民终3429号民事判决书。

承担惩罚性赔偿责任，必须以食品生产者或者经营者需要承担惩罚性赔偿责任为前提。其次，食品营销参与者还必须符合相应的关于其连带责任的构成要件。如上图所示，按照《食品安全法》的规定，无论是哪类食品营销参与者，其与食品生产经营者承担连带责任的前提条件必须是主观上存在过错，客观上“使消费者的合法权益受到损害”，尽管立法对其主观状态的表述方式略有不同，或者“明知”、或者未履行法定的查验审核义务、或者出具虚假检验报告或认证结论，或者发布虚假广告、进行了虚假宣传等，但实质上都属于故意的范畴。而且除网络交易平台提供者之外，其他的食品营销参与者与消费者之间并不存在直接联系，所以，食品营销参与者所承担的连带责任的性质应当属于侵权性质的责任。就其责任承担方式来看，除网络食品交易第三方平台提供者不能提供入网食品经营者的真实名称、地址和有效联系方式的情况下，对遭受损害的消费者承担的是不真正连带责任以外，其他食品营销参与者与食品生产经营者所承担的连带责任应当属于真正连带责任。而无论是真正连带责任还是不真正连带责任，遭受损害的消费者都有权选择多个责任人中的某一个或某几个承担全部责任。按照我国《侵权责任法》的规定，不真正连带责任人并非终局的责任人，在其承担了全部责任之后，可以依法向其他责任人全部追偿①。但是，对于真正连带责任的责任人，其承担了全部责任之后，是否可以向其他责任人追偿以及追偿的份额，法律都未作规定。

当然，立法者在《食品安全法》中通过连带责任规则，将食品安全责任的主体进行了最大程度的扩张性规定，在最大限度实现消费者权益保护的同时，也期待以此惩戒和威慑缺陷食品营销参与者的侵权行为，但是在具体操作过程中能否收到良好效果，还需要在司法实践中进一步观察。

（三）网络食品交易第三方平台的义务与责任

相对于其他食品营销参与者，网络食品交易第三方平台的责任稍显特

① 王利明．侵权责任法研究（第二版上卷）［M］．北京：中国人民大学出版社，2016：596－597.

殊，因为网络销售食品交易量大、品类众多、销售面广，以网络订餐为例，2016 年中国互联网餐饮外卖市场规模达到 1133 亿元人民币，同比增长 147.9%，预计 2019 年市场规模将达到 3378 亿元①。这种多元化的业态尽管方便了人民群众生活，但也出现了网络食品交易第三方平台对入网商家管理不到位、对食品安全不重视、管理制度不到位等问题。为进一步强化其责任、规范其运作，《食品安全法》第 62 条和第 131 条分别针对网络食品交易第三方平台的义务和责任进行了详尽的规定。

1. 网络食品交易第三方平台的义务

为维护网购食品安全，《食品安全法》第 62 条规定网络食品交易第三方平台对入网食品经营者的管理义务和责任，但由于第三方平台本身并不是食品经营者，只是一个信息撮合平台，新法只是规定了与其信息撮合业务相适应的一定的信息审查及相关义务，包括实名登记、审查许可证、报告违法行为和停止为严重违法者提供平台服务，以实现交易的可追溯、责任的可追究、危害的可控制，并没有对第三方平台赋予过重的义务②。

首先，平台对入网经营者负有登记审查义务。《食品安全法》第 62 条第一款规定，平台应对入网经营者实名登记，依法应取得许可的，还应审查其许可证。但该审查义务应当仅限于形式审查，而非实质审查，因为平台虽对入驻商家具有一定的监管与管控能力，但平台的监管只是协助监管的性质，而且在实务操作层面上，要求平台对浩瀚的商家进行实质审查亦是不合理与不可能的。但是，平台对不同对象的登记审查的范围是不同的，《食品安全法》规定，国家对食品生产经营实行许可制度，而销售食用农产品，不需要取得许可，对食品生产加工小作坊和食品摊贩等的管理办法由省、自治区、直辖市制定。可见，平台并非一律要审查经营者的许

① 中国互联网餐饮外卖市场趋势预测（2017—2019），载易观智库网 https://www.analysys.cn/analysis/22/details?articleId=1000561，2017 年 3 月 22 日.

② 刘金瑞．网络食品交易第三方平台责任的理解适用与制度创新［J］．东方法学．2017，（4）：85.

可证，只有依法应当取得许可的经营者，平台才有义务对其许可证进行审查。就审查许可证这一义务而言，此次修法亦历经波折。二审稿将许可证限于“食品生产经营许可证”，而送审稿则仅规定“许可证”，新法最终采纳了送审稿的规定。简单的六字之差不仅提醒平台具有审查入驻商家许可证的义务，其背后具有更为深刻的立法寓意，即为将来立法可能要求的行政许可留出空间，例如网购食品经营许可证。从当前我国立法规定来看，只有经营实体店铺才需具备“食品生产经营许可证”，而实务中大量入网商家并无线下实体店铺，其不需要依法取得相应许可，无疑在食品安全领域埋下了巨大隐患，故此次立法为日后的许可留下一定空间是相当有必要的。面对不需要审查许可证的经营者，平台仍应审查该经营者主体的身份信息、相关工商登记信息，例如营业执照、个体商家的身份证号码、住址、联系方式等。

其次，平台对违法的入网经营者负有制止、报告、停止服务义务。根据《食品安全法》第62条第2款规定，入网经营者有违反本法规定行为的，平台应及时制止并立即报告所在地县级人民政府食品安全监督管理部门；发现严重违法行为的，应立即停止提供平台服务。该条款的使用，必须明确“所在地”和“违反本法规定”的具体内涵。对于“所在地”为何地？如果解释为第三方平台所在地，那么在入驻商家遍及全国各地并且数量涉及数百万的情况下，无论是从人员的配备或是成本的消耗均会给平台所在地的食品安全监督管理部门带来巨大的负担，并且从实践角度来讲，亦因工作量巨大而不具有可行性。进一步来讲，仅因平台在该地注册就使该地的食品安全监督部门负责遍及全国的食品安全监督管理工作亦并不具有合理性。因此不应局限于平台提供者的所在地，还应包括入网经营者的所在地。因为入网经营者的所在地往往为入网经营者的登记注册地，根据地域管辖的理念，由入网经营者所在地的食品安全监督管理部门对其管理区域内的入网经营者进行监督管理无论从法律角度还是情理角度都是合情合理的。并且在涉及行政许可的情况下，由于各地对食品生产加工小作坊和食品摊贩经营的立法规定不同，有的省市采用许可制，有的省市采用登记备案制，故在各地立法规定不一的情况下，由平台所在地的食品安全监督管理部门对入网经营者的许可进行审查是难度极大的。而对于入网经营者所在地的食品安全监督管理部门而言，其对本地不同类别的入网经营者系采取许可制度或备案制度是清晰明确的，并且经营者的许可亦系由该部门进行审批的，故令其对其管辖范围内的入驻商家进行许可审查是无可厚非的，并且这也是该部门本身的义务。而“违反本法规定”应当将入网经营者的违法行为仅限于违反《食品安全法》，从法律位阶上讲，《食品安全法》系由全国人民代表大会常务委员会修订并通过的，属于狭义的“法律”。除了《食品安全法》要求第三方平台承担相应法定义务外，诸如《网络食品安全违法行为查处办法》等法规与规章亦进一步要求平台履行某些义务，而其中有些义务往往突破了《食品安全法》的立法限制给平台增添了过多负担，甚至政府部门有将自身的食品安全监管责任推卸给第三方平台之疑，因此不宜轻易将“法”的范围扩大。从调整内容上讲，《食品安全法》作为调整食品安全领域的一部专门性单行立法，其对食品安全问题进行了系统规定，故对于第三方平台在网络食品交易中的义务与责任也应系统地规范在该部法律当中。当然，若既有的立法规定已无法涵盖日趋多样的新型违法行为，笔者认为可以通过出台《食品安全法》的司法解释来进行规范与完善，而不应轻易地降低“法”的门槛。

再次，平台对消费者负有忠实告知义务。《食品安全法》第131条第2款规定，消费者通过平台购买食品合法权益受到损害的，若平台无法提供入网经营者的真实名称、地址和有效联系方式的，由平台进行赔偿。可见，在消费者权益受到损害要求平台提供入网经营者的上述信息时，平台应忠实告知，若无法告知，则应对消费者先行赔付。在2015年杨某诉顺丰公司案中，顺丰公司所提供的经营者地址不实，也未能举证其提供的经营者的联系方式有效，故两审法院均判决其应对杨某先行赔付，而且所承担的责任是十倍赔偿的惩罚性赔偿责任。知情权系消费者一大重要权利，法律要求平台向消费者履行如实告知的义务亦有利于保障消费者的知情权。

除上述规定义务外，《网络食品安全违法行为查处办法》还对平台的义务进行了强化。包括在省食药监管部门进行备案、具备相应技术条件以保障交易数据安全、建立食品安全档案制度、建立审查制度，包括对入网生产经营者审查登记、食品安全自查、食品安全违法行为制止及报告、严重违法行为平台服务停止、食品安全投诉举报处理以及执法协助义务等义务。需要指出的是，笔者认为《办法》规定的第三方平台义务，应在《食品安全法》设定的责任限度内予以解释，不宜扩大解释而不当加重第三方平台的责任。例如《网络餐饮服务食品安全监督管理办法》要求平台对入网经营者的经营行为进行检查、抽查等义务，笔者认为平台面对的经营者是浩瀚的，其不应亦不具有现实的能力和条件去对本平台内每户商家的经营行为进行检查。此外，不同的经营行为又具有不同的技术性和专业性，平台亦很难掌握全部的专业知识。因此，笔者认为上述规定的义务在《食品安全法》的限度内进行理解，即平台履行上述义务应是出于发现违法行为之必要。除上述食品安全义务外，《网络餐饮服务食品安全监督管理办法》还对网络餐饮服务第三方平台提出了其他要求，例如公示餐饮服务提供者的食品经营许可证、名称、地址、量化分级信息等信息。

总之，网络食品交易第三方平台承担的只是协助性的监控义务，而非一般意义上网络监控的行政职责，其仅应承担与其能力相适应的审查义务和责任。

2. 网络食品交易第三方平台承担的责任

《食品安全法》第 62 条在规定网络食品交易平台法定义务的同时，第 131 条又进一步规定了平台违法义务需要承担的责任，即网络食品交易第三方平台提供者未对入网食品经营者进行实名登记、审查许可证，或者未履行报告、停止提供网络交易平台服务等义务的，使消费者的合法权益受到损害的，应当与食品经营者承担连带责任。消费者通过网络食品交易第三方平台购买食品，其合法权益受到损害的，可以向入网食品经营者或者食品生产者要求赔偿。网络食品交易第三方平台提供者不能提供入网食品经营者的真实名称、地址和有效联系方式的，由网络食品交易第三方平台提供者赔偿。网络食品交易第三方平台提供者赔偿后，有权向入网食品经营者或者食品生产者追偿。网络食品交易第三方平台提供者作出更有利于消费者承诺的，应当履行其承诺。按照该条款规定，网络食品交易第三方平台在以下三种情形下需对消费者承担相应的责任：一是违反食品安全法规定，未对入网食品经营者进行实名登记、审查许可证或者未履行报告、停止提供网络交易平台服务等义务，使消费者的合法权益受到损害的，应当与食品经营者承担连带责任；二是消费者通过网络食品交易第三方平台购买食品，其合法权益受到损害，网络食品交易第三方平台提供者不能提供入网食品经营者的真实名称、地址和有效联系方式的，由网络食品交易第三方平台提供者赔偿；三是网络食品交易第三方平台提供者作出更有利于消费者承诺的，应当履行其承诺。

显而易见，上述三种责任是有区别的，当第三方平台没有履行登记审查、违法报告、停止服务等义务而出现消费者合法权益受损时，应当与入网食品经营者或生产者承担连带责任，该责任属于真正连带责任。网络食品交易第三方平台作为典型的民事主体，法律却赋予其辅助行政机关对网络食品安全进行管控的义务，平台违反上述义务视其情节严重程度，会被责令改正、没收违法所得、罚款乃至于责令停业、吊销许可证，因为“违反行政法上的义务需承担行政责任”。但《食品安全法》却规定平台违反登记审查义务或报告、停止义务使消费者权益受损的，应承担民事上的连带责任，即“违反行政法上的义务需承担民事责任”。义务和责任分别出现在不相同的部门法领域，即行政法上的义务导致民事责任这一问题，实质上是公法私法二分体制下以私法机制执行由公法担当的义务和责任的特殊制度。《消费者权益保护法》第 44 条第 2 款也规定平台明知或应知销售者或服务者利用其平台侵害消费者合法权益，却未采取必要措施的，与该销售者或者服务者承担连带责任。显然，平台由于不作为而与经营者或销售者承担的连带责任与下述的违约责任不同，该系侵权责任，需要符合一般侵权责任的构成要件。首先，第三方平台客观上实施了侵权行为。无论是未履行登记审查义务、报告停止义务，还是未采取删除、屏蔽、断开链接措施，亦或是未采取必要行为的，其均存在不作为的侵权行为。其次，平台的主观方面是具有过错的，从《食品安全法》角度分析，登记审查义务可谓是平台应履行义务中的核心义务，是维护网络食品安全的第一道防线，该基础性义务并未给平台增加过多或不合理的负担。平台公然不履行此种义务无疑具有重大过错，甚至实践中平台大多出于故意与放纵的心态，在其构成共同侵权的行为下责令其承担连带责任并无不妥。而且《侵权责任法》和《消费者权益保护法》中平台的侵权行为主观均系明知，亦存在归责的主观基础。最后，平台的侵权行为和损害结果的发生无疑具有因果关系，因此此种连带责任的立法规定并无不妥。

而当消费者通过网络食品交易第三方平台购买食品，其合法权益受到损害，网络食品交易第三方平台提供者不能提供入网食品经营者的真实名称、地址和有效联系方式的，网络食品服务平台承担的是附条件的不真正连带责任，即第三方平台在损害发生后，不能提供入网食品经营者或生产者的真实名称、地址和有效联系方式的，平台提供者应当承担赔偿责任，事后可以向食品经营者或生产者追偿。即网络交易平台在不能提供与食品生产者、经营者有关的信息时，才需要承担责任；平台承担责任后，还可以向真正应当承担责任的食品生产者或者经营者追偿。对于该责任的性质，目前有两种观点。第一种观点主张，该责任为顺位的补充责任，但是该观点值得推敲。因为补充责任意味着只有前顺序的赔偿义务人不能赔偿或不能全部赔偿的情况下，才能对顺序在后的赔偿义务人要求赔偿，而且在补充责任的情况下，对承担补充责任的赔偿义务主体的赔偿主张往往在执行程序中才能实现。而该条法律规定的是如果平台不能履行如实告知义务的，消费者可直接向平台主张赔偿责任，并未规定只有销售者或服务者无力赔偿时，才能要求平台承担赔偿责任。第二种观点则认为，该责任方式系连带责任，在第三方平台不能如实提供销售者或服务者信息的情况下，消费者既可向销售者或服务者要求赔偿，也可直接要求平台承担赔偿责任，此立法规定赋予了消费者足够的选择权，但此观点忽略了连带责任对内的责任分担方式。连带责任对外承担方式上，权利主体可任意向一个或多个赔偿义务主体主张责任，但对内而言，各责任主体之间是按份担责的，即各责任主体在内部要分别承担与自己过错相适应的责任份额。《食品安全法》第131条明确规定，在平台先行赔付后，其可向销售者或服务者进行追偿。从法律赋予平台追偿权这一立法规定，我们可以得出平台最终有权利向销售者或服务者进行全额追偿，也就是说最终仍是由销售者或服务者承担终局责任，平台承担的仅是先行赔付的责任而非终局责任，因此该责任系不真正连带责任。

对于网络平台事先承诺先行赔付的，受害消费者可以直接请求平台提供者承担赔偿责任，该责任属于约定条件的不真正连带责任，因为在众多的食品营销参与者中，真正与消费者存在合同关系的只有网络交易平台提供者，消费者在各类网络食品交易第三方平台购买食品之前，都必须注册并签署各平台拟定的《平台服务协议》，故双方之间通常为服务合同关系。而《食品安全法》第131条第二款后半段规定了第三方平台提供者作出更有利于消费者承诺的，应当履行其承诺：第三方平台作出先行赔付等事先承诺的，应当按照承诺向消费者承担赔偿责任。在国家工商行政管理总局关于发布《网络交易平台经营者履行社会责任指引》的公告中也规定：网络平台中鼓励网络交易平台经营者建立健全先行赔付制度，即首付责任制。若消费者对网络平台提起诉讼，无论消费者要求网络平台承担违约责任还是侵权责任，网络平台对消费者都是先行赔付，在其赔付后，再向生产经营者追偿。其实，无论是附法定条件还是附约定条件的不真正连带责任，只要平台承担的是不真正连带责任，其就有权在赔偿后向入网经营者进行追偿。

而无论平台承担的是何种类型的连带责任，都不影响消费者向平台主张惩罚性赔偿。因为随着互联网技术的发展，虽然食品交易从线上交易不断扩大至线下交易，但网络食品交易仍属于食品安全领域，也就属于《食品安全法》的调整范畴。《食品安全法》明确规定了惩罚性赔偿制度，网络交易应可以适用，第三方平台也可以适用。只不过平台承担惩罚性赔偿责任后，能否向生产者或经营者全额追偿这一问题上，应按照平台承担的连带责任的类型予以区分。

当然，食品营销参与者连带责任的规定从实体法规制的角度对食品消费者进行了最大救济，因为连带责任意味着被告的广泛性和可选择性，但是实体法的规定能否在司法实践中得以落实，笔者将结合后文关于“消费者实际选择的惩罚性赔偿责任的求偿对象”的实证研究，进行详细阐释。

五、消费者实际选择的惩罚性赔偿责任的求偿对象

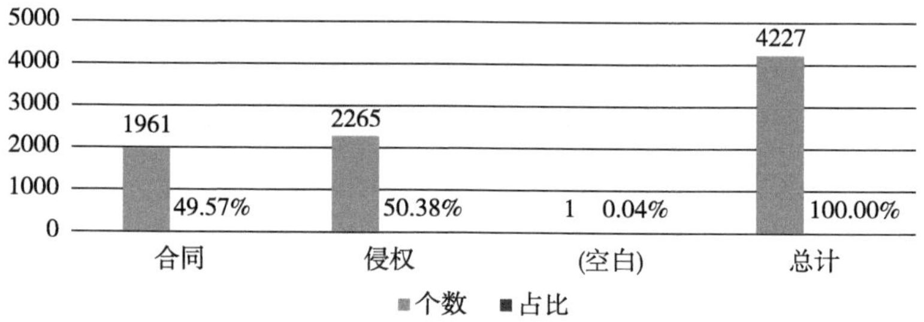

各类被告数量

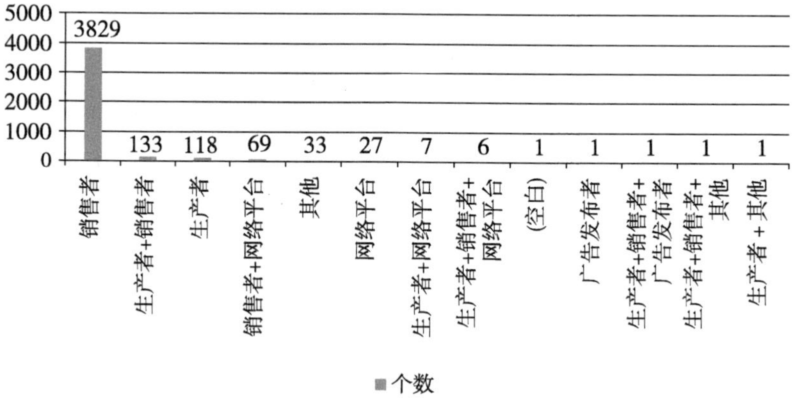

各类被告所占百分比

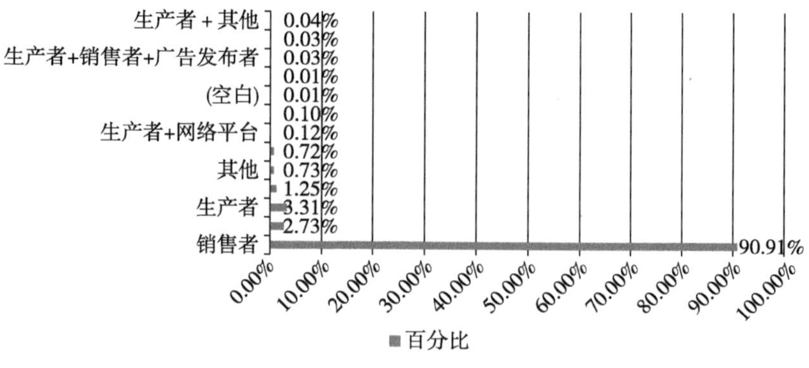

尽管按照《食品安全法》的规定，问题食品的生产者、经营者以及有过错的食品营销参与者都属于食品安全惩罚性赔偿责任的责任主体。但在笔者从无讼检索到的4227件主张惩罚性赔偿的样本案例来看，有1961件案件事由是合同纠纷，占样本案例总数的49.57%；有2265件案件事由是侵权纠纷，占样本案例总数的50.38%；还有一个案件未写明事由，可忽略不计。尽管从案由来看，合同纠纷与侵权纠纷的比例相差无几，但是从被告的分布来看，以销售者作为单独被告的案件个数是3829件，占全部研究案例样本的90.91%，而且作为个案被告的销售者往往是信誉良好、经营规范、食品安全相对有保障的大型商超或者购物平台；以生产者作为单独被告的案件个数仅为133件，占全部研究案例样本的3.31%，而且从个案的诉讼请求来看，案由选择的不同并不影响其诉讼请求的趋同以及其胜诉概率；在众多的食品营销参与者中，广告发布者单独被诉的案件只有一件，可忽略不计；而网络平台单独被诉的案件共计27件，网络平台与食品销售者或生产者作为共同被告被诉的案件共计82件，网络平台作为共同被告或单独被告的案件达到109起，占案例样本的2.19%；其他的食品营销参与者没有被诉的案件。

（一）食品销售者成为主要求偿对象的原因及对策

通过分析上述样本数据不难发现，虽然法律规定生产者和经营者（经营者包括销售者和餐饮服务提供者）都是食品安全惩罚性赔偿责任的承担主体，但在司法实践中，将销售者作为起诉对象的案件数量远远多于将生产者作为起诉对象的案件数量，餐饮服务提供者没有被诉的案件。在笔者看来，餐饮服务提供者之所以没有被诉最根本的原因在于餐饮服务属于即时消费，出现问题食品以后，无论是消费者还是餐饮服务的提供者都倾向于即时解决，而且餐饮服务业对于问题食品的举证比较困难，消费者很难通过食品标签等外在的标识对食品是否符合食品安全标准进行识别，所以职业打假人基本不会选择餐饮服务业作为打假对象。而销售者之所以成为惩罚性赔偿责任主要的被诉对象，究其原因在于一方面销售者与消费者之间存在着买卖合同关系，对买卖合同的标的物即涉案食品承担瑕疵担保责任，因此食品一旦出现问题，消费者惯性思维就是找食品的销售者交涉处理，当问题得不到解决时，首先选择起诉的对象自然也是销售者，而躲在销售者背后的食品生产者往往会被消费者忽略。而且我国《产品质量法》和《食品安全法》所规定的“首负责任制”也在很大程度上促使消费者一旦食品出现问题就会选择销售者而非问题食品的生产者主张责任。尽管食品安全惩罚性赔偿责任从理论上来讲不适用首负责任制，即经营者承担惩罚性赔偿责任以其主观上“明知”作为前提条件，但司法实践中对明知认定的忽略和明知归责的客观化倾向，致使消费者对经营者“明知”的举证责任大幅度降低的同时，也使得销售者成为食品安全惩罚性赔偿责任的主要责任承担主体。另一方面，从民事诉讼便利性和效率角度考虑，即使遭遇问题食品的消费者知道可以起诉生产厂家，但由于按照民事诉讼“原告就被告”的一般管辖原则，消费者单独起诉食品生产者可能需要前往生产者所在地起诉，加之提起食品安全惩罚性赔偿的主体大多数是知假买假的职业打假人，从诉讼便利和诉讼成本考量，自然会选择食品销售者作为被告。而且从个案中销售者的整体分布来看，即使索赔对象为销售者，消费者选择起诉的销售者也往往是大型的超市、商场、食品连锁店，而更容易产生食品安全问题的小作坊和小超市却无人将其作为起诉对象。选择正规的、有保障的大型商场和超市，虽然能够有利于消费者赔偿请求的实现，然而生活中出现有毒有害、对人体健康造成严重影响的食品通常不是这些大型商场，而是一些不起眼的黑作坊和小超市，而消费者忽视放纵了这些小的销售商，由于这些小的销售商没有被暴露在阳光下，其扰乱我国食品安全的行为便不能得到应有惩罚。

显而易见，司法实践中针对特定被告以及被告的特定类型出现的选择性诉讼，体现出惩罚性赔偿在食品安全法域处于片面适用的状态，背后的立法原因值得深思。由于惩罚性赔偿适用门槛低、举证便利且经营者与上游经营者间承担连带责任等立法设计，不仅为以索取惩罚性赔偿金为目的的职业打假人提供了投机的制度工具，也导致食品销售者承担了大部分惩罚性赔偿的诉讼成本，从而使得对生产、加工、流通等其他食品安全风险点的规制乏力也就成了必然的逻辑结果。这实际上意味着诉讼成本在食品价值链上的所有经营者间并未实现公平分担，而如何跨越保护消费者的单一视角，在经营者间的食品市场秩序上产生合理分担诉讼成本的规制效果，是调适立法功能的重要课题①。当然，对职业打假人牟利性打假行为的有效遏制肯定会有效改善销售者频繁被诉的处境，但要从根本上解决诉讼成本在食品价值链上的所有经营者间分配不公的现状，就必须在立法上明确生产者和销售者之间可依据过错程度相互追偿各自应承担的赔偿比例；此外，司法也应当严格掌握《食品安全法》第 148 条第二款关于经营者“明知”的认定标准，真正实现将食品生产者和经营者的责任根据其风险控制能力区别对待。

（二）食品营销参与者鲜少被诉的原因

法律尽管规定了食品营销参与者的法律责任，但在司法实践中，却鲜有消费者选择向食品营销参与者主张惩罚性赔偿责任，一方面是因为《食品安全法》148 条第二款规定的食品安全惩罚性赔偿责任的责任主体是“生产者和经营者”，这就会让消费者产生一种误解，认为只有食品生产者和经营者才需要承担惩罚性赔偿责任，除此之外的其他经营主体无需承担惩罚性赔偿责任。但实际上，按照 2018 年 5 月 1 日起施行的《深圳经济特区食品安全监督条例》规定：食品生产经营者，包括食品生产、加工、运输、仓储、销售和餐饮服务领域的企业，集中交易市场开办者、网络食品交易第三方平台提供者，以及食品生产加工小作坊、食品摊贩和食用农产品个体摊贩。另一方面在食品营销参与者责任的规范表述中，无一例外地都首先规定了食品生产者、经营者的责任，即“对消费者权益造成损害的，与食品生产经营者共同承担连带责任”。因此在司法实践中，遭受到

---

① 肖峰、陈科林．我国食品安全惩罚性赔偿立法的反思与完善——以经济法义务民事化归责的制度困境为视角［J］．法律科学（西南政法大学学报），2018，（2）：116.

损害的消费者，往往会选择首先向与其有合同关系的经营者或者具有第一顺位责任的生产者提起诉讼。而且在为数不多的要求食品营销参与者承担责任的案件中，原告重复次数较多，即大多数原告为职业打假人而非真正的权益受到损害的普通消费者，这也从侧面说明《食品安全法》关于食品营销参与者责任的规范适用性并不强。

其次，由于当前主张食品安全惩罚性赔偿责任的原告大多数是职业打假人，而职业打假人对于被告的选择肯定会首先考虑成本和收益的问题。但在食品营销参与者承担法律责任的条件，其中大多数为未对其服务或管理的食品生产者、经营者履行安全检查义务或者是对食品侵权事件的发生存在故意。就安全检查义务来说，这仍属于客观上可以查控的，但由于食品营销参与者履行相关职责的记录都是由食品营销参与者或者是市场监管部门来保存，这就意味着消费者在寻找食品营销参与者未履行相关安全检查义务的证据来说是比较难的。对于故意才承担法律责任的食品营销者来说，如何证明该食品营销参与者具有过错或故意，也是导致极少消费者对食品营销参与者提起诉讼的主要因素之一。正因为选择食品营销参与者承担惩罚性赔偿责任，无论是诉讼成本还是举证难度都大大高于向生产者和经营者主张责任，加之可追溯制度背景下广泛的食品侵权对象在诉讼救济制度中均以连带责任当事人的地位出现，而按照《侵权责任法》和《民事诉讼法》的相关规定，承担连带责任的，对当事人未起诉的其他责任人，法院不予追加，这就导致了司法实践中选择食品营销参与者为作为求偿对象的案件极其稀少。

再次，《食品安全法》立法强调的是“食品生产经营者对食品安全承担主要责任”，相对于食品生产者、经营者的法律责任，立法关于食品营销参与者法律责任的规定相对薄弱，且侧重于行政责任。以《食品安全法》第138条关于食品检验机构的法律责任的规定为例，该条第一款规定：违反本法规定，食品检验机构、食品检验人员出具虚假检验报告的，由授予其资质的主管部门或者机构撤销该食品检验机构的检验资质，没收所收取的检验费用，并处检验费用五倍以上十倍以下罚款，检验费用不足一万元的，并处五万元以上十万元以下罚款；依法对食品检验机构直接负责的主管人员和食品检验人员给予撤职或者开除处分；导致发生重大食品安全事故的，对直接负责的主管人员和食品检验人员给予开除处分。第二款规定：违反本法规定，受到开除处分的食品检验机构人员，自处分决定作出之日起十年内不得从事食品检验工作；因食品安全违法行为受到刑事处罚或者因出具虚假检验报告导致发生重大食品安全事故受到开除处分的食品检验机构人员，终身不得从事食品检验工作。食品检验机构聘用不得从事食品检验工作的人员的，由授予其资质的主管部门或者机构撤销该食品检验机构的检验资质。第三款规定：食品检验机构出具虚假检验报告，使消费者的合法权益受到损害的，应当与食品生产经营者承担连带责任。显然，前两款规定的是违反《食品安全法》的食品检验机构的行政责任，最后一款是规定了食品检验机构的民事责任。显而易见，《食品安全法》对于食品检验机构的行政责任，规定得非常详尽，行政责任的罚款区间、责任等级都非常明确，并且对食品检验机构违反《食品安全法》的后果分类亦较明确。《食品安全法》用 355 个字规定了较详尽的食品检验机构的行政责任，但只用了 46 个字来一笔带过了食品检验机构的民事责任。相对于行政责任的详细规定来说，民事责任的规定给就显得有点“寒碜”，不经意看还可能将第三款漏看，而法律规范的简单粗糙会直接影响其现实的可操作性。

（三）网络食品交易第三方平台频繁被诉的现实背景

在众多的食品营销参与者中，网络食品交易第三方平台是被诉最频繁的食品营销参与者，且大多集中在经济发达地区，出现这种现象的原因有二：一方面是因为我国当前网购食品安全状况堪忧，发生在网购渠道的涉食品安全案件数量大于实体交易领域，并且出现了实际经营主体与入网登记证照主体不一致、已被认定为不符合食品安全标准的食品仍然公开销售、销售未取得食品生产经营许可证的自制食品、违规销售保健食品等现象，反映出第三方网购平台在食品销售领域存在的问题较为突出，也反映出第三方网购平台在落实监管责任、履行监管义务方面存在不足；另一方面是因为根据《民事诉讼法》的相关规则，网络侵权案件由原告所在地优先管辖，这样可以使在经济学意义上来说较弱势的消费者们减少诉讼成本，保证其权益能够真正得到更快更有效的弥补。因为职业打假人经常在一段时间内对同一地域的商品进行“鉴定”，这样使得职业打假人在“鉴定”出有毒有害食品时，将较为集中的食品生产者、经营者及食品营销参与者起诉至其所在地的同一法院，这样可以大大减少职业打假人的诉讼成本，使自己的利益最大化。但事实上，单就网络平台作为共同被告或单独被告的案件仅有109起、仅占全部案例样本的2.19%这一数据而言，这与网络假货充斥的生活现状有抵牾。具体而言，一方面《食品安全法》第131条规定了网络平台作为第三方对经营者信息的审核义务、告知义务和告知不能时的责任，《电子商务法》的急切出台也从侧面说明了网络平台急需规范的现状；但另一方面，从样本案例的统计结果来看，消费者选择惩罚性赔偿的起诉对象绝大多数仍为线下经营者。实际上，线上食品安全问题更大，最大的电商平台是天猫淘宝，最多的假货也是在天猫淘宝，但由于法律规定不确定性及极差的可操作性，使得依据《食品安全法》起诉平台的案例大多败诉。

《食品安全法》立法之所以规定食品营销参与者对消费者承担连带责任的目的，是为了保障消费者在不能向食品生产者、经营者求偿时，仍然有食品营销参与者来承担责任，这样就可以保证消费者的合法利益能够最大程度地得到保障。连带责任的规定意味着被告范围的广泛性和可选择性，但当消费者基于各种原因选择其中的一部分人作为求偿对象时，法院对于未被起诉的连带责任人是否需要追加，追加不具有清偿能力的被告是否会导致消费者权利保护的实质落空；其次，各类食品营销参与者如广告经营者、广告发布者、推荐者、检验机构等作为食品侵权的非直接责任人，其承担的赔偿责任与生产者、销售者是否存在不同，赔偿范围是否应当有所差异；最后，针对食品营销参与者这些非直接侵权责任人，在允许其作为私益诉讼求偿对象的同时，对其提起公益诉讼是否具有正当性。对诸如此类的诉讼法上的问题，尽管也直接影响到食品营销参与者连带责任的承担，但由于《食品安全法》关于各类营销参与者的责任规定过于笼统不具可操作性，加之举证责任过重，导致这些责任条款形同虚设，所以当务之急是如何激活这些责任条款的法律适用。而要激活这些条款的适用，一方面要增强食品营销参与者责任规定的可操作性，对于民事责任规定简单粗糙的诸如食品检验机构、食品认证机构来说，需要进一步细化、明确其责任；对于责任规定较详尽的网络食品交易平台来说，则需要捋清各种行为引起的责任，方便消费者维权，同时也能够减轻法官在判断责任性质时的负担。另一方面也应当完善程序法上的举证责任规定，如前所述消费者在维权过程中普遍遭遇举证难的问题，这实际上就是《食品安全法》与《民事诉讼法》之间规定不配套所造成的。除去“专业”的职业打假人不说，普通消费者对于集中市场交易者、柜台出租者、网络食品交易平台或广告制作者、发布者、代言人来说，处于相对弱势的地位。举证难是消费者需要面对的问题，与其让消费者沿用传统的“谁主张谁举证”原则进行诉讼，不如让食品营销参与者自己举证，证明自己对损害的发生没有过错或故意或者已经尽到了安全检查义务，这样不仅能减轻消费者的举证压力、解决消费者的举证难问题，还能促使食品营销参与者尽最大努力来履行安全检查义务，进而使《食品安全法》关于食品营销参与者的连带责任真正落到实处。

第四章　“食品安全标准”的立法检讨和司法再解读

无论是根据2009年《食品安全法》第96条第二款的规定，还是按照《食品安全法》148条第二款之规定，生产者承担惩罚性赔偿责任的构成要件是“生产不符合食品安全标准的食品”，而经营者承担惩罚性赔偿责任的构成要件是“经营明知不符合食品安全标准的食品”。换言之，生产者和经营者承担惩罚性赔偿责任的前提或者说先决条件是生产或者经营的食品“不符合食品安全标准”。一般而言，民事责任条款通常会以私法自身的概念和规则来描述责任构成要件及法律效果，但《食品安全法》却一反常态，它并未提及民事责任的常规构成要件，而是将其全权委诸“食品安全标准”，将“食品安全标准”这一公法规则是否符合作为民事责任承担的核心构成要件①。毋庸置疑，“食品安全标准”作为行政机关制定的一项公法规范，其在行政执法过程中被遵从理属必然，但在私法领域完全将私法执行的主动权委诸于“食品安全标准”这项公法规范是否被遵从也属罕见。不仅如此，我国《食品安全法》还设专章（第三章）对食品安全标准的制定、公布、内容以及跟踪评价等内容进行了专门规定，并把食品安全标准作为食品生产经营、监督检验乃至于司法的依据。而《食品安全法》对食品安全标准的这种高度依赖的原因何在、其立法选择的正当性如何以及其司法实践的效果怎样则有待进一步考证。

一、食品安全标准的内涵

（一）标准与食品安全标准

按照《标准化法》第2条第一款的规定“标准（含标准样品）是指农业、工业、服务业以及社会事业等领域需要统一的技术要求”。而根据国

① 宋亚辉．食品安全标准的私法效力及其矫正．清华法学．2017，11（2）：160.

家质检总局和国家标准委2014年发布的中华人民共和国国家标准《标准化工作指南第1部分：标准化和相关活动的通用术语》（GB/T20001.1－2014）的规定，标准（standard）是指“通过标准化活动，按照规定的程序经协商一致制定，为各种活动或其结果提供规则、指南或特性，供共同使用的和重复使用的文件”。附录A表A.1序号2中对标准的定义是“为了在一定范围内获得最佳秩序，经协商一致制定并由公认机构批准，为各种活动或其结果提供规则、指南或特性，供共同使用和重复使用的一种文件”。作为一种能够共同使用和重复使用的规范性文件，标准可以将产品、过程或服务的规格或类型数量控制在最佳水平，保证可用性，增强互换性、兼容性和可操作性，从而在既定范围内获得最佳秩序，促进共同效益。国家标准GB/T3935.1－83认为“标准是对重复性事物和概念所做的统一规定，它以科学、技术和实践经验的综合为基础，经过有关方面协商一致，由主管机构批准，以特定的形式发布，作为共同遵守的准则和依据”。显然，在标准化过程中，标准是以科学、技术和经验的综合成果为基础制定的，目的在于为产品、过程和服务提供符合科学、技术和经验的规范。正是由于标准与科学、技术的这种直接关联性，反射到法律领域就表现为凡是需要解决一定科学技术问题的法律就必然会规定标准、依赖于标准。例如宪法、诉讼法以及婚姻继承法等基本不涉及科学技术问题，因此基本没有出现标准一词；而行政法、经济法领域与科学技术密切相关，因此其立法中频繁出现标准一词，而且法律问题的解决越依赖科学技术，标准在相应法域中的地位就越不可或缺。换言之，在涉及科学技术的问题上，法律对标准形成了一种依赖关系，即法律本身并不直接规定所涉及的科学技术问题（如产品质量、环境质量、药品质量），而是将其交予标准解决，标准由此成为法律在调整涉及科学技术问题的社会关系时，不可缺少的手段和工具①。

我国食品安全立法过程中给予标准高度重视，《食品安全法》文本中

① 柳经纬、许林波．法律中的标准——以法律文本为研究对象［J］．比较法研究．2018，（2）：194.

共检索出“标准”101次，检索出食品安全标准47次，而且该法还设专章（第三章）专门规定了食品安全标准的类型、制定以及跟踪评价等制度。《食品安全法》之所以如此重视标准，根本原因在于食品安全与否的问题实质上就是一个科学技术问题，这一问题的解决必然要依赖以科学、技术和经验的综合成果为基础制定的标准，而食品安全标准对于保证食品安全、保障公众身体健康和生命安全至关重要。所以，在2013年12月23日召开的中央农村工作会议上，党中央首次提出用“最严谨的标准、最严格的监管、最严厉的处罚、最严肃的问责”，确保广大人民群众“舌尖上的安全”。而要确保食品安全，首要的任务就是要严把食品安全关，严把食品生产过程各个环节的安全关。从食品的原材料到食品添加剂，从食品的加工、包装到储存、运输，从食品加工人员的健康状况到加工器具和周遭环境的卫生条件、生产规范，所谓“从田间到餐桌”，每一个环节对食品安全都至关重要，只要任何一个环节出了问题，就可能会出现食品安全问题。因此，基于公共安全的考虑，法律必须对食品的生产过程加以规范。但是，由于食品种类繁多，食品的生产过程复杂，食品安全的问题科技含量高，法律关于权利义务的规定，只能提供一个原则性的行为指引，而无法对生产过程的各个环节作出具体的规范。这种对食品生产过程及其环节的规范则由标准来完成，此其一；其二，伴随着当今社会从工业时代到信息时代、从传统社会到风险社会的过渡，生产力的指数增长，使危险和潜在的威胁达到了空前的释放，具体到食品领域就是食品安全事件的发生影响更深远、规模更大，呈现出周期性和频发性等特征。正是由于食品安全风险的空前释放，世界各国都将食品安全风险的防范作为食品安全监管的核心，而食品安全风险预防的具体措施就是需要依靠一套科学的食品安全标准。在许多法治发达的国家，食品安全标准也被作为一项重要的食品安全监管工具，对食品生产经营者的各项活动作出规制或指引，这也为消费者判断食品质量提供了具体的依据①。

---

① 宋华琳．中国食品安全标准法律制度研究［J］．公共行政评论．2011，（4）：31.

据此，有学者认为“食品安全标准就是以在一定的范围内获得最佳食品安全秩序、促进最佳社会效益为目的，以科学、技术和经验的综合成果为基础，经各有关方协商一致并经一个公认机构批准的，对食品生产经营过程中影响食品安全的各种要素以及各关键环节规定共同的和重复使用的规则、导则或特性的文件”[①]。也有学者认为“食品安全标准是以保障公众身体健康为唯一目标，按照标准化程序制定且需要强制执行，对食品及相关产品、食品添加剂、食品生产经营过程、相关基础和检验规定共同且重复使用的规则、导则或特性的文件”[②]。尽管学者对食品安全标准定义的角度不同，但有一点是可以达成共识的，那就是食品安全标准设定的目的在于根据现有的科技认识水平和经济发展水平，通过为行为人设定和提供具体行为标准的方式，将行为可能发生的危险和威胁控制在社会可接受的范围内。当生产经营者的行为违反了法律为其设定的行为标准，就意味着其行为可能引发的危险超出了社会可接受的范围以外，具有强烈的可归责性。所以，《食品安全法》第4条规定：“食品生产经营者应当依照法律、法规和食品安全标准从事生产经营活动，保证食品安全……”依据这一规定，食品生产经营者负有提供安全食品的义务，但确定生产经营者提供的食品是否安全的依据则是食品安全标准。

（二）食品安全标准的内容

就一般的认识而言，食品安全标准有食品技术标准和食品管理标准之别，前者“对食品产品的规格、理化指标、感观指标、卫生指标、微生物指标、包装材料和包装方法、贮藏条件和贮藏期以及上述指标的检验分析方法作出规定”；后者则是“把食品企业管理中常规性例行活动，经过观察分析、研究改进，按照客观规律，对管理程序、所经过的路线、所需要

---

① 季任天．论中国食品安全法中的食品安全标准［J］．河南省政法干部管理学院学报．2009，(4)：123.

② 刘云．论我国食品安全标准的法律制度及其改革［J］．法治社会．2018，(3)：75.

的管理岗位、管理职责、管理凭证以及工作方法等加以明确规定，并用规章制度或职责条例固定下来，作为管理活动的准则”①。食品管理标准的实施是为了保证食品技术标准的落实。我国《食品安全法》尽管也有关于食品管理标准的规定，但都散见于食品生产经营、食品进出口、食品监督管理等章节的规定中。而《食品安全法》第 26 条将食品安全标准的内容限定在食品、食品添加剂和食品相关产品中危害人体健康物质的限量、食品添加剂、婴幼儿等特定人群食品的营养成分、食品标识、食品生产经营卫生、食品质量、食品检验和其他标准八个方面②。《食品安全国家标准整合工作方案（2014 年 –2015 年）》又进一步将上述标准划分为通用标准、食品、食品添加剂以及食品相关产品标准、食品生产经营过程的卫生要求标准以及检验方法与规程四大类。食品通用标准适用于各类食品，规定了各类食品中的污染物、真菌毒素、致病菌、农兽药残留、食品添加剂和营养强化剂使用、包装材料及其添加剂、标签和营养标签等要求；食品、食品添加剂以及食品相关产品标准，规定了各大类食品定义、感官、理化和微生物等要求，食品添加剂如甜味剂、防腐剂以及着色剂等添加规格标准，以及食品相关产品如塑料、陶瓷、纸张、油墨等的标准；食品生产经营规范标准则强化了食品生产控制和风险防控，对原料、生产过程、运输和贮存、卫生管理等生产经营过程的安全控制提出了要求；食品检验方法标准包括理化、微生物和毒理等检验方法。这四类标准正是通过设定具体限值、指标、要求、方法和规程的方式为食品生产经营者设定了最低的要

① 季任天. 论中国食品安全法中的食品安全标准 [J]. 河南政法管理干部学院学报. 2009，(4)：122 – 127.

② 根据《食品安全法》第 26 条之规定：食品安全标准包括：（一）食品、食品添加剂、食品相关产品中的致病性微生物，农药残留、兽药残留、生物毒素、重金属等污染物质以及其他危害人体健康物质的限量规定；（二）食品添加剂的品种、使用范围、用量；（三）专供婴幼儿和其他特定人群的主辅食品的营养成分要求；（四）对与卫生、营养等食品安全要求有关的标签、标志、说明书的要求；（五）食品生产经营过程的卫生要求；（六）与食品安全有关的质量要求；（七）与食品安全有关的食品检验方法与规程；（八）其他需要制定为食品安全标准的内容。

求，为消费者的身体健康和生命安全提供有效技术保障，能够从源头规范食品生产经营行为的安全性，对构建安全、统一的市场秩序具有重要意义。

但是，根据《标准化法》的规定，标准主要解决的是需要统一技术要求的问题。也就是说，非技术要求的管理内容，一般是不应当纳入标准范畴的。现行《食品安全法》第26条规定了八项食品安全标准的内容，但就这八项内容标准化的必要性而言，致病性微生物、农药残留、兽药残留、生物毒素、重金属等污染物质以及其他危害人体健康的物质，禁止人为添加到食品中，但是在食品生产（包括农作物种植、动物饲养和兽医用药）、加工、包装、贮存、运输、销售、食用等过程中，可能会或多或少进入食品中。如果人体摄入的危害物质超过一定含量，就会危害人体健康。因此，必须对食品中各种危害物质的限量作出规定。食品添加剂是指为改善食品品种和色、香、味以及为防腐、保鲜和加工工艺的需要而加入食品中的人工合成或者天然物质，包括营养强化剂。适当添加食品添加剂，可以改善食品的色、香、味，延长食品的保质期，满足人民对食品品质的新需求；但如果滥用食品添加剂，则会严重危害人体健康，因此必须对其品种、使用范围和用量进行严格限制。特定人群食品尤其是婴幼儿主辅食为其以后一生的身体和智力发育打下良好的物质基础，因此，婴幼儿主辅食品的营养成分不仅关系到食品的营养，而且关系到婴幼儿的身体健康和生命安全，必须搭配科学，各种营养成分既不能过多，也不能过少。少了会导致营养不良，多了也可能引起中毒。因此，必须在进行风险评估后规定营养成分的最高量、最低量等要求，使婴幼儿在满足营养需求的同时又保证食用安全。同样，其他一些特定人群对主辅食品的营养成分也有特殊要求，需要制定相应的标准。但除上述三项内容以外的，诸如“对与食品安全、营养有关的标签、标识、说明书的要求”“食品生产经营过程的卫生要求”“与食品安全有关的质量要求”等内容，尽管也是保证食品安全的前提和条件，但并没有特别强调其内容是技术性要求，这导致了上述内容既可以由食品安全标准来规定，也可以由食品安全法律法规来规定，进而导致出现冲突①。而我国食品安全立法在未对食品安全标准的范围、具体适用及如何与法律价值适度调和等问题做出明确考量的情况下，不加区分地将食品安全标准一股脑地导入私法，并将其作为私法责任承担的先决条件，势必会放大这种冲突的影响，并进一步影响到私法的实施效果。

（三）食品安全标准的类型

我国的食品标准原来由国家15个部门负责制定，包括食用农产品质量安全标准、食品卫生标准、食品质量标准和有关食品的行业标准。《食品安全法》颁布后，原卫生部出台了《食品安全国家标准“十二五”规划》，将原有的食用农产品质量安全标准、食品卫生标准、食品质量标准和有关食品的行业标准整合成唯一的强制性标准。而按照《食品安全法》规定，食品安全标准根据其制定主体、使用范围和对象的不同，可分为国家标准、地方标准和企业标准。

1. 食品安全国家标准

食品安全国家标准是对需要在全国范围内统一技术要求的食品安全标准，食品安全国家标准由由国务院卫生行政部门②会同国务院食品安全监督管理部门③制定、公布，国务院标准化行政部门提供国家标准编号。食品中农药残留、兽药残留的限量规定及其检验方法与规程由国务院卫生行政部门、国务院农业行政部门会同国务院食品安全监督管理部门制定。屠宰畜、禽的检验规程由国务院农业行政部门会同国务院卫生行政部门制定。制定食品安全国家标准，应当依据食品安全风险评估结果并充分考虑

---

① 陈佳维、李保忠．中国食品安全标准体系的问题及对策［J］．食品科学．2014，（9）：336.

② 2018年国务院机构调整，将原来的卫生与计划生育委员会的职责与其他相关部门的职责整合，组建卫生与健康委员会，隶属于国务院。下文提及的“国务院卫生行政部门”的职责均归属新组建的卫生与健康委员会，简称卫健委。

③ 原《食品安全法》中的国务院食品药品监督管理部门改称为国务院食品安全监督管理部门。

食用农产品质量安全风险评估结果，参照相关的国际标准和国际食品安全风险评估结果，广泛听取食品生产经营者和消费者的意见，并经国务院卫生行政部门组织的食品安全国家标准审评委员会审查通过。食品安全国家标准审评委员会由医学、农业、食品、营养、生物、环境等方面的专家以及国务院有关部门、食品行业协会、消费者协会的代表组成，对食品安全国家标准草案的科学性和实用性等进行审查。制定食品安全国家标准一般经过制定标准研制计划、确定起草单位、起草标准草案、征求意见、委员会审查、国务院卫生行政部门批准等程序。

按照《标准化法》的规定，国家标准又区分为强制性国家标准和推荐性国家标准。对保障人身健康和生命财产安全、国家安全、生态环境安全以及满足经济社会管理基本需要的技术要求，应当制定强制性国家标准。强制性标准必须执行，不符合强制性标准的产品、服务，不得生产、销售、进口或者提供。对满足基础通用、与强制性国家标准配套、对各有关行业起引领作用等需要的技术要求，可以制定推荐性国家标准，国家鼓励采用推荐性标准。

根据 2017 年 7 月 28 日发布的《国家卫生计生委办公厅关于通报食品安全国家标准目录和食品相关标准清理整合结论的函》，截至 2017 年 7 月 28 日，卫计委共发布食品安全国家标准 1224 项，其中现行标准共 1157 项，被替代和已废止（待废止）标准 67 项。现行的食品安全国家标准包括：通用标准 11 项、食品产品标准 64 项、特殊膳食食品标准 9 项、食品添加剂质量规格及相关标准 586 项、食品营养强化剂质量规格标准 29 项、食品相关产品标准 15 项、生产经营规范标准 25 项、理化检验方法标准 227 项、微生物检验方法标准 30 项、毒理学检验方法与规程标准 26 项、兽药残留检测方法标准 29 项、农药残留检测方法标准 106 项。之后，食品安全标准不断的更新和完善，截至 2019 年 5 月 28 日，国家食品药品监督管理总局官网可以查询到的现行有效的“食品安全国家标准”（即通常说的 GB）共有 1190 个。2019 年 5 月，中共中央、国务院印发的《关于深化改革加强食品安全工作的意见》提出，到 2020 年农药兽药残留限量指标达到 10000 项。显然，随着国家经济社会的发展，食品安全国家标准的数量在增加，标准的覆盖面在扩大，标准的内容也在进一步发展和完善。

2. 食品安全地方标准

食品安全地方标准则是在一定区域和范围内对没有食品安全国家标准的地方特色食品制定的食品安全标准，由省、自治区、直辖市人民政府卫生行政部门制定并公布，报国务院卫生行政部门备案。食品安全国家标准制定后，该地方标准即行废止。对于食品安全地方标准的存废，一直以来存在着两种不同的意见，主张废止食品安全地方标准的观点认为，我国当前的食品安全国家标准基本涵盖了从农田到餐桌食品生产加工的主要环节和食品安全控制要求，食品安全国家标准遵循通用性原则，将相同类别商品归类制定标准，提高标准的覆盖面，特别是食品安全通用标准，不针对单个产品设置标准扩大了食品安全国家标准的覆盖面，没有必要制定地方标准，否则会使一些地方政府借地方标准搞地方保护主义，不利于食品业的发展，因此建议删除有关食品安全地方标准的规定。但也有意见认为，立法应当从实际出发，现实中确实存在一些地方特色食品，尚未制定食品安全国家标准，短期内不可能或者也没有必要制定国家标准。对此类食品，应当制定地方标准进行规范。立法机关充分听取各方意见，经多次调研，最终保留了有关地方标准的规定，但对其制定和废止进行了一定限制：一是应当报国务院卫生行政部门备案；二是食品安全国家标准制定后，该地方标准即行废止，避免出现国家标准和地方标准同时存在，导致适用混乱。而且，对地方标准的适用范围进行了限制，2009 年《食品安全法》第 24 条规定只有在“没有食品安全国家标准的，可以制定食品安全地方标准”，2015 年修订的《食品安全法》第 29 条将地方标准进行了进一步限制，将其限定在没有食品安全国家标准的“地方特色食品”。为规范食品安全地方标准的制定，《国家卫生计生委办公厅关于进一步加强食品安全标准管理工作的通知》（国卫办食品函［2016］733 号）进一步明确了食品安全地方标准的涵盖范围：省级卫生计生行政部门对没有食品安全国家标准的地方特色食品制定食品安全地方标准。食品安全地方标准包括地方特色食品的产品标准、生产经营过程的卫生要求、与地方标准配套的检验方法与规程等，不包括食品安全国家标准已经涵盖的食品类别和保健食品、特殊医学用途配方食品、婴幼儿配方食品、食品添加剂、食品相关产品等。截至2018年12月底，我国26个省/自治区/直辖市先后制定发布食品安全地方标准313项，制定标准数量较多的有广西（48项）、贵州（30项）、吉林（28项）、上海（27项）、云南（26项）、重庆（18项）、江苏（17项）、陕西（17项）。内容主要包括基础限量标准、食品产品标准、检测方法标准、生产经营过程管理标准4类。其中，基础限量标准2项，占比0.64%；食品产品标准220项，占比70.29%，检测方法标准51项，占比16.29%，生产经营过程管理标准40项，占比12.78%[①]。

由于《食品安全法》第29条只规定对没有食品安全国家标准的地方特色食品，可以由省、自治区、直辖市人民政府卫生行政部门可以制定并公布食品安全地方标准，报国务院卫生行政部门备案。但实践中哪些食品属于地方特色食品并没有准确界定，进而造成地方标准的缺失或者是地方标准与国家标准的重叠。而标准的缺失与重叠同样给司法判定涉案食品是否符合食品安全标准带来较大的障碍，为进一步规范食品安全标准管理，2019年6月12日发布的《国务院卫生健康委办公厅关于进一步加强食品安全地方标准管理工作的通知》中明确了地方标准的涵盖范围，将地方特色食品界定为在部分地域有30年以上传统食用习惯的食品，包括地方特有的食品原料和采用传统工艺生产的、涉及的食品安全指标或要求现有食品安全国家标准不能覆盖的食品。地方标准包括地方特色食品的食品安全要求、与地方特色食品的标准配套的检验方法与规程、与地方特色食品配套的生产经营过程卫生要求等。同时进一步明确食品安全国家标准（包括通用标准）已经涵盖的食品，婴幼儿配方食品、特殊医学用途配方食品、保

① 张凯华、藏明伍、李丹、张哲奇、李笑曼．我国食品安全现状及其问题分析［J］．保鲜与加工．2019，19（3）：149－150.

健食品、食品添加剂、食品相关产品、农药兽药残留、列入国家药典的物质（列入按照传统既是食品又是中药材物质目录的除外）等不得制定地方标准。而且地方标准不得与法律、法规和食品安全国家标准相矛盾。

3. 食品安全企业标准

食品安全企业标准，它是生产企业自己制定的，作为企业组织生产、经营活动的依据，为企业内部协调、统一的技术要求、管理要求和工作要求所制定的标准。《食品安全法》第30条明确规定：国家鼓励食品生产企业制定严于食品安全国家标准或者地方标准的企业标准，在本企业适用，并报省、自治区、直辖市人民政府卫生行政部门备案。值得一提的是，2015年《食品安全法》删除了2009年《食品安全法》所规定的“企业生产的食品没有食品安全国家标准或者地方标准的，应当制定企业标准，作为组织生产的依据”。因为，在立法者看来，随着我国食品安全标准整合工作的完成，食品安全标准就能够实现全覆盖，不会存在没有食品安全国家标准和地方标准的情况。所以，目前企业可以制定的食品安全标准只能是在国家标准和地方标准的基础上，制定更严格的标准。

关于食品安全标准的属性，学术界向来争议已久，目前普遍认为企业标准并不属于食品安全标准，因为企业标准无论其制定原则、制定程序还是跟踪评价都明显有别于国家标准和地方标准。首先，从制定原则来看，制定食品安全标准，应当以保障公众身体健康为宗旨，做到科学合理、安全可靠。《食品安全国家标准管理办法》（卫生部令第77号）第2条规定“制定食品安全国家标准应当以保障公众健康为宗旨，以食品安全风险评估结果为依据，做到科学合理、公开透明、安全可靠”。《食品安全地方标准管理办法》第5条也规定“制定食品安全地方标准应当以保障公众健康为宗旨，以食品安全风险评估结果为依据，充分考虑地方食品特点和饮食习惯，做到科学合理、公开透明、安全可靠”。而生产企业之所以制定严于食品安全国家标准或者地方标准的企业标准，主要是为了增强市场竞争力，国家鼓励企业的这种行为，也体现了对食品企业生产经营自主权的尊重。其次，从制定（备案）程序来看，食品安全国家标准或者地方标准制（修）订工作包括规划、计划、立项、起草、审查、批准、发布以及修改与复审等，且批准发布的食品安全国家标准或者地方标准均属科技成果。而企业标准文本内容由食品生产企业负责，只要符合法律、法规和强制性标准的规定，即可通过自我声明公开或备案形式实施。最后，从跟踪评价机制来看，食品安全标准跟踪评价，是对食品安全国家或者地方标准执行情况进行调查，了解标准实施情况并进行分析和研究，提出标准实施和标准修订相关建议的过程。跟踪评价工作包括标准贯彻落实和执行情况、推进标准实施的措施及成效、标准指标或技术要求的科学性和实用性以及其他需要跟踪评价的内容。食品安全标准跟踪评价工作应当以保障公众健康为宗旨，坚持科学合理、依法高效、客观公正、真实可靠的原则。企业标准的跟踪评价，除因企业自身需要而修订、修改外，关键取决于了食品安全标准的跟踪评价。当食品安全国家标准、地方标准发生变化时，企业应及时对企业标准进行复审，实际上企业标准系依附于食品安全标准而存在。

显而易见，食品安全企业标准本质上并不属于食品安全标准，不具有强制执行的效果，那么在已有强制性国家标准、推荐性国家标准或者地方标准的情况下，企业制定了企业标准，那么企业在此时是否可以只执行国家标准或者地方标准呢？从现行法律规定来看，并无禁止性规定。法无禁止即可为，因此，企业可以执行国家标准而不执行企业标准。以上方面都充分证明了企业标准不是强制性标准，没有强制性标准的基本属性。因为《标准化法》第 1 条开宗明义规定：“为了加强标准化工作，提升产品和服务质量，促进科学技术进步，保障人身健康和生命财产安全，维护国家安全、生态环境安全，提高经济社会发展水平，制定本法。”标准是为了“提升产品和服务质量，促进科学技术进步，保障人身健康和生命财产安全，维护国家安全、生态环境安全，提高经济社会发展水平”，再结合该法第 10 条关于强制性标准制定目的的规定“对保障人身健康和生命财产安全、国家安全、生态环境安全以及满足经济社会管理基本需要的技术要求，应当制定强制性国家标准”，可以看出，强制性标准主要是为了保障安全性，也就是我们俗称的底线、红线。企业标准不是强制性标准，它的目的是为了提升产品质量，这也是从企业标准制定的规定方面所决定的，鼓励企业制定严于强制性标准的企业标准，显然，这不是为了安全，是为了整体产品质量的提升。再从该法第 27 条规定来看①，企业标准更是一种自律性的标准、承诺性的标准，这也是符合目前构建诚信社会的大趋势的。

二、“食品安全标准”的立法检讨

正是由于评判食品安全与否的问题实质上是一个科学技术问题，而食品安全标准在规范生产过程和风险防范方面的巨大作用，目前，越来越多的国家将食品安全标准纳入法律调整的范围，将其作为食品安全制度建设的工具保障。例如，澳大利亚和新西兰于 1991 年颁布了《澳新食品标准法》（Food Standards Australia New Zealand Act），加拿大于 1996 年颁布了《食品标准法》（ Food Products Standards Act ），英国于 1999 年颁布了《食品标准法》（ Food Standards Act ），印度于 2006 年颁布了《食品安全和标准法》（ Food Safety and Standard Act ），美国《食品安全现代化法》（ FDA Food Safety Modernization Act ）和日本的《食品安全基本法》《食品卫生法》等也对各自国家的食品安全标准确立了法律规则。我国《食品安全法》立法更是给予食品安全标准高度的重视和尊重，《食品安全法》文本中出现“标准”101 次，“食品安全标准”在整部法中出现次数高达 47 次。不仅如此，《食品安全法》还设专章（第三章）规定了食品安全标准，该章对食品安全标准的制定原则、法律效力、标准类型、标准内容、制定程序等方面作出了全面规定，条文多达 9 条之多，并将食品生产经营、食

① 《标准化法》第二十七条规定：国家实行团体标准、企业标准自我声明公开和监督制度。企业应当公开其执行的强制性标准、推荐性标准、团体标准或者企业标准的编号和名称；企业执行自行制定的企业标准的，还应当公开产品、服务的功能指标和产品的性能指标。国家鼓励团体标准、企业标准通过标准信息公共服务平台向社会公开。

品检验、食品监督管理乃至于民、行、刑事司法也都围绕食品安全标准展开，甚至直接将“不符合食品安全标准”作为食品生产者和经营者承担惩罚性赔偿责任的构成要件。

（一）食品安全标准融入私法的方式

食品安全标准作为国务院（或省级）卫生行政部门会同其他部门制定的技术性规则，就其自身法律性质而言并非正式法律渊源体系中的法，立法者之所以将其作为食品生产者和经营者承担惩罚性赔偿责任的前提条件，给予其极高的尊重，原因不在于其在法律渊源体系中的等级序列，而是基于其技术权威，因为“食品安全标准所处理的都是专业技术问题（如添加剂含量、农药残留量及其监测方法），无论是制定主体的选择（由国务院卫生行政部门主导）还是制定程序设计（由多学科专家组成的食品安全标准审评委员会审查通过），一切都围绕“技术性”这一核心要素展开①。

在立法技术上，标准进入法律的途径主要有三种方式：第一种是“直接纳入标准”，即将标准的条文直接引入法律，纳入的标准直接产生法的规范效力，可以称为“采纳条款”；第二种是“直接援引标准”，即法律没有采纳标准的具体条文，但是直接援引某一项标准作为构成要件，可以称为“引致条款”；第三种是“间接指示标准”，即法律既没有直接采纳标准条文，也没有直接援引具体标准，而是概括指示了某一类标准，可以称为“转介条款”②。我国民法、刑法、行政法引入食品安全标准采用的就是“间接指示标准”的方式，通常是通过设置在各部门法或单行立法中的转介条款，以其作为具体的沟通管道将食品安全标准嵌入各部门法，并产生相应的私法效力。《食品安全法》第 148 条第二款就属于典型的转介条款，该条明确规定食品生产者和经营者承担惩罚性赔偿责任的前提条件是“生

---

① 宋亚辉．食品安全标准的私法效力及其矫正［J］．清华法学．2017，11（2）：158.

② 蒋怡琴．论标准在民事裁判中的适用［J］．行政与法．2018，（5）：114.

产不符合食品安全标准的食品或者经营明知是不符合食品安全标准的食品”，但《食品安全法》本身并没有采纳任何标准条文，也没有直接援引具体标准，更没有标准编号，而是将责任承担的前提条件指向“食品安全标准”这一类标准①，在具体操作层面上，究竟适用哪个标准必须根据法律的规定和具体情况才能确定所指向的特定标准。就其规定的内容而言，该条款是一个包含有责任构成要件和法律效力的完全法条，其不仅在传统的补偿性赔偿责任基础之上又创设了一种新型的民事责任类型——惩罚性赔偿责任，而且还明确了该惩罚性赔偿责任的构成要件是“生产不符合食品安全标准的食品或者经营明知是不符合食品安全标准的食品”，相应的法律效果是消费者可以“向生产者或者经营者要求支付价款十倍或者损失三倍的赔偿金……”从宏观的私法价值体系层面来看，立法者通过这种转介条款的设置可以轻松的将食品安全标准这一公法规则嫁接到私法领域。《食品安全法》所采用的这种援引标准的方式，有利于保持法律的稳定性不因标准的变动而受到影响，同时又不会妨碍法律指向的标准随着科学技术的发展而完善，从而确保了法律借助于标准调整社会关系时能够做到“与时俱进”②。但实际上，“转介条款”对标准的范围、具体适用及如何与法律价值适度调和等尚未做出明确考量，因此，“转介条款”既无法保证标准没有内容缺陷，也易产生技术负担和效力认定障碍③。而且，将食

① 宋亚辉在《食品安全标准的私法效力及其矫正》一文中认为《食品安全法》第148条第二款属于典型的“引致条款”，而蒋怡琴在《论标准在民事裁判中的适用》一文中认为《食品安全法》第148条第二款属于“转介条款”。笔者赞同蒋怡琴的观点，因为按照我国《食品安全法》和《标准化法》的相关规定，我国当前的食品安全标准包括食品安全强制性国家标准、食品安全推荐性国家标准、食品安全地方标准、食品安全企业标准。而按照《最高人民法院关于审理食品药品纠纷案件适用法律若干问题的规定》，食品安全标准所指示的是涵盖食品安全国家标准、地方标准和企业标准的一类标准。但无论是表述为转致条款（宋亚辉在其文章中将引致条款和转介条款统称为转致条款）还是转介条款，实质上都是对《食品安全法》第148条第二款关于食品安全标准融入私法的方式的评析，所以本文在引用两位作者的观点时，为保证与引文的一致，没有擅做改动。

② 柳经纬、许林波．法律中的标准——以法律文本为分析对象［J］．比较法研究．2018，（2）：197.

③ 蒋怡琴．论标准在民事裁判中的适用［J］．行政与法．2018，（5）：114.

品安全标准遵从与否作为判断惩罚性赔偿责任承担与否的唯一因素，尽管在很大程度上化解了民事法官在判定食品安全责任时所面临的各种技术性难题，使得法官在审理食品安全惩罚性赔偿案件时不必再对自己并不擅长的专业技术性问题进行判断，而只需要简单比对相应的食品安全标准即可。但是，这种借助转介条款将食品安全标准嫁接到私法的做法，完全脱离了原有民事违约责任和侵权责任的构成要件，剥夺了法官对于个案自由裁量余地，对私法自身的结构和功能造成严重冲击。那些曾经需要法官进行个案裁量的弹性化概念（如行为违法性、食品缺陷、主观恶性、损害等），均被强行置换为公法上完全走向客观化的食品安全标准。除非涉案领域尚未制定食品安全标准，否则，法官在个案中无需且不能根据个案事实来判定涉案食品是否具有不合理的危险、生产经营行为是否具有违法性、消费者是否遭受了损害、当事人是否达成了合意等等，因为这一切都被食品安全标准所取代，法官只需根据转致条款的指引，核对涉案食品是否违反了食品安全标准，即可径行判定惩罚性赔偿责任是否成立①。而这种客观化、标准化的食品安全标准完全取代了私法上的弹性概念，折射出立法者对标准的高度自信。诚然，如果食品安全标准本就十分规范化、精细化，则传递到私法上的联动效应也将是积极的；但若食品安全标准自身出现任何意外情况，通过联动装置，私法也将如“病毒感染”一般陷入瘫痪②。

（二）食品安全标准融入私法面临的问题

1. 食品安全标准水平参差不齐

如前所述，以客观化、标准化的食品安全标准完全取代私法上的弹性概念，尽管在一定程度上缓解了裁判法官在责任认定过程中的技术性和政

① 宋亚辉. 食品安全标准的私法效力及其矫正［J］. 清华法学. 2017，11（2）：165.

② 宋亚辉. 食品安全标准的私法效力及其矫正［J］. 清华法学. 2017，11（2）：165.

策性难题，简化了司法的过程，但同时也使司法的实施效果很大程度上取决于标准的规范化和精细化程度。立法者将食品安全标准不加甄别，一股脑纳入私法的做法，显然是建立在我国现行的所有食品安全标准都达到了“技术上确实必要”且“安全可靠”的假设的基础上的。但实际上，标准的制定过程极为复杂，产业政策考量和多方利益博弈不可避免，每一项标准都要达到“技术上确实必要”且“安全可靠”的“社会最优标准”难以实现。加之如今科技、经济飞速发展，激素、添加剂等化学物质更新换代频率越来越高、周期越来越短，食品安全标准作为一种人为规制的产物，先天具有滞后性。而我国现行的食品安全标准是在整合食用农产品质量安全标准、食品卫生标准、食品质量标准和有关食品的行业标准强制执行标准基础上形成的，很多食品标准总体指标水平较低，内容不完备，与国际标准或者发达国家的先进标准相去甚远，未能真正将风险分析作为制定食品安全标准的科学基础；而且不同标准之间互相重叠、矛盾的情况也比较普遍，甚至有的食品安全标准的适用都含混不清，远未达到“技术上确实必要”且“安全可靠”的最优标准。从标准化过程而言，包括食品安全标准在内的所有标准都是建立在可标准化程度的基础上的，我国现行的很多食品安全标准诸如危害人体健康物质的限量、食品标识、食品生产经营卫生、食品质量、食品检验等风险领域大都受到可标准化程度的制约，所制定的标准只能是保证食品安全最低限度的“门槛性”标准，在技术上远远未达到“确有必要”和“安全可靠”的程度。例如在惩罚性赔偿较为集中的食品标签领域，《标签通则》也仅是从公众可接受的最大公约范围内对食品标签进行了基本的要求，因为不同种类和规格的食品在包装材料、标签内容、标示方法及排版、图案、颜色、字体等方面均存在显著差异，所以，要实现食品标签的标准化和统一化几乎是不可能的，也不可能形成达到所谓的社会最优标准。此外，食品安全标准的制定还受制于人类认知的有限性、食品风险的不确定性以及成本和收益关系的权衡，根本不可能全部标准都达到“技术上确实必要”且“安全可靠”的“社会最优标准”。

2. 食品安全标准很多无关食品安全

我国食品安全标准的内容涵盖了食品、食品添加剂和食品相关产品中危害人体健康物质的限量、食品添加剂、特定人群食品的营养成分、食品标识、食品生产经营卫生、食品质量、食品检验和其他标准八个方面的内容，标准的制定也是综合多种因素形成的，并不完全以产品无危险性或具有安全性为唯一衡量指标。也就是说符合食品安全标准的食品，并不排除其危及人身、财产安全的可能性；也有很多名为食品安全标准，但实际上却无关食品安全或者根本不具有强制性。如果不加区分的将所有的食品安全标准都一股脑引入司法，将其作为食品安全惩罚性赔偿责任承担与否的决定因素，势必会出现某些因使用具有不合理危险却符合食品安全标准的食品的受害人难以获得惩罚性赔偿，而某些使用虽不符合食品安全标准但并无安全危险的食品的消费者获得了惩罚性赔偿的情况，此其一。

其次，行政机关依靠行政手段制定的国家标准、地方标准并不是绝对正确、合理的，对产品安全性的具体评价方法和判断标准往往会随着社会经济的发展而有所变化。我国当前不同层级的食品安全标准在标准制定的科学性、必要性乃至其效力等方面都存在着不同程度的问题。按照《食品安全法》的规定，食品安全标准是由卫健委负责制定的，制定食品安全国家标准一般经过制定标准研制计划、确定起草单位、起草标准草案、征求意见、委员会审查、国务院卫生行政部门批准等程序。实践中，食品安全标准草案一般是由研究机构、教育机构、学术团体、行业协会等单位共同起草。标准草案制定出来以后，国务院卫生行政部门将其向社会公布，公开征求意见。完成征求意见后，标准起草者根据征求的意见进行修改，形成标准送审稿，提交食品安全国家标准审评委员会审查。委员会由来自于不同部门的医学、农业、食品、营养等方面的专家以及国务院有关部门的代表组成。行业协会、食品生产经营企业及社会团体可以参加标准审查会议。显而易见，就其制定主体和制定程序来看，食品安全国家标准没有相应的立法程序确保其科学性和民主性，尤其是专家及专家的专业知识与技能对我国食品安全标准制定一直起主导性作用，专家的意见在食品安全国家标准制定中处于核心地位，而没有有效的制度约束的专家极易被专家自身的利益及专家所代表的行业和企业的利益所“俘获”，从而使得其专家意见失去客观性和中立性，据此所制定的食品安全标准也很难实现客观、公正。

再次，食品安全国家标准又有强制性国家标准和推荐性国家标准，国家将涉及人体健康安全、环境、资源的保护等关涉安全性的标准作为强制性国家标准，要求企业遵照执行；而对于推荐性国家标准，由于不涉及安全性指标，国家仅仅是鼓励企业根据内部生产情况、技术要求自愿采用。显然，企业未采用推荐性国家标准或者虽采用但产品不符合该标准的，也不必然会导致食品不安全；而且即使是强制性国家标准中也有大量的非强制性条款，而违反这些条款并不会影响食品安全。甚至还有一些 GB 序列的食品标准，名称中虽不含有“食品安全国家标准”的字样，但在前言部分会表明哪些内容是强制性的，如 GB23347－2009，其标准名称为《中华人民共和国国家标准橄榄油、油橄榄果渣油》，前言部分载明：“本标准 5.1.2、表 10、表 11 中的黑体字部分指标、5.3、5.4、5.5、7.4 和第 8 章为强制性的，其余为推荐性的。”因此，GB23347－2009 是一个复合性的标准，其中具有强制性的部分为食品安全标准，推荐性的部分不属于食品安全标准，违反这些条款也不会影响食品安全。

最后，相对于食品安全国家标准而言，食品安全地方标准的制定规则和发布程序更无法保证其科学性和民主性，按照原卫生部于 2011 年发布的《食品安全地方标准管理办法》第 6 条要求，地方标准的制定规则和发布程序参照《食品安全国家标准管理办法》执行。实践中食品安全地方标准内容的形成，或来自食品安全风险评估结果、国家标准、国际标准和国外先进标准、其他省市地方标准，或以专业文献和试验数据为依据①。然而部分地方在制定标准时，没有能力完成标准的各项测试，尤其是在遇到采

① 宋华琳．中国食品安全地方标准法律制度研究［J］．北京行政学院学报．2012，（9）：16.

用国际标准制定地方标准的情况下，不可或缺的适用性分析和科学测试都难以开展，最终导致标准的实用性和科学性不能得到必要的保障①。

此外，《食品安全法》颁布实施后，国家通过对食用农产品质量安全标准、食品卫生标准、食品质量标准和有关食品的行业标准中强制执行的标准进行整合，由国务院卫生行政部门统一制定并发布国家食品安全标准，基本解决了我国食品标准体系多头管理的问题。但由于整合的是食品安全标准，对食品的质量标准未加以严格控制，导致目前市场上的一些食品存在使用劣质原辅料，或虚假标注标签标识，但产品仍符合食品安全国家标准的情况时有发生。较为典型的问题是部分国家公布的食品安全标准内容单一，对原辅料标准未进行严格控制，以 2016 年 9 月 22 日国家新实施的 GB2730 - 2015《食品安全国家标准——腌腊肉制品》为例，标准中仅对污染物指标（重金属）、食品添加剂指标进行了安全性规定，但未对原辅料标准要求进行较为详尽的规定，目前国家也无相关腌腊肉制品的原辅料支撑标准，于是就有生产企业利用标准的这一漏洞使用劣质原辅料，但产品抽检检测仍符合食品安全国家标准。例如有的食品生产企业使用一些鸡副产品如含有大量淋巴的鸡脖皮原料，但对成品进行抽样检测时，检测结果却显示符合国家食品安全标准。而这些符合食品安全标准的食品对人体健康和安全显然是有害的。

3. 标准适用上的技术负担依旧存在

法律之所以依赖标准、通过转介条款将标准融入法律，目的是希望以客观且极具可操作性的标准避开责任认定中的技术壁垒，将裁判者从技术难题中解脱出来，但法律引入标准后并没有完全减轻法官的技术负担。因为规范的法律适用模式是以法律为大前提、事实为小前提并据此得出裁判结论的演绎推理，一旦标准嵌入法律，原本“大三段论”的法律推理就会增加“标准符合性审查”的“小三段论”推理，即以标准为大前提，事实

① 王萍．食品安全地方标准存在的问题及建议［J］．食品安全质量检测学报．2012，（4）：333.

为小前提，从而推导某一事实是否符合标准①。而标准的符合性审查直接决定了标准的适用与否，例如酸菜究竟是属于酱菜还是发酵酸菜，按照GB2714－2015《食品安全国家标准酱腌菜》第3.5条款中对于“腌制蔬菜”与“发酵蔬菜制品”的规定，食品添加剂的使用应符合GB2760中腌渍蔬菜或发酵蔬菜制品的规定。GB2760－2014《食品安全国家标准食品添加剂使用标准》按照其附录E.1食品分类系统，对于不同食品分类目录项下的食品规定了不同的食品添加剂许可使用品种，其中附录E.1中“腌渍的蔬菜”项在食品分类目录中的编号为04.02.02.03，在其食品添加剂许可使用品种中，包含了“脱氧乙酸钠、山梨酸钾”两种食品添加剂，而附录E.1中“发酵蔬菜制品”项在食品分类目录中的编号为04.02.02.06，在其食品添加剂许可使用品种中，不包含“脱氧乙酸钠、山梨酸钾”两种食品添加剂。而酸菜究竟应该是“发酵蔬菜制品”还是“腌制蔬菜”，这样的技术争议对法官的专业储备提出了更高的要求，如何进行标准的符合性审查显得相当困难。

而且这种标准符合性审查过程中，审判法官个人的经验、认识和价值取向等因素往往起决定性作用，比如在刘艳清与北京华联综合超市股份有限公司买卖合同纠纷案②和北京欧尚超市有限公司来广营店与金鹏等买卖合同纠纷上诉案③中，审判法官判断标签问题究竟是否属于标签瑕疵的依据都是《食品安全国家标准预包装食品标签通则》（GB7718－2011）第4.1.4.1规定：如果在食品标签或者食品说明书上特别强调添加了或含有一种或多种有价值、有特性的配料或成分，应标示所强调配料或者成分的添加量或在成品中的含量。本条款适用需要具备两个条件，一是“特别强调”，二是“有价值、有特性”。对于何谓“特别强调”，国家食品安全风险评估中心、中国食品工业协会所出版的《GB7718－2011〈食品安全国家

① 蒋怡琴．论标准在民事裁判中的适用［J］．行政与法．2018，（5）：111.

② 参见（2017）京0108民初字4542民事判决书。

③ 参见（2017）京01民终3942号民事判决书。

标准预包装食品标签通则〉实施指南》一书对“特别强调”的解释是“食品生产者通过对配料或成分的宣传引起消费者对该产品、配料或成分的重视，以文字的形式在配料表内容以外的标签上突出或暗示添加或含有一种或多种配料成分”，鉴于其是较为规范的学术解释，可暂且作为本案论证的一个标准。而对于何谓“有价值、有特性”，刘艳清案的法官认为橄榄油的销售价格高于其他油品并不能作为其价值的直接判断标准，而金鹏案的审判法官则认为橄榄油的营养价值和市场价格高于葵花籽油，应属于有价值、有特性的配料或成分。最终的结果就是同样的案情，同样的标准，不同的法官却做出了截然不同的裁判结果，这也进一步说明，将客观化的标准融入私法并不必然会产出客观公正统一的司法裁判结果。

综上所述，我国当前立法对食品安全标准的内涵和外延都不是很明确的情况下，贸然将食品安全标准的遵从与否作为判断是否承担惩罚性赔偿的核心要件，在理论上是不周延的，因为作为评判标准的食品安全标准本身并不可能全部达到“技术上确实必要”且“安全可靠”社会最优标准，有很多虽名为食品安全标准，但实际上既无关食品安全，也不具有强制性，如果将这些所谓的“食品安全标准”作为惩罚性赔偿责任的构成要件，势必会偏离其鼓励消费者维权、严惩不法商家以及净化食品药品市场的立法初衷。

三、“食品安全标准”的司法困境

正是由于立法者将食品安全标准直接作为惩罚性赔偿责任的构成要件，而实际上我国现行食品安全标准尚无法达到立法者所期待的社会最优标准，加之很多食品安全标准又无关食品安全，这就使得是否符合食品安全标准这一立法者认为可以轻松实现标准化的判断，在司法领域却呈现出别样的司法景观。法律适用的基本逻辑就是将特定案例事实置于法律规范要件之下，以获致一定结论的一种思维过程。易言之，即认定某特定事实是否该当于法律规范的要件，而发生一定的权利义务关系①。食品安全惩

① 王泽鉴．民法思维—请求权基础理论体系［M］．北京：北京大学出版社，2014：157－158.

罚性赔偿的请求权基础就是《食品安全法》第148条第二款，而该规范的核心要件之一就是食品安全标准。尽管我国《食品安全法》对食品安全标准进行了专章规定，食品安全标准在一定程度上已经属于法律术语，但这一术语所呈现出的内涵的不精确性和外延的不确定性，使得食品安全执法部门在司法实务过程中很难达成共识，形成司法的严重不统一。司法审判中，几乎所有的食品安全惩罚性赔偿的案件都会涉及关于食品安全标准的认定问题，但从笔者从无讼检索到的4227件样本案例的裁判情况来看，各地法院对于食品安全标准的认定存在较大的差异。本文拟从具体的裁判文书入手，通过以下几组案例展现在司法实践中对于食品安全标准范围的考量和判断。

（一）对“食品安全标准”的认识分歧

我国《食品安全法》第148条第二款采用转介条款将食品安全标准嵌入私法时，既没有直接指明标准的具体条文，也没有直接援引具体标准，而是概括地使用了“食品安全标准”一词。这就使得司法实践中对148条第二款所规定的“食品安全标准”的界定存在较大的分歧。按照《食品安全法》第26条规定，食品安全标准涵盖了食品、食品添加剂和食品相关产品中危害人体健康物质的限量、食品添加剂、特定人群食品的营养成分、食品标识、食品生产经营卫生、食品质量、食品检验等食品生产各方面内容。而按照该法第150条规定“食品安全，指食品无毒、无害，符合应当有的营养要求，对人体健康不造成任何急性、亚急性或者慢性危害”。那么148条第二款所谓的“食品安全标准”究竟是前者所称的覆盖面极广的“食品安全标准”的所有情形，还是后者所谓的“无毒、无害”的“食品安全”的标准，立法者对此并没有作出说明。从笔者研究的样本案例来看，大多数裁判法官认为148条规定的“食品安全标准”指向的是前者——各类食品安全标准；但也有不少裁判法官将其解读为“无毒、无害”的“食品安全”的标准。如在黄兴朝与长沙市开福区九五食品商行买卖合同纠纷案①和何静与太仓市城厢镇京海江久亿酒业商行买卖合同纠纷②，被告销售的都是假酒，但前者认为属于“经营明知是不符合食品安全标准的食品”，依据《食品安全法》第148条第二款判令被告承担十倍赔偿责任；而后者则认为应对“不符合食品安全标准的食品”作实质性审查，即生产、销售的食品一般应存在有毒、有害、不符合应当有的营养要求，对人体健康可能造成任何急性、亚急性或者慢性危害等可能影响人体健康的有关问题，而本案“原告购买的茅台酒经鉴定防伪标识不符，系冒用他人商标的商品，但商品本身是否对人体健康造成危害，原告尚无证据证实，原告未食用该酒，也无损害后果产生”，最终对原告的十倍赔偿请求不予支持，而按照《消费者权益保护法》相关规定支持了原告商品价款三倍的惩罚性赔偿请求。

此外，如果148条所规定的“食品安全标准”是前者所称的覆盖面极广的“食品安全标准”的所有情形，那此处的“食品安全标准”究竟是仅指称那些以“食品安全标准”命名的规范性文件，还是指称所有对食品安全构成影响的规范性文件，立法者对此也没有作出说明，而这些问题都是司法必须作出判断的问题。以国家卫生和计划生育委员会发布的2011年第13号《关于批准玛咖粉作为新资源食品的公告》为例，该公告批准玛咖粉作为新资源食品，但同时说明了食用量应小于等于25克/天，婴幼儿、哺乳期妇女、孕妇不宜食用，并要求食品的标签、说明书中应当标注不适宜人群和食用限量。据此，有的裁判法官将这个卫计委的公告视为食品安全标准，未按公告要求标示不适宜人群和食用限量，属于违反食品安全标准，依据《食品安全法》148条第二款判令被告承担十倍赔偿责任③；而有的裁判法官则认为食品安全标准包括国家标准、地方标准和企业标准三个标准，该公告主要事项是批准玛咖粉作为新资源食品的基本信息情况，

① 参见（2016）湘0105民初6779号民事判决书。

② 参见（2016）苏0585民初7913号民事判决书。

③ 参见（2016）浙01民终5892字民事判决书、（2017）京0105民初66499号民事判决书、（2017）京0115民初16577号民事判决书。

并不是公告其食品安全国家标准，未按公告要求标示不适宜人群和食用限量，不能认定为不符合食品安全标准的食品①。显然，由于立法对食品安全标准的范围以及所指称的对象缺乏明确的规定，司法实践中不可避免地会出现标准泛化或标准限缩化的问题，从而直接影响判决结果。

（二）不同类型食品安全标准的适用分歧

按照《食品安全法》的规定，食品安全标准包括国家标准、地方标准和企业标准，而《食品安全法》第25条又明确规定："食品安全标准是强制执行的标准。除食品安全标准外，不得制定其他食品强制性标准。"这就意味着，食品安全标准应当具有强制性，食品生产者必须执行而不具有选择的自主性。而且《食品安全法》第148条第二款并未对食品安全标准进行明确的限定，这就意味着148条所指称的食品安全标准既包括国家标准、地方标准，也涵盖企业标准。最高院于2013年颁布的《食药规定》也明确规定"食品的生产者与销售者应当对于食品符合质量标准承担举证责任。认定食品是否合格，应当以国家标准为依据；没有国家标准的，应当以地方标准为依据；没有国家标准、地方标准的，应当以企业标准为依据。食品的生产者采用的标准高于国家标准、地方标准的，应当以企业标准为依据。没有前述标准的，应当以食品安全法的相关规定为依据。"可见，依据法律的文义、体系解释规则，食品安全标准是与食品安全要求相关的国家标准、地方标准或者企业标准，法律并没有把食品安全标准限定在国家标准范围内，也没有排除地方标准、企业标准的适用，相反还鼓励企业制定严于国家标准、地方标准的企业标准。但按照2017年11月4日修订并于2018年1月1日起实施的《标准化法》第2条第二款规定："标准包括国家标准、行业标准、地方标准和团体标准、企业标准。国家标准分为强制性标准、推荐性标准，行业标准、地方标准是推荐性标准。"其中，保障人体健康，人身、财产安全的标准和法律、行政法规规定强制执

① 参见（2017）川07民终1847号民事判决书。

行的标准是强制标准（标识为“GB”），强制性标准必须执行，不符合强制性标准的产品，禁止生产、销售和进口。其他标准是推荐性标准（标识为“GB/T”），推荐性国家标准仅仅是鼓励企业自愿使用。由此可见，强制性标准是必须执行的标准，由不得企业愿意不愿意，而按照《食品安全法》的规定，所有的食品安全标准都是强制执行的标准，这一结论显然与食品安全标准实施的实际情况相悖。但按照《标准化法》的规定，推荐性国家标准和地方标准仅仅是作为国家鼓励企业采用的标准，并不具有强制执行的效力。这种立法上的矛盾，体现在司法上就是负责个案裁判的法官在适用不同类型的标准时出现了裁判标准的严重不统一。

1. 推荐性国家标准的适用分歧

对于推荐性国家标准的适用问题，司法实务中通常存在以下两种情况，一种是虽存在推荐性国家标准，但食品企业所生产的食品并未采用该标准，对此，实务中一般不会据此认定食品不符合食品安全标准。例如（2017）粤01民终字5007号案件中上诉人张波从被上诉人纽海信息技术（上海）有限公司广东分公司处购买了涉案商品普洱茶10盒，该涉案商品标注执行标准《NY/T779－2004普洱茶》，该标准属于行业标准，而《GB/T22111－2008地理标志产品普洱茶》是国家推荐性标准。法院审理认为国家推荐性标准，企业可选择适用，同时该标准的存在也不必然排斥相关行业标准的使用，所以涉案产品生产商上海翠茗茶业有限公司采用行业标准《NY/T779－2004普洱茶》并不违反强制性法律规定。其商品也并非不符合食品安全标准，进而驳回了上诉人十倍赔偿的请求①。司法实践中存在分歧较大的是食品生产企业以标签标注的方式声明其将某类国家推荐性标准作为执行标准，但涉案食品本身并不符合该标准，对此，司法实务中分歧较大，存在两种截然不同的观点：

① 参见（2017）粤01民终字5007号民事判决书。

案例1——违反标注采用的国家推荐性标准，需要承担惩罚性赔偿责任[①]：2017年3月12日，原告严某向被告四川某公司在淘宝网开设并经营的四川某酒业店铺购买了“雄者鹿茸血酒鹿血酒玛咖酒发明专利溶解技术营养滋补配制酒500ML”1瓶，购物款1568元，运费10元，共计1578元。涉案商品瓶体标签注明产品标准代号：GB/T27588，而GB/T27588即《露酒国家标准》，根据该标准第8.1.1条规定“预包装露酒标签按GB10344执行，并标明含糖量。但瓶体标签信息中未注明含糖量。原告以此为由认为涉案商品不符合食品安全标准，要求赔偿十倍价款即15680元。法院审理认为该标准系国家推荐性标准，但生产企业已经以标签标注的方式声明了其将该国家推荐性标准作为执行标准，因此，GB/T27588对生产企业具有约束力，生产企业应当按照该标准的规定标注含糖量，未正确标注属于违反食品安全标准。因此支持了原告十倍赔偿的请求。

案例2——违反标注采用的国家推荐性标准，不需要承担惩罚性赔偿责任[②]：2017年1月20日，刘某在中百超市赫山路店购买了武汉市某公司（以下简称枣王街公司）生产的“枣王街楼兰红枣”1袋，价款42元。产品类型为干制红枣；产品标准号：GB/T5835；规格：500克/袋；食用方法：开袋即食，煲汤、泡酒（茶）、煮粥。刘某上网查询，发现该红枣执行标准号是GB/T5835，此标准允许一般杂质存在。刘某认为此标准未达到包装袋标注的“开袋即食”的卫生条件，应符合更加严格的食品安全标准，即GB/T26150－2010标准，故起诉至一审法院要求支付货款十倍的赔偿金420元，败诉后上诉至武汉中院。武汉中院审理认为我国针对干枣制品并未制定强制性标准，本案涉及的GB/T26150－2010免洗红枣国家标准和GB/T5835－2009干制红枣国家标准均为国家推荐性标准，不具有强制执行的效力，企业有权决定是否适用或者择一适用，国家鼓励企业自愿采用。但是，根据《中华人民共和国食品安全法》第二十五条的规定，食品

① 参见（2017）京0115民初7486号民事判决书。

② 参见（2017）鄂01民终字3827号民事判决书。

安全标准是强制执行的标准，涉案产品未执行GB/T26150－2010推荐性标准，并不构成违反食品安全标准，故在无证据表明产品存在质量问题的情况下，刘某认为涉案产品存有食品安全隐患的观点，本院不予支持。

显而易见，司法对于推荐性国家标准的属性认定与《标准化法》的规定是一致的，那就是认为推荐性国家标准是非强制执行的食品安全标准，国家仅仅是鼓励生产企业采用，至于是否采用完全取决于生产企业的自愿。但是对于食品生产企业以标签标注的方式声明采用的推荐性国家标准，是否属于148条所谓的“食品安全标准”，对违反该标准的法律后果，不同的法官给出了不同的解答。案例1中，法官认为尽管是推荐性国家标准，但只要是生产企业以标签标注的方式声明了其将该推荐性国家标准作为执行标准，其产品就应当符合该标准，如果食品违反了该承诺或标注的标准，就属于违反食品安全标准，就需要承担惩罚性赔偿责任；而在案例2中，法官则认为生产企业尽管以标签标注的方式承诺实施推荐性国家标准，但由于该标准是企业自愿采用的，所以即使违反该标准，也不必然导致食品不符合食品安全标准，只要涉案食品没有质量问题、不存在安全隐患，就不需要承担惩罚性赔偿责任。

2. 食品安全地方标准的适用分歧

对于食品安全地方标准的适用问题，尽管《食品安全地方标准管理办法》第4条规定：食品生产经营者应当依照生产企业所在地的食品安全地方标准组织生产经营。但司法对其效力的认识基本是一致的，那就是地方标准作为非强制执行的标准，采用与否取决于食品生产企业的自愿。司法实务中，对食品安全地方标准适用存在分歧的主要是两个问题：第一个问题是食品企业以标签标注的形式声明使用某项食品安全地方标准，而其生产的食品却违反该标准，是否属于“生产不符合食品安全标准的食品”，是否需要承担惩罚性赔偿责任的问题；另一个问题则是企业采用未经复审确认继续有效的食品安全地方标准生产的食品是否属于不符合食品安全标准的食品。

对于第一个问题，司法虽有分歧，但分歧点并不在于标准的类型，而在于对标准的审查原则的分歧：

案例1——食品不符合标注采用的地方标准，不承担惩罚性赔偿责任①：2017年2月25日15时14分41秒，胡某在某购物中心花费9.8元购得某公司生产的某芝麻杆160g一袋，该购物中心向胡某出具了购物小票。涉案食品包装主要标示为食品名称：芝麻杆；配料：大米、芝麻仁、白砂糖、麦芽饴糖，食用碳酸钠；产品标准代号：DBS50/019；委托生产商：某公司。胡某以涉案食品违反《食品安全地方标准江津芝麻杆》（DBS50/019－2014）和《食品标签通用标准》，不符合食品安全标准为由，要求该超市退还货款9.8元，支付赔偿金1000元。法院审理认为涉案食品配料标示不符合《食品安全地方标准江津芝麻杆》（DBS50/019－2014）且未按照递减顺序一一排列，但因胡某并未实际食用涉案食品。且其提交的证据不足以证明食品的标签存在影响食品安全且会对消费者造成误导的瑕疵，要求被告退还货款并支付赔偿金的诉讼请求，缺乏法律依据，本院不予支持。

案例2——食品不符合标注采用的地方标准，承担惩罚性赔偿责任②：2017年4月11日原告在广西某分公司处购买袋装“文十六玉林牛巴（辣味）”4袋，“文十六玉林牛巴（多味组合）”4袋，花费232元，购买后原告经查询发现涉案产品的保质期标示为一年，不符合该产品标示的执行标准DB45/817。法院审理认为涉案产品本身标示的产品执行标准《广西壮族自治区地方标准地理标志产品玉林牛巴》（DB45/817－2012）为地方标准，但涉案产品标示的保质期一年并不符合该地方标准关于保质期的规定。据此，法院认定涉案产品不符合食品安全标准，最终判令该分公司承担惩罚性赔偿责任。

本组案例中，案例1和案例2案件的涉案食品都是以标签标注的方式

---

① 参见（2017）渝0105民初5841号民事判决书。

② 参见（2017）桂0102民初字2121号民事判决书。

声明该食品采用了某一食品安全地方标准，而且涉案食品都不符合所声明采用的食品安全地方标准的指标要求，但法院对此却作出了不同的裁判。案例 1 中法院以涉案食品标签标示虽不符合所承诺采用的食品安全地方标准，但并未实际食用，且提交的证据不足以证明食品的标签存在影响食品安全且对消费者造成误导的瑕疵，因此未支持原告十倍赔偿的请求。而案例 2 中法院则以涉案食品标示的保质期不符合承诺采用的地方标准关于保质期的规定，因此认定涉案食品属于不符合食品安全标准的食品，支持了原告的惩罚性赔偿请求。实际上，在大多数涉及食品违反所承诺使用的食品安全地方标准的案件中，法院基本都会认可企业以标签标注的形式承诺采用的食品安全地方标准也属于食品安全标准的范畴，而之所以出现不同的裁判结果，主要是案例 1 的法官采用的是食品安全的实质性审查标准，而案例 2 的法官仅是对食品安全标准进行形式比对。换言之，裁判法官很少单纯以企业所采用的食品安全标准属于地方标准为由来拒绝消费者的惩罚性赔偿请求。

对于未经复审的食品安全地方标准的适用分歧，其产生的原因在于《中华人民共和国标准化法实施条例》第 20 条规定“标准实施后，制定标准的部门应当根据科学技术的发展和经济建设的需要适时进行复审”。《标准化法》第 29 条也规定“标准的复审周期一般不超过五年。经过复审，对不适应经济社会发展需要和技术进步的应当及时修订或废止”。而《食品安全地方标准管理办法》第 11 条又进一步规定“地方标准实施后，应根据科学技术的发展和经济建设的需要，适时进行复审，复审周期一般不超过五年，并确定其继续有效、修订或废止”。但实务中，食品安全地方标准的复审制度并不规范，食品安全地方标准到期未复审或标准虽经复审但企业仍使用废止的旧地方标准进行标示的情形比比皆是，而各地法院在诸如此类问题上也是各持己见，造成了司法的严重不统一。对于食品生产企业继续援用到期未经复审的地方标准或者已经废止的地方标准生产的食品是否属于不符合食品安全标准的食品，司法界也存在截然不同的裁判观点：

案例1——食品标注采用未经复审的地方标准，承担惩罚性赔偿责任[①]：2016年8月6日，谢某在某百货有限公司购买了单价为24.8元的2000g某某花普通装米粉1箱。其中，某某花普通装米粉外包装标明食品名称：河源米粉，配料：大米、玉米淀粉，产品标准号DB44/185－2004、产地：广东省河源市某工业城。法院审理认为涉案的产品所采用的标准DB44/185－2004是由广东某某花食品有限公司提出并起草，根据《中华人民共和国标准化法》的规定，该标准应为地方标准，且于2004年进行备案，于2004年6月8日发布，2004年7月18日开始实施。作为生产者的广东某某花食品有限公司没有按照《广东省地方标准管理办法》的规定，对其产品的标准组织复审，在没有确认其采用的标准是否继续有效的情况下，依旧沿用该标准进行生产，其生产的产品不符合食品安全的标准。作为销售者的清远某百货有限公司将产品标准未经确认有效的产品上架销售，也未尽到严格审查的义务。最终判令生产者和销售者共同承担惩罚性赔偿责任。

案例2——食品标注废止的地方标准，不承担惩罚性赔偿责任[②]：2016年5月28日，况某在某超市某店购得某公司生产的麻辣香水兔调料两袋，单价8.9元，共计17.8元。涉案产品包装标示：产品标准代号DB50/T327－2009，生产日期2015.12.12。该超市向况某某出具了购物小票。而《麻辣调料》（DB50/T327－2009）于2015年6月30日废止，自2015年7月1日实施的标准为《食品安全地方标准麻辣调料》（DBS50/021－2014）。况某某以涉案食品仍执行废止的DB50/T327－2009《麻辣调料》应视为没有产品标准代号，不符合食品安全标准为由，要求该超市退还货款17.8元，支付赔偿金1000元。法院审理认为涉案产品包装标注已废止的产品标准代号，属于销售不符合其包装注明采用标准的产品。该超市作为销售者，应当执行进货检查验收制度，未尽到对食品标识正确合理性的严格审查，销

① 参见（2017）粤18终字272号民事判决书。

② 参见（2016）渝0105民初16794号民事判决书。

售有标识瑕疵的商品存在过错，故对况某某要求退货的诉求予以支持。但根据该超市提交的检验报告及检验报告单，某公司于2015年11月4日生产的麻辣香水兔调料已经按照《食品安全地方标准麻辣调料》（DBS50/021－2014）标准要求进行生产，生产日期为2015年12月12日的涉案产品亦符合新的食品安全地方标准，况某某未充分举示证据证明其购买的产品为不安全食品。因此，本院确认涉案产品质量符合《食品安全地方标准麻辣调料》（DBS50/021－2014）的标准要求，使用了旧包装产品标准代号存在标签瑕疵，但不足以影响食品安全且不会对消费者造成误导，不需要承担惩罚性赔偿金，对况某某要求被告支付赔偿金1000元的诉讼请求本院不予支持。

案例3——食品企业标注废止的地方标准，承担惩罚性赔偿责任①：2015年11月3日，原告在被告处购买6坛“某某源”牌12%VOL高级黄酒，生产日期为2014年3月19日，执行标准DB44/427－2007。而根据2013年3月21日广东省卫生厅发布的广东省食品安全地方标准《广东黄酒》（DBS44/002－2013），粤卫通（2013）5号，附件：《广东黄酒》（DBS44/002－2013），广东省食品安全地方标准《广东黄酒》问答的规定，广东省食品安全地方标准《广东黄酒》（DBS44/002－2013）于2013年3月21日发布，自2013年9月21日正式施行。在实施日期之后，原DB44/427－2007同时作废。法院审理认定被告销售给原告的产品，根据广东省卫生厅发布的广东省食品安全地方标准，应当确认是属于不符合食品安全标准。故支持了原告请求退还货款支付十倍赔偿金的请求。

这三个案件的涉案食品都是标签标准采用地方标准的食品，例1是标注采用未经复审的地方标准，法院认为生产者没有对其产品的标准组织复审，在没有确认其采用的标准是否继续有效的情况下，依旧沿用该标准进行生产，其生产的产品不符合食品安全的标准，需要承担惩罚性赔偿责任；例2是标注废止的地方标准，法院认为涉案产品质量符合现行有效的

① 参见（2015）河城法民一初字第1830号民事判决书。

地方标准的要求，使用了旧产品标准代号存在标签瑕疵，但不足以影响食品安全且不会对消费者造成误导，不需要承担惩罚性赔偿金；例 3 也是标注采用废止的地方标准，法院直接据此认定涉案产品不符合食品安全标准，应当承担惩罚性赔偿责任。裁判结果出现分歧的最根本的原因在于例 2 中将标签标注废止的地方标准认定为标签瑕疵，而例 1 和例 3 中则将其直接定性为不符合食品安全标准。事实上，地方标准的备案和复审都是对地方标准进行质量控制的过程，只有严格执行地方标准的备案和复审程序，才能筛选出已经公布的标准中的那些滞后的、与国家标准冲突的以及超越地方标准规范范围的指标，增强标准的适用性与生命力。但标准没有进行备案以及标准未按要求进行复审，只是违反了标准的管理规定，应该接受行政处罚，并不会影响标准本身的效力，法院也不能以此作为判断涉案食品是否符合食品安全标准，进而支持原告惩罚性赔偿的请求。

3. 食品安全企业标准的属性争议

对于食品安全企业标准是否属于食品安全标准、违反企业标准的食品是否属于不符合食品安全标准的食品、生产经营者是否需要承担惩罚性赔偿责任等问题，争议较大。但理论界对于食品安全企业标准的讨论和定性，并未促成司法对食品安全企业标准认识的统一，司法中关于食品安全企业标准适用的混乱也源于两个方面，一是企业自觉采用的标准对其行为的约束力如何，违反该标准是否承担法律上的不利后果，甚至承担惩罚性赔偿责任；二是未组织复核或者过期的企业标准能否作为组织生产经营的依据，标准过期的企业标准，是否属于违反食品安全标准，应否承担惩罚性赔偿责任。

关于企业标准的效力问题，同样存在两种截然不同的司法态度：

例 1——食品企业标准属于食品安全标准，违反企业标准适用惩罚性赔偿[①]：原告罗某某在被告某百货公司处购买广西北海市某酒厂生产的“某酒珍藏 6 年 26 度 500ml” 9 瓶，支出 459 元，“某酒经典 500ml” 1 瓶，

① 参见（2017）桂 0102 民初 7391 号民事判决书。

支出45元。该产品外包装标签显示执行标准为QHDJ0001S，批准文号为卫食健字［1997］第859号，酒度为26%vol，但外包装及产品本身标签均未标示该产品的保质期，亦未声明“本品不能代替药物”。企业的执行标准QHDJ0001S全称为《广西北海市合浦某酒厂企业标准》，该标准已经提交广西壮族自治区卫生监督部门备案，该标准是涉案产品的生产者采用的标准，其中8.3.2规定“在运输和贮存过程中，应保持场地清洁、干燥、通风良好，严防日光射，不得与潮湿地面直接接触，不能接触和靠近有腐蚀性或易于发霉、发潮的物品，严禁与有毒物品堆放在一起”，8.4规定“在上述贮运条件下，产品保质期为3年”，而《预包装食品标签通则》规定酒精度大于等于10%的饮料酒可以免于标示保质期，《食品安全国家标准蒸馏酒及其配制酒》GB2757－2012规定“酒精度大于等于10%的饮料酒可免于标示保质期”，由此显示，涉案产品采用的企业标准QHDJ0001S关于保质期的规定高于国家标准的规定。根据《最高人民法院关于审理食品药品案件纠纷适用法律若干问题的规定》第六条“食品的生产者采用的标准高于国家标准、地方标准的，应当以企业标准为依据”的规定，本案涉案产品执行的企业标准中关于保质期的要求高于国家标准规定的要求，因此涉案产品应当按照企业标准QHDJ0001S的要求标注保质期。现涉案产品未标注保质期，不符合其执行的企业标准，也不符合前述法律规定。据此法院认定涉案产品属于不符合食品安全的产品，支持了原告的十倍赔偿请求。

案例2——食品企业标准不属于食品安全标准，违反企业标准不适用惩罚性赔偿[①]：2018年1月21日，朱某某在京东公司经营的某某茗茶京东自营旗舰店购买“某某茶叶花草茶桂花茶干桂花罐装花茶40g年货送礼伴手礼品茶”，京东价28元，商品数量100，订单号70708165396，商品总价2800元。青岛京东公司于2018年1月23日开具金额为2800元增值税发票一张。涉案商品外包装标注：品名为桂花茶，配料桂花，产品类型花类代

① 参见（2019）京02民终1201号民事判决书。

用茶，净含量40克/罐，生产日期为2017年9月10日，产品标准号Q/XJSH0001S。涉案产品执行的标准号Q/XJSH0001S－2017，理化指标二氧化硫0.5g/kg GB5009.34。而朱某提交的检测报告显示，检测结果二氧化硫2.87g/kg，显然该产品不符合执行标准。法院审理认为食品经营者承担十倍赔偿的前提是涉案商品不符合食品安全国家标准，朱某某虽主张涉案商品二氧化硫超标，但依据的标准系厦门市某茶叶有限公司制定的企业标准，该企业标准不是《中华人民共和国食品安全法》第二十七条第一款规定的由国务院卫生行政部门会同国务院食品药品监督管理部门制定和公布的食品安全国家标准，不能据此认定涉案商品与食品安全国家标准不符。故朱某某关于涉案商品二氧化硫含量不符合食品安全标准并应获得十倍赔偿的主张，事实和法律依据不足，本院不予支持。

本组案例中，案例1和案例2涉案食品都属于采用食品安全企业标准组织生产的食品，但食品又不符合相应的食品安全企业标准的相关指标要求，对此，案例1认为企业标准也属于食品安全标准，涉案食品不符合所承诺采用的食品安全企业标准就属于不符合食品安全标准的食品，应当承担惩罚性赔偿责任；案例2则认为食品安全企业标准不属于食品安全标准，违反承诺采用的企业标准并不能据此认定食品不符合食品安全标准，不应当承担惩罚性赔偿责任。导致裁判不一致的关键原因在于裁判者对于食品安全企业标准究竟属不属于《食品安全法》第148条第二款所指称的食品安全标准存在分歧。按照《食品安全法》的规定，食品生产企业只能制定严于食品安全国家标准或者地方标准的企业标准，如果将生产企业生产的符合食品安全国家标准、但不符合严于国家标准或地方标准的企业标准的食品，直接认定为不符合食品安全标准的食品，就会使企业承担较重的法律责任，显然是有失公允的。此举势必会打击企业选择制定并执行严于食品安全国家标准或地方标准的积极性，这既不符合过罚相当原则，也与食品安全标准实施的原则背道而驰，显然违背了立法者的立法初衷。

对于标注采用过期的食品安全企业标准，是否属于违反食品安全标准，应否承担惩罚性赔偿责任，司法的态度也截然不同：

例1——标注过期执行标准，适用惩罚性赔偿[①]：2014年11月18日，徐某某在好润佳公司购买了秦人岭500毫升热榨紫苏油4盒，单价288元，购买了某某岭250毫升×2冷榨紫苏油2盒，单价488元，共计2128元。在紫苏油瓶身上的纸质标签上注明“产品名称：某某岭紫苏油；配料：紫苏油；执行标准：Q/ZJO4－2008；生产许可证号：QS622802010041；加工工艺：冷鲜压榨（紫苏油瓶身该处标注为热鲜压榨）；主营养成分：α－亚麻酸含量≥50%；净含量：250ml；保质期：18个月；生产日期见瓶身；网址：××；生产商：澧县某某食品厂；地址：湖南省澧县某某庙；生产商：某某实业有限责任公司”。涉案紫苏油瓶身纸质标签标注执行标准为Q/ZJO4－2008，但湖南省卫生和计划生育委员会、甘肃省卫生和计划生育委员会均未有该Q/ZJO4－2008执行标准的备案。法院审理认为涉案商品未按要求进行食品安全企业标准备案，在其制定的Q/ZJO4－2008企业标准过期后继续执行该标准，违反食品强制性标准的有关规定；某某食品厂生产的“某某岭”紫苏油标签上未按要求标注“贮存条件、能量、核心营养素含量值”等要素，违反了《中华人民共和国食品安全法》的规定。故涉案的商品作为预包装食品，不符合预包装标签的要求，湖南某商贸有限公司销售的某某食品厂生产的“某某岭”紫苏油为与其标签不符，标签标注问题已不属于瑕疵范畴，已经能让消费者对该标签内容产生误导，故涉案商品属于不符合国家食品安全标准的商品。进而判令承担惩罚性赔偿责任。

例2——标注过期的企业标准，不适用惩罚性赔偿[②]：2016年3月26日，陈某某在“天猫商城”向某公司开设的旗舰店购买了“某创新牌灵芝孢子油软胶囊”6盒，单价为2102.56元，合共14760元。涉案产品的外包装标注显示“企业标准：Q/NJZK0002S；生产日期2016年1月28日”江苏省卫生和计划生育委员会办公室于2016年4月12日出具【苏卫办函

① 参见（2016）湘01民终7930号民事判决书。

② 参见（2017）粤01民终1475号民事判决书。

（2016）51】《依申请公开政府信息答复意见》，其中内容："经查，某创新牌灵芝孢子油软胶囊企业标准 Q/NJZK0002S－2012 于 2012 年 9 月 3 日在我委备案，有效期至 2015 年 9 月 2 日；某创新牌灵芝孢子油软胶囊企业标准 Q/NJZK0002S－2016 于 2016 年 3 月 22 日在我委备案，有效期至 2019 年 3 月 22 日"。即某公司于 2016 年 1 月 28 日生产"某创新牌灵芝孢子油软胶囊"时使用过期的企业标准 Q/NJZK0002S－2012。法院审理认为企业标准的备案不同于企业标准。企业标准的备案是一种行为，而企业标准本身是事实，企业标准备案是否超过有效期，不能改变企业标准本身存在的事实。对企业标准实行备案，是有关行政机关行使其行政监管职能的一种措施或方式，具有行政许可的性质。食品是否安全，取决于执行标准本身是否符合食品安全标准及是否严格执行标准，执行的标准是否超过备案有效期与食品是否安全没有必然因果关系。因此对陈某某仅以企业标准超过备案期为由请求十倍赔偿的诉讼主张不予支持。

案例 1 和案例 2 中，涉案食品的标签标注采用的食品安全企业标准都是未按照相关规定进行备案的企业标准，裁判结果之所以截然不同，原因在于案例 1 认为涉案食品标签标注的是未按照要求进行备案的食品安全企业标准，该涉案食品属于不符合食品安全标准的食品，且该标签问题已对消费者产生误导，故而支持了原告的惩罚性赔偿请求；而案例 2 则认为标签备案与否与标签的效力无关，因为标准的备案是行为，而标准本身是事实，备案是否超过有效期，不能改变标准本身存在的事实。事实上，大部分续期备案的企业标准与续期前的企业标准是同一的。企业标准代号与企业标准本身是不同的，企业标准代号可因其备案时间的不同而不同，企业标准未必因其备案时间不同而改变，备案时间不同的企业标准代号不同，而备案时间不同的企业标准未必不同。对企业标准实行备案，是有关行政机关行使其行政监管职能的一种措施或方式，对报请备案的企业标准是否符合食品安全要进行必要的审查，这是其行政职能的当然要求，具有行政许可的性质。诚然，食品生产经营者应依法按期对其企业标准进行备注或备注续期，否则应承担相应的法律责任，消费者对企业不依法申请备案延期的行为有权向有关行政机关予以举报并要求依法处理，行政机关亦予以审查，或责令改正予以备案或依法进行注销。但不同的法律责任有不同的法律基础关系和责任构成要件，行政责任与民事责任不能相互取代，人民法院不能对企业标准的备案直接予以处理。而食品是否安全，取决执行标准本身是否符合食品安全标准及是否严格执行标准，执行的标准是否超过备案有效期与食品是否安全没有必然因果关系，也不能据此要求食品生产经营者承担惩罚性赔偿责任。

从上述各组案例对比不难发现，各级法院对于各层级食品安全标准适用上的分歧主要集中体现在以下三个方面：一是地方标准和企业标准未经备案或者复审是否影响其效力；二是食品企业自行采用的企业标准是否属于食品安全标准；三是食品企业的食品违反其标签标注采用的推荐性国家标准、地方标准是否属于不符合食品安全标准的食品。

对于地方标准和企业标准未经备案或者复审是否影响其效力，笔者赞同标准的备案和复审实际上属于对标准的规范管理和质量控制的范畴，标准是否按照规定进行备案、是否按期组织复审，并不会影响标准的效力。因为标准的行政管理与标准本身是不同的，对标准实行备案、对报备的标准按期组织复审本身是有关行政机关行使其行政管理职能的一种措施和方式。未按照规定组织备案、未如期组织复审，应当按照相关规定追究责任主体的法律责任，而不能直接依据《食品安全法》的规定要求生产经营者承担惩罚性赔偿责任。

对于食品企业自行采用的企业标准是否属于食品安全标准，尽管实务中仍存在分歧，但学术界基本已经达成共识，那就是企业标准是食品企业为了提升产品质量和竞争力自愿采用的自律性、承诺性的标准，企业标准不具有唯一性和强制性，因此也属于食品安全标准。

对于食品企业自愿采用的推荐性国家标准、地方标准，各级法院都承认其属于“食品安全标准”的范畴，出现分歧的主要原因在于裁判法官对标准采用了不同的审查原则。

（三）不同标准审查原则的适用分歧

食品是否符合安全标准，司法实践中主要有两种审查方式，一是直接审查，二是专业鉴定。直接审查即对于依据感观或者基本常识就可以判断是否符合安全标准的食品，如过期的食品、未按要求标示成分的预包装食品。这些食品通过审查其外包装即可认定其是否为符合食品安全标准的食品。而专业鉴定则需要对食品成分、添加物质等是否符合食品安全标准鉴别的情况下，仅依据外观难以作出判断，需要借助专业知识和技术来认定该食品是否符合安全标准。从笔者检索的4227件样本案例来看，由于原告提起惩罚性赔偿请求的案件主要集中在食品标签领域，所以大多数案件对食品安全标准采用了直接审查方式，而未借助专业鉴定。

1. 形式审查原则的司法困境

标准的直接审查就是司法机关在判断涉案食品是否属于“不符合食品安全标准”的食品时，完全依据感观或者基本常识做出判断，而判断的依据又因为对食品安全标准这一概念的理解和把握不同区分为形式审查原则和实质审查原则。早在2009年《食品安全法》颁布实施之前，《食品安全法》（征求意见稿）第90条规定的十倍赔偿的条件是“食品经营者以假充真或者销售不安全食品”，即消费者要证明经营者销售的是不安全食品，但正式颁布的规定却是“销售明知不符合食品安全标准的食品”。显而易见，最终定稿的规定以“生产不符合食品安全标准的食品或者销售明知是不符合食品安全标准的食品”作为食品生产者和经营者承担责任的前提条件，该规定具体明确，便于操作。立法者的意图其实很明显，那就是裁判者判断生产经营者是否需要承担惩罚性赔偿责任只需要考虑其生产经营的食品符不符合食品安全标准，而食品符不符合食品安全标准只要对照一下食品安全标准的相关规范就知道了，这不仅缓解了裁判者在责任认定上的技术性障碍，同时也能鼓励国家统一出台相关标准规范。而这种只需要对相应的食品安全标准进行简单比对的原则就是所谓的食品安全标准的形式审查原则，按照形式审查原则，对于违反强制性国家标准的食品，裁判者只需要对照相关国家标准，按图索骥、直接索赔即可。比如我们大家熟知的反式脂肪酸，就是俗称的植物奶油，过多摄入可能使血液胆固醇增高，从而增加心血管疾病发生的风险。国家强制性标准《预包装食品营养标签通则》就明确规定食品配料含有或生产过程中使用了氢化和（或）部分氢化油脂时，在营养成分表中应标示出反式脂肪（酸）的含量。如产品含有反式脂肪酸，但未标注其含量，就属于不符合食品安全标准，消费者就可以按图索骥，直接索赔。

但实际上，2009 年《食品安全法》的上述规定在司法适用过程中却并未实现立法者的初衷，有学者在该法实施三年后对专门对十倍赔偿条款在司法实务中的适用状况进行了考察，该学者在北大法宝（http：//www. pkulaw. cn）上以“食品安全法”为关键词，共检索出民商事案件 44 件。其中 24 个涉及 96 条。支持十倍赔偿诉求的有 5 个，约占总数的 21%，未支持的为 19 个，约占总数的 79%。在未支持十倍赔偿请求的 19 个案件中，至少有 9 个案件的判决主要以原告未证明发生实际损害为由驳回原告诉求，占到了所有不支持案件的 47%。在其他一些不支持的案件中，也可以看到对实际损害发生的要求①。换言之，2009 年《食品安全法》尽管规定以标准的简单比对作为判断涉案食品是否属于“不符合食品安全标准”的食品，形式上降低了惩罚性赔偿责任的门槛，但司法部门却将消费者实际损失的存在作为惩罚性赔偿的一个隐含前提，最终导致惩罚性赔偿的实际适用条件大大提高，最终使得该条款形同虚设。

为了激活 2009 年《食品安全法》第 96 条的司法适用效果，2013 年最高院颁布的《食药规定》第 15 条明确规定，食品安全惩罚性赔偿的适用不以消费者损失存在作为前提。但该规定又为职业打假人开启了无本取利的方便之门，打假呈集团化团伙化趋势，而职业打假者基于对自身利益的

① 王成．《食品安全法》十倍赔偿条款司法适用的实证考察．北京行政学院学报．2012，（5）：14.

关注和投入产出成本的衡量，其对打假对象的选择是不符合消费者和立法者的真正预期的，职业打假人大多数都选取低成本、容易确定和查找问题的食品标签问题，而真正对消费者生命安全有巨大影响的有毒有害食品却无人问津，根本起不到净化食品药品市场环境的作用。正是基于此，经修订后的2015年《食品安全法》第148条第二款在原有规定的基础上，增加了一个“但书”条款，明确将“食品的标签、说明书存在不影响食品安全且不会对消费者造成误导的瑕庇”排除在惩罚性赔偿责任之外。换言之，该但书条款在坚持原有形式审查原则的基础上，对标签瑕疵又要求进行是否影响食品安全的实质审查，这在一定程度上纠正了部分法官在适用惩罚性赔偿责任与否时过于随便的现象，但该条款在原本已经非常模糊的“食品安全标准”之外又提出了两个更加模糊的概念——“食品安全”与“标签瑕疵”。按照该条规定，标签瑕疵必须同时符合“不影响食品安全”且“不会对消费者造成误导”两个要求，才不适用惩罚性赔偿责任；如果只有一项符合，仍然需要适用惩罚性赔偿责任。但哪些标签瑕疵影响“食品安全”，哪些标签不影响“食品安全”，又完全属于裁判法官自由裁量的范畴，尤其是在《食品安全法》第148条第二款一个法律条文里，同时出现“不符合食品安全标准”与“食品安全”两个内涵和外延截然不同的两个概念，致使执法人员对惩罚性赔偿适用更具有想象的空间和依据。

2. 实质审查原则的适用乱象

按照2009年《食品安全法》第99条第二款的规定，“食品安全指食品无毒、无害，符合应当有的营养要求，对人体健康不造成任何急性、亚急性或者慢性危害”，2015年《食品安全法》第150条第三款沿用了2009年《食品安全法》对食品安全的规定。而从《食品安全法》的现行规定来看，食品安全标准则包括食品成分、食品添加剂、营养成分、卫生要求、质量要求、食品质量检验方法等食品生产的全过程。显而易见，“食品安全标准”和“食品安全”，无论就其自身内涵，还是按照《食品安全法》自身的规定来看，二者都是存在显著区别的两个不同的概念。换言之，违反食品安全标准不一定会影响食品安全，即使是强制标准中的强制性条款，很多条款非常细微、琐碎，与食品安全几乎无关；反之，符合食品安全标准也不一定保证食品绝对安全。《食品安全法》第148条所指“违反食品安全标准”，属于前者所称“无毒、无害”的“食品安全”标准，抑或是后者所称覆盖生产全过程的“食品安全标准”的全部情形，立法者并未给出明确答复，给法官自由裁量留下了空间①，这也是我国司法实践中食品安全惩罚性赔偿适用分歧产生的最根本的原因。

形式审查原则完全依靠标准的比对来判断涉案食品是否属于不符合食品安全标准的食品，虽然严格把控了食品安全关，从食品生产、加工、销售各个环节都对食品的安全进行了要求、设置了安全标准。但完全以食品安全标准的遵从与否作为认定责任承担与否的依据，势必会面临标准缺少时惩罚性赔偿责任的落空以及标准滞后不一致时司法的混乱。而且，完全以行政机关制定、公布的食品安全标准作为惩罚性赔偿责任承担与否的裁判依据，完全不考虑标准是否正当合理以及违反标准是否影响食品安全、影响程度如何，这样的司法实施效果除了加重生产经营者的负担，对食品药品市场环境的净化毫无裨益。事实上，就像钟表师傅校对时间误差一样，法官也需要在司法中“校对”法律的误差，充分运用法律解释规则去解读法律。如违反的强制标准与食品安全要求无直接、密切关联，也不影响食品安全，不能仅以一点标签瑕疵违反强制标准，就适用十倍赔偿。反之，食品安全标准作为保障食品安全的最低限度，符合食品安全标准并不意味着食品一定安全，食品消费者也可能因食用符合食品安全标准的食品受到损失②。据此2015年《食品安全法》148条在坚持原有形式审查原则的基础上，对标签瑕疵又要求进行是否影响食品安全的实质审查，即《食品安全法》第148条第二款对“标签瑕疵”的认定设置了两个要件：“一

---

① 谢雨昕.《食品安全法》中惩罚性赔偿的实质性要件——基于对《食品安全法》第148条的评析［J］.法制博览.2019，（6）：3.

② 曾文远.论《食品安全法》民事责任条款的适用——以第147条和第148条为例.沈阳工业大学学报（社会科学版）.2017，10（4）：302.

是不影响食品安全；二是不会对消费者造成误导”，只有同时符合两个条件的标签问题才属于标签瑕疵，而标签瑕疵是不需要承担惩罚性赔偿责任的。

但问题的关键在于，按照《立法法》关于“法律规范应当明确、具体，具有针对性和可执行性”的要求，“标签瑕疵”应有一个具体的界定范围，不能含糊不清，否则就会使得基层法官在适用时任意将问题划归为标签瑕疵，导致其裁判结果无法实现严厉制裁食品生产经营违法行为的社会效果。但《食品安全法》第148条第二款仅仅对何为标签瑕疵设定了两个抽象的条件，而且这两个条件成就与否的判断还带有浓厚的主观随意性。而这种概念的不确定性和适用条件判断的主观随意性共同造成了目前食品安全标准适用上的司法困境。就笔者从无讼检索到的样本案例来看，裁判者不仅对于生产经营者违反承诺采用的推荐性国家标准、地方标准以及自愿采用的企业标准的行为，是否属于不符合食品安全标准的行为尚未达成共识，存在较大的分歧；而且即使是在强制性标准的适用过程中，由于对食品安全以及标签瑕疵的模糊认识，裁判者对于违反强制性国家标准是否属于不符合食品安全标准都未能达成共识，进一步加重了司法适用的混乱。

2015年《食品安全法》这种立法概念的模糊化处理，折射在司法实务中就是食品安全惩罚性赔偿责任的适用条件更加扑朔迷离，从笔者检索到的样本案例来看，司法对于食品安全标准的适用呈现以下两种截然不同的趋势：第一种是裁判法官唯标准是从，在适用惩罚惩罚性赔偿责任时仅对涉案食品是否符合相应的食品安全标准进行形式比对，但凡有不一致即认定涉案食品为“不符合食品安全标准”的食品，直接适用惩罚性赔偿责任①，甚至将无许可证生产的食品也以其未违反食品安全标准为由，不支持惩罚性赔偿责任②；第二种趋势是裁判法官在适用惩罚惩罚性赔偿责任

① 参见（2016）京02民终6243号民事判决书、（2016）京02民终4427号民事判决书等。

② 参见（2016）京03民终字114号民事判决书。

时则采用实质审查标准，不仅要比对相应的食品安全标准，还要对食品是否安全进行判断，而“食品安全”的判断标准在个案审判中又呈现出随意性和多样化，概括而言，大致有三种观点：一种观点是以是否造成现实损害为判断食品安全与否的标准，诸如袁红文与温州艾迪光学有限公司网络购物合同纠纷一案一审民事判决中，法院即以标签无中文标识虽然存在瑕疵，但原告袁红文并未提供证据证明案涉奶粉对人体健康造成危害，因此，对原告十倍赔偿的请求不予支持①；再比如在何静与太仓市城厢镇京海江久亿酒业商行买卖合同纠纷一审判决书中，法院虽认定原告购买的茅台酒经鉴定防伪标识不符，系冒用他人商标的商品，但商品本身是否对人体健康造成危害，原告尚无证据证实，原告未食用该酒，也无损害后果产生，故对原告诉请支付价款十倍赔偿金之主张不予支持②；第二种是径直套用《食品安全法》第 150 条第三款关于“食品安全”的界定，来判断生产经营者是否需要承担惩罚性赔偿责任，例如在郑志军与深圳市嫩芽贸易有限公司网络购物合同纠纷一审民事判决书中，法院认为涉案商品标签虽然存在不当情形，但商品本身并未对人体健康造成危害，也没有产生财产方面的损害，原告亦明确表示无依据证明被告商品存在“对人体健康造成任何急性、亚急性或者慢性危害”的情形，故对原告诉请支付价款十倍赔偿金之主张不予支持③；第三种是按照 148 条的但书条款，要求标签问题同时符合“不影响食品安全”且“不会对消费者造成误导”，而在认定标签问题是否属于“不影响食品安全”且“不会对消费者造成误导”的标签瑕疵时，问题又回到了对于“食品安全”的认定。

（四）对标签瑕疵的认定分歧

如前所述，我国 2015 年《食品安全法》第 148 条第二款在坚持形式

① 参见（2016）浙 0105 民初 2559 号民事判决书。

② 参见（2016）苏 0585 民初字 7913 号民事判决书。

③ 参见（2015）张民初字第 01060 号民事判决书。

审查的同时，又要求对实践中职业打假者聚集的标签问题进行是否影响食品安全、是否对消费者构成误导的实质审查，但由于司法实践中对于“食品安全”判断标准的多样化和随意性，导致同案不同判，甚至出现同样的案件在同一法院审理却出现了不同的裁判结果，严重影响了司法的统一和权威。

同一法院同样的案情不同的裁判结果

	原审原告	原审被告	裁判法院及裁判日期	裁判结果	裁判理由同上
案例1①	莫某某	浙江某猫网络有限公司、广州某氏医药股份有限公司	广州市中级人民法院 2017. 3. 21	支持十倍赔偿	涉案产品在其标签标明的配料中均明确含有氢化食用植物油（大豆油），即使用了氢化油脂或部分氢化油脂，却未标明反式脂肪（酸）的含量，明显违反了上述有关强制标示的规定，应当视为不符合食品安全标准的产品。
案例2②	丘某某	浙江某猫网络有限公司、广州某氏医药股份有限公司	广州市中级人民法院 2017. 3. 21	支持十倍赔偿	裁判理由同上
案例3③	陶某某	浙江天猫网络有限公司、广州某氏医药股份有限公司	广州市中级人民法院 2017. 3. 21	支持十倍赔偿	裁判理由同上

① 参见（2017）粤01民终字1134号民事判决书。
② 参见（2017）粤01民终字1135号民事判决书。
③ 参见（2017）粤01民终字1133号民事判决书。

续表

	原审原告	原审被告	裁判法院及裁判日期	裁判结果	裁判理由同上
案例4①	莫某某	浙江某猫网络有限公司、广州某氏医药股份有限公司	广州市中级人民法院 2017.6.9	不支持十倍赔偿	莫某某主张涉案产品不符合食品安全标准，既没有提交法定检验机构的检验报告，也没有提交食品安全监管部门关于涉案产品不符合食品安全标准的认定意见，更没有证据证明涉案产品存在“有毒、有害，不符合应当有的营养要求，或对人体××造成任何急性、亚急性或者慢性危害”的情形。因此，莫某某仅仅以涉案产品标签标示问题主张涉案产品不符合食品安全标准的依据不足。
案例5②	莫某某	浙江某猫网络有限公司、广州某氏医药股份有限公司	广州市中级人民法院 2017.6.9	不支持十倍赔偿	裁判理由同上

上表中的五个案件都是2017年广州市中级人民法院审理裁判的案件，案情完全一样，都是原告在某氏公司开设的天猫网店——某式保健品专营店购买了同一品牌的蛋白粉，而该蛋白粉都存在标签标明的配料中均明确含有氢化食用植物油（大豆油），却未标明反式脂肪（酸）的含量，但法院却作出了截然不同的判决。前三个案件是在2017年3月份裁判的，判决支持了原审原告十倍赔偿的请求，理由是涉案产品在其标签标明的配料中均明确含有氢化食用植物油（大豆油），即使用了氢化油脂或部分氢化油脂，却未标明反式脂肪（酸）的含量，明显违反了上述有关强制标示的规定，应当视为不符合食品安全标准的产品，应当承担惩罚性赔偿责任。裁判法官认为所谓不影响食品安全且不会对消费者造成误导的食品标签瑕

① 参见（2017）粤01民终字5011号民事判决书。

② 参见（2017）粤01民终字5012号民事判决书。

疵，一般是指食品、食品添加剂的标签、说明书在字符间距、字体大小、标点符号、简体繁体、修约间隔等非实质内容存在不符合规定的情形。本案中某氏公司销售的涉案产品未标示反式脂肪（酸）及含量，显然已不属于一般意义上的标签瑕疵，而是违反了国家的强制性规定①。后两个案件是在 2017 年 7 月裁判的，判决却驳回了原审原告的十倍赔偿的请求，理由是根据《中华人民共和国食品安全法》第一百五十条关于“食品安全，指食品无毒、无害，符合应当有的营养要求，对人体不造成任何急性、亚急性或者慢性危害”以及《中华人民共和国标准化法》第二十九条第二款“处理有关产品是否符合标准的争议，以本条规定的检验机构的检验数据为准”的相关规定，原审原告主张涉案产品不符合食品安全标准，既没有提交法定检验机构的检验报告，也没有提交食品安全监管部门关于涉案产品不符合食品安全标准的认定意见，更没有证据证明涉案产品存在“有毒、有害，不符合应当有的营养要求，或对人体健康造成任何急性、亚急性或者慢性危害”的情形。因此，仅仅以涉案产品标签标示问题主张涉案产品不符合食品安全标准的依据不足②。就法官给出的裁判依据来看，都似乎有理有据，支持十倍赔偿请求的理由是涉案食品未标示反式脂肪（酸）及含量已不属于一般意义上的标签瑕疵；而不支持十倍赔偿的理由则是认为没有证据证明涉案产品存在“有毒、有害，不符合应当有的营养要求，或对人体健康造成任何急性、亚急性或者慢性危害”的情形。

显而易见，这种分歧实际上就是对食品安全判断标准的分歧，而这种分歧集中反映在对标签瑕疵的认识上。前三个案件的裁判法官将“标签瑕疵”界定为食品、食品添加剂的标签、说明书存在“字母大小写、字符间距、字体大小、标点符号、简体繁体、修约间隔”（例如：“营养成分”标注为“营养成份”；字母大小写错误如“KJ”标注为“kj”；执行标准“GB7718－2011”标注为“GB7718/2011”）等非实质内容的错误情节，因

① 参见（2017）粤 01 民终字 1134 号、1133 号、1135 号民事判决书。

② 参见（2017）粤 01 民终字 5011 号、5012 号民事判决书。

为这些问题虽然不符合食品安全标准的要求，但不会影响食品安全，也不会对消费者的食品安全消费造成误导。但是，如果法律、法规或者食品安全标准中强制性规定必须标明的事项（例如，营养强化剂没有标明含量值、营养素参考值（NRV）的百分比；又如特别强调添加了或含有一种或多种有价值、有特性的配料或成分，却没有标示所强调配料或成分的添加量或在成品中的含量等）未予以标示的，则不能认定为瑕疵。而后两个案件的裁判法官则将一切的标签问题都属于标签瑕疵作为隐含前提，进而认为消费者需要对其影响食品安全承担举证责任，或者提交法定检验机构的检验报告，或者提交食品安全监管部门关于涉案产品不符合食品安全标准的认定意见，或者提供证据证明涉案产品存在“有毒、有害，不符合应当有的营养要求，或对人体××造成任何急性、亚急性或者慢性危害”的情形，否则就一概认定为不影响食品安全且不会对消费者形成误导的标签瑕疵。

四、食品安全标准的司法再解读

（一）坚持司法有限介入原则

食品安全管理的立法本意是以源头管理为基本核心，以风险为管理基础，由政府、业者与消费者共同撑起食品安全的责任。食品安全治理的主导力量是政府及其职能部门而非法院。即使是素以司法审查范围广、保护力度大而被广泛推崇的美国，司法在介入食品安全纠纷问题上，也会考虑行政机关的优先管辖权问题。在我国的台湾地区，在不断强化行政机关食品安全监管职责的同时，对法院审理的范围也进行了限制性的规定。以问题标签为例，台湾食品卫生管理法规定，出现问题标签由行政机关责令整改；若不能如期整改或者拒绝整改，则面临罚款、注销公司和从业人员的部分甚至全部登记事项等一系列行政处罚。而消费者发现问题食品，也不是直接诉诸司法，而是通过举报获得奖励，我国台湾地区的《食品安全卫生检举案件处理及奖励办法》第四、五条明确规定民众如果检举食品搀伪、假冒、超过有效日期或使用违法添加物等食品安全事件查证属实，台湾县市卫生局应将至少罚款实收金额 50% 以上比例作为举报人的检举奖金，其余食安检举案件，至少罚款实收金额 20% 以上比例作为举报人的检举奖金。只要举报的食品安全案件属实，即使案件最终被判无罪，检举奖金也不被追回。同时，在重大食品安全检举案件中，根据检举内容以及对案件侦破的贡献程度，允许额外发放 10 万至 200 万元奖金。如果举报人为现职或离职员工检举其违法业主，额外发放的奖金最高上限可至新台币 400 万元①。我国食品安全立法也充分体现了政府及其职能部门在食品安全治理中的主导地位，2015 年《食品安全法》文本中，“政府”一词出现了 106 次，“行政”一词出现了 95 次，而“法院”和“司法”出现的次数均为 0 次；《食品安全法》第九章法律责任部分，针对食品生产经营者形形色色的违法、违规行为，规定了详尽的行政责任，而非民事赔偿责任。以我国食品安全惩罚性赔偿诉讼集中的食品标签问题为例，按照《食品安全法》第 125 条之规定：生产经营的食品、食品添加剂的标签、说明书存在瑕疵但不影响食品安全且不会对消费者造成误导的，由县级以上人民政府食品药品监督管理部门责令改正；拒不改正的，处二千元以下罚款；生产经营无标签的预包装食品、食品添加剂或者标签、说明书不符合本法规定的食品、食品添加剂以及生产经营转基因食品未按规定进行标示的，由县级以上人民政府食品药品监督管理部门没收违法所得和违法生产经营的食品、食品添加剂，并可以没收用于违法生产经营的工具、设备、原料等物品；违法生产经营的食品、食品添加剂货值金额不足一万元的，并处五千元以上五万元以下罚款；货值金额一万元以上的，并处货值金额五倍以上十倍以下罚款；情节严重的，责令停产停业，直至吊销许可证。换言之，即使没有《食品安全法》第 148 条关于惩罚性赔偿的规定，食品标签问题完全可以依据《食品安全法》第 125 条之规定得以妥善处理和

① 谢梦雅．食品安全治理探析——借鉴中国台湾地区相关食品安全的法律规定．商，2015，(17)：261.

解决。

《食品安全法》之所以规定惩罚性赔偿制度，主要是对行政规制失灵的一种被动回应。我国食品安全治理从一开始选择的就是依靠政府和行政规制手段的治理路径，但由于行政管理手段的不合时宜以及行政管理能力的不足，致使单纯依靠政府及其职能部门的规制模式已经无法适应多元化社会发展格局和风险治理理念下的现代社会对食品安全治理的需求。因此，组织和动员全社会的力量，积极参与食品安全治理，实现食品安全社会共治已成为当下食品安全治理的必然选择。而惩罚性赔偿制度不仅可以通过动员和激励私人诉讼、激活民事诉讼的公共规制功能、遏制食品生产经营者的违法行为，还可以发挥消费者个体诉讼的效率优势、弥补政府公共资源投入的不足和行政管理机关执法动力不足的弊病，所以也就成为立法者看来最具有现实价值的一项政策选择。但是，动员私人以诉讼形式参与公共规制，意味着将大量专业问题和政策判断从行政部门转移到法院，从而对法官提出了更高要求。在行政规制体系下，专业领域的行政机关先做决定，发生争议后法院再介入其中；在惩罚性赔偿中，原告直接起诉至法院要求惩罚性赔偿。选择后一途径意味着法院需要在没有专业行政机关的协助下，自行判断相关法律问题和事实问题。相较于长期专注于具体领域、具备专业知识的行政机关，法院能否准确理解法律背后的公共政策存在不确定性①。尽管立法者将客观化、标准化的“食品安全标准”遵从与否作为惩罚性赔偿应否承担的先决条件，希望借此回避民事责任认定中的技术性和政策性难题，进而实现自动售货机式的司法。但由于食品安全标准内涵的不确定性和外延的模糊性、标准水平参差不齐、诸多标准无关食品安全以及标准适用过程中的技术负担等原因致使各级法院在审理食品安全惩罚性赔偿案件过程中，对“食品安全标准”的认识存在较大分歧，导致司法严重不统一，进而严重损害了司法的权威。

① 赵鹏．惩罚性赔偿的行政法反思．法学研究．2019，（1）：47.

而且，司法实践也进一步证实将食品安全问题诉诸司法是社会成本最高而收益最低的一种纠纷解决方式。众所周知，我国民事诉讼采用的是两审终审制，一审普通程序在立案之日起六个月内审结即可，而二审程序在收到上诉状之日起三个月内作出终审判决即可。而在法院审理过程中，涉案食品仍然照常销售，即使最终消费者胜诉，也只是由食品生产经营者对个别消费者和个别商品进行赔偿就了事，法院很少会主动收缴问题食品，也不会主动向行政主管机关移送线索，所以立法者寄希望于通过激励私人诉讼来提升食品安全状况的立法初衷并不现实。

鉴于此，笔者认为对于单纯违反食品安全标准、而对食品安全不具有实质性影响的违法、违规行为，完全可以通过举报投诉等方式将其纳入行政管理的范畴，而没必要诉诸司法，因为行政处罚无论是成本还是效率都远远优于司法。而且就其本质而言，食品安全惩罚性赔偿责任的首要功能是惩戒生产经营不安全食品的行为、净化食品药品市场环境，而非保障食品安全标准的贯彻落实。尽管惩罚性赔偿责任主要功能在于惩罚而非赔偿，但作为民事责任的本质属性决定了惩罚性赔偿责任也不能随意超越民事责任应有的射程，在责任追究问题上仍应当考量普通民事责任应当考量的行为人的主观过错以及行为是否存在实质性危害等因素，而不能简单地以“不符合食品安全标准”作为适用惩罚性赔偿责任的先决条件。

（二）遵循食品安全的实质审查原则

如前所述，司法实践中对于“食品安全标准”的适用分歧最根本的原因在于裁判法官时常在形式审查和实质审查之间摇摆不定。形式审查原则完全依靠标准的比对来判断涉案食品是否属于不符合食品安全标准的食品，虽然严格把控了食品安全关，从食品生产、加工、销售各个环节都对食品的安全进行了要求、设置了安全标准。但公法上的食品安全标准不等于私法上有关食品安全的行为谨慎标准，前者是基于行政管理需要而事前设定的“一刀切”管制标准，后者是基于社会生活上避免损害他人而需要结合个案情境做出判定的注意义务标准，二者不能直接划等号。换言之，符合食品安全标准的食品不等于安全食品；反之，违反食品安全标准的食品也不等于不安全的食品，这取决于食品安全标准自身的科学性和准确性。因此，不管是遵守食品安全标准的事实，还是违反食品安全标准的事实，均难以直截了当地在私法上得到直接评价①。司法机关完全以行政机关制定、公布的食品安全标准这一公法规范，作为惩罚性赔偿责任这一私法责任承担与否的裁判依据，完全不考虑标准是否正当合理以及违反标准是否影响食品安全、影响程度如何，这样的司法实施效果除了加重生产经营者的负担，对食品药品市场的净化毫无裨益。事实上，几乎每一次触目惊心的食品安全事件最终暴露出的大都是我国食品安全标准滞后或者缺失的问题。而在当前食品安全标准普遍滞后甚至缺失的情况下，以是否符合食品安全标准作为认定生产者或经营者违法行为的标准在逻辑上是不周延的。加之食品安全标准的制定和整合是一个具有高度复杂性且仍然处在不断完善中的体系，若一味遵从固定的食品安全标准，将违背法律适用的稳定性②。鉴于此，笔者认为面对品种庞杂又不断推陈出新的食品以及随之而来的形形色色的食品安全问题，国家不可能对所有的食品都制定国家安全标准，这就需要承办案件的法官在司法实践中运用《食品安全法》关于食品安全的抽象概念，即“食品应当无毒、无害，符合应当有的营养要求，对人体健康不造成任何急性、亚急性或者慢性危害”来具体审查食品的安全性，进而对食品安全的违法行为予以认定。换言之，食品安全惩罚性赔偿责任的承担不能简单地以违反某一项食品安全标准作为责任承担的条件，而应当考查食品是否具有实质性危害。只有对问题食品进行是否具有“实质性危害”的定性化分析，才能将单纯的标签瑕疵类食品排除在惩罚型赔偿责任的适用范围之外，才能引导消费者真正去关注食品的实质安

① 宋亚辉．食品安全标准的私法效力及其矫正［J］．清华法学．2017，11（2）：167.

② 谢雨昕．《食品安全法》中惩罚性赔偿的实质性要件——基于对《食品安全法》第148条的评析［J］．法制博览．2019，（6）：4.

全，从而提高食品的整体安全。

就具体的立法建议而言，笔者认为宋亚辉教授的建议比较中肯亦具有现实的可操作性，那就是将《食品安全法》第148条第二款中出现的“不符合食品安全标准的食品”均改为“不安全的食品”，同时删除但书条款。这样一来，在法律效果上，惩罚性赔偿责任的构成要件不再是违反食品安全标准，而是生产或明知而销售“不安全的食品”。至于何为不安全的食品？只需对本法150条所界定的“食品安全”概念做反向解释即可，鉴于该条款的含义较为抽象，实践中对“不安全食品”的判断显然不能矫枉过正，仍需充分利用现有资源——食品安全标准[①]。但在各类型食品安全标准中，只有强制性国家标准是保障人身健康和生命安全所必需的技术要求，而推荐性标准仅仅是为了满足基础通用、与强制性国家标准配套、对各有关行业起引领作用等需要的技术要求，因此在利用食品安全标准对食品安全与否进行判断时，应当对食品安全标准的范围要进行限缩解释，将其限定在食品安全国家强制性标准中那些与食品安全休戚相关的内容，对于食品安全强制性国家标准中的非强制性条款以及与食品安全无关的强制性条款，都不能作为判断“不安全食品”的依据。具体裁判思路就是先从形式上比对涉案食品对食品安全标准的遵从情况，以食品安全标准的遵从与否作为推定食品是否安全的依据：如果涉案食品完全符合食品安全国家强制性标准，则一般应当认定该食品是安全食品，除非消费者能举证证明涉案食品已经造成现实损害或者有确切的证据证实涉案食品对人体健康具有实质性危害；如果涉案食品违反了某项食品安全强制性国家标准，则将该食品推定为“不安全食品”，食品生产经营者应就该食品的安全性予以证实，否则“不安全食品”的推定就会成为最终结论。

（三）违反推荐性食品安全标准的责任

食品安全推荐性国家标准以及食品安全地方标准均属于推荐型标准，

---

① 宋亚辉．食品安全标准的私法效力及其矫正［J］．清华法学．2017，11（2）：174.

而推荐性标准的技术指标一般与安全无关，国家仅仅是鼓励企业采用，所以企业是否采用该类标准以及所生产食品是否与承诺采用的此类标准相一致并不必然会影响食品安全，自然也不应当按照《食品安全法》的规定承担惩罚性赔偿责任。但是，企业一旦采用并将此类标准标注于食品标签之上，就意味着企业以明示的方式对产品的技术指标等内容进行了明示保证，企业提供的食品倘若违反了该保证，就需要根据《合同法》的相关规定向消费者承担违约责任。不符合推荐性标准的食品，可以认定为不合格食品，但不能认定为不安全食品。不安全食品肯定是不合格食品，不合格食品不一定都是不安全食品。对两者应注意适用不同的法律①。如果经营者构成欺诈的，消费者还可以依据《侵害消费者行为处罚办法》以及《消费者权益保护法》第 55 条的规定，可以以经营者提供商品或者服务有欺诈行为为由，要求经营者承担退一赔三或者损失两倍的惩罚性赔偿责任。

（四）违反企业标准的责任

企业标准作为企业内部适用的文件，对企业自身具有约束力，但不属于公共管理的范畴，不应当纳入食品安全标准的范畴，因此，食品不符合企业自身标准的责任，也应当与不符合食品安全强制性标准的责任相区别。执行企业标准，实际上是食品生产企业对公众健康作出更高要求的承诺。根据《食品安全法》第 30 条的规定，企业制定的企业标准经省卫健委备案，即为有效的产品标准。企业生产的食品不符合企业标准，实际上是食品与其标签上明示的执行标准不符，按照《食品安全法》第 71 条第三款的规定“食品和食品添加剂的标签、说明书，不得含有虚假内容……食品和食品添加剂与其标签、说明书内容不符的，不得上市销售。”否则，

---

① 张勇健、程新文、张进先、王毓莹.《关于审理食品药品纠纷案件适用法律若干问题的规定》的理解与适用［J］. 人民司法 . 2014，（3）：18.

应当按照《食品安全法》第 125 条第一款第二项规定依法进行处罚[①]，以规范食品企业的生产，而不能依据《食品安全法》第 148 条之规定，要求食品生产经营者承担惩罚性赔偿责任。但是，鉴于《产品质量法》所称产品是指经过加工、制作，用于销售的产品。新修订《食品安全法》第 2 条第一款规定："在中华人民共和国境内从事下列活动，应当遵守本法：（一）食品生产和加工（以下称食品生产），食品销售和餐饮服务（以下称食品经营）……"由此可见，食品属于《产品质量法》所规定的产品，应当受到《产品质量法》的调整。食品生产销售行为应当符合食品安全法律及其配套法规的要求，同时也应符合《产品质量法》的规定。食品安全法律无规定或规定不明确的，应当适用《产品质量法》的规定。《产品质量法》第 26 条第二款规定："生产者应当对其生产的产品质量负责。产品质量应当符合下列要求：……（三）符合在产品或者其包装上注明采用的产品标准，符合以产品说明、实物样品等方式表明的质量状况。"根据该条法律条文释义，这是法律对生产者保证产品质量所规定的明示担保义务，是产品生产者对产品质量性能的一种明示的自我声明或者陈述，由生产者根据事实自行作出。在产品或者包装上注明采用的产品标准，是表明产品质量符合自身标注的产品标准中规定的质量指标，判定产品是否合格，应以该项明示的产品标准作为依据。《产品质量法》第 12 条释义明确，产品质量"合格"，是指产品的质量指标符合有关的标准和要求。作

---

① 《食品安全法》第 125 条规定：违反本法规定，有下列情形之一的，由县级以上人民政府食品药品监督管理部门没收违法所得和违法生产经营的食品、食品添加剂，并可以没收用于违法生产经营的工具、设备、原料等物品；违法生产经营的食品、食品添加剂货值金额不足一万元的，并处五千元以上五万元以下罚款；货值金额一万元以上的，并处货值金额五倍以上十倍以下罚款；情节严重的，责令停产停业，直至吊销许可证：（一）生产经营被包装材料、容器、运输工具等污染的食品、食品添加剂；（二）生产经营无标签的预包装食品、食品添加剂或者标签、说明书不符合本法规定的食品、食品添加剂；（三）生产经营转基因食品未按规定进行标示；（四）食品生产经营者采购或者使用不符合食品安全标准的食品原料、食品添加剂、食品相关产品。生产经营的食品、食品添加剂的标签、说明书存在瑕疵但不影响食品安全且不会对消费者造成误导的，由县级以上人民政府食品药品监督管理部门责令改正；拒不改正的，处二千元以下罚款。

为合格产品，应当同时具备以下条件：（1）必须符合保障人体健康，人身、财产安全的强制性国家标准、行业标准和地方标准，不存在危及人身、财产安全的不合理的危险；（2）符合生产者自行制定的产品质量的企业标准或技术要求。因此，食品生产经营者提供的食品如果不符合生产者自行制定的企业标准的，该食品就属于不合格产品，消费者可以依据《合同法》的相关规定向其主张违约责任，而不能直接要求生产经营者承担惩罚性赔偿责任。如果经营者构成欺诈的，消费者还可以依据《侵害消费者行为处罚办法》以及《消费者权益保护法》第55条的规定，可以以经营者提供商品或者服务有欺诈行为为由，要求经营者承担退一赔三或者损失两倍的惩罚性赔偿责任。

第五章　“损害”在食品安全惩罚性赔偿中的地位

法律上的“损害”来源于拉丁语（Damnum），是指由不法行为所引发的受害人的不利益，当这种不利益具有了确定性与可补救性时，就成为侵权损害赔偿责任的发生器与必要条件。也就是说损害是所有侵权损害赔偿的必备条件，没有损害就没有赔偿。补偿性原则作为侵权责任法的基本原则，食品侵权责任自然应当以补偿性的损害赔偿为主，但基于风险社会风险有效遏制和预防的需要，食品安全立法又将惩罚性赔偿作为风险预防的手段。而“损害”是否应当作为惩罚性赔偿的构成要件、惩罚性赔偿数额的确定是否应当以补偿性赔偿为基数，这两个问题是伴随着我国惩罚性赔偿制度设立伊始就开始讨论的问题。但迄今为止，这一问题仍然未达成共识。尽管2013年《食药规定》第15条规定被解读为食品安全惩罚性赔偿不以消费者人身权益遭受损害作为前提，但实际上，该条款的规范表述方式“生产不符合安全标准的食品或者销售明知是不符合安全标准的食品，消费者除要求赔偿损失外，向生产者、销售者主张支付价款十倍赔偿金或者依照法律规定的其他赔偿标准要求赔偿的，人民法院应予支持”，与2015年修订的《食品安全法》第148条第二款的表述方式并没有本质的区别。2015年《食品安全法》第148条关于惩罚性赔偿的规定如下：

该条第一款规定，消费者因不符合食品安全标准的食品受到损害的，可以向经营者要求赔偿损失，也可以向生产者要求赔偿损失。接到消费者赔偿要求的生产经营者，应当实行首负责任制，先行赔付，不得推诿；属于生产者责任的，经营者赔偿后有权向生产者追偿；属于经营者责任的，生产者赔偿后有权向经营者追偿。

该条第二款规定，生产不符合食品安全标准的食品或者经营明知是不符合食品安全标准的食品，消费者除要求赔偿损失外，还可以向生产者或者经营者要求支付价款十倍或者损失三倍的赔偿金；增加赔偿的金额不足一千元的，为一千元。但是，食品的标签、说明书存在不影响食品安全且不会对消费者造成误导的瑕疵的除外。

该条第一款实际上是关于生产经营者补偿性赔偿责任的规定，该规定直接源于《产品质量法》第43条规定的生产经营者的首负责任制度[①]，该款的适用必须以消费者因不符合食品安全标准的食品遭受人身、财产或其他损失为前提，属于典型的补偿性赔偿规范。消费者如果向经营者要求赔偿损失，可以按照《合同法》第122条规定的责任竞合规则，选择要求经营者按照《合同法》规定承担违约责任或者依照其他法律要求其承担侵权责任。消费者如果向生产者要求赔偿损失，可以基于侵权关系主张侵权责任。而且，生产者和经营者之间是不真正连带责任，属于生产者责任的，经营者赔偿后有权向生产者追偿；属于经营者责任的，生产者赔偿后有权向经营者追偿。

该条第二款则是关于生产经营者惩罚性赔偿责任的规定，就其规范表述来看，生产者“生产不符合食品安全标准的食品”或者经营者“经营明知是不符合食品安全标准的食品”时，“消费者除要求赔偿损失外，还可以向生产者或者经营者要求支付价款十倍或者损失三倍的赔偿金”。显然，该条款在补偿性赔偿责任之外，还设置了两类惩罚性赔偿：一是食品价款十倍的惩罚性赔偿，二是所受损失三倍的惩罚性赔偿，两类惩罚性赔偿责任之间是“或者”的关系，即消费者可以根据自己的具体情况选择适用食品价款十倍的赔偿，也可以选择适用所受损失三倍的赔偿。但第一款所规定的补偿性赔偿与第二款规定的惩罚性赔偿之间究竟是何种逻辑关系?“除……还可以……”这样的语义结构是否表明损失的存在是适用上述两类惩罚性赔偿的必要条件也不得而知，而法条的语焉不详带来了理论的争议与裁判的分歧。

---

① 《产品质量法》第43条：因产品存在缺陷造成人身、他人财产损害的，受害人可以向产品的生产者要求赔偿，也可以向产品的销售者要求赔偿。属于产品的生产者的责任，产品的销售者赔偿的，产品的销售者有权向产品的生产者追偿。属于产品的销售者的责任，产品的生产者赔偿的，产品的生产者有权向产品的销售者追偿。

一、"损害"是否应当作为惩罚性赔偿的构成要件

由于《食品安全法》没有明确148条第一款与第二款之间究竟是属于何种逻辑关系，学术界有将其解读为递进关系的，也有将其解读为并列关系的，但无论做何种解读，其核心问题就是要解决惩罚性赔偿是否必须依附于补偿性赔偿？"损害"是否应当作为惩罚性赔偿责任承担的前提条件？补偿性赔偿数额是否应当作为惩罚性赔偿数额的计算基数？

（一）理论争议

我国虽然属于大陆法系国家，但我国关于惩罚性赔偿制度的理论和实践均源自于美国，而作为惩罚性赔偿制度运用最为普遍、理论研究也最为深入的美国，一直秉承着惩罚性赔偿必须依附于补偿性赔偿，认为判决惩罚性赔偿是为了纠正故意、冷漠或者任性、蛮横地对他人权利的侵犯。因此，惩罚性赔偿本身不具有可获得性，它取决于公然违反一些基础性的实质权利和义务。换句话说，惩罚性赔偿不具有独立诉讼理由；该种赔偿必须背载着一个补偿性赔偿的传统产品责任诉讼。因此，原告有权获得补偿性赔偿被广泛认定为获得惩罚性赔偿的先决条件①。与此相适应，损害也被作为美国惩罚性赔偿责任的必要条件，而且美国很多州的惩罚性赔偿也都是以受害人所遭受的损失为基数进行计算的，如俄勒冈州以及弗罗里达州都规定惩罚性赔偿金额不能高于实际损失额的三倍，新泽西州立法规定不得超过5倍填补性损害赔偿或35万美元中较高的。我国大多数学者也赞成惩罚性赔偿并不是独立的请求权，必须依附于补偿性的损害赔偿，即惩罚性赔偿是以补偿性赔偿的存在为前提的，只有符合补偿性赔偿的构成要件，才能请求惩罚性赔偿②。全国人大法工委在《侵权责任法》的释义中

---

① ［美］戴维·G·欧文．董春华译．产品责任法［M］．北京：中国政法大学出版社，2012：368.

② 王利明．惩罚性赔偿研究［J］．中国社会科学，2000，（4）：114.

也认为：“惩罚性赔偿不是独立的请求权，必须依附于赔偿性的一般损害赔偿①”。而根据其所依附的补偿性赔偿请求权的性质不同，学术界对惩罚性赔偿责任的性质又有三种不同的理解，分别是侵权责任说、全面责任说和折中说。侵权责任说认为，惩罚性赔偿责任的请求权基础是产品侵权，《食品安全法》第一款规定的补偿性赔偿责任——“要求赔偿损失”和第二款规定的惩罚性赔偿责任“要求赔偿损失外”之间存在着适用上的递进性，第一款中的“损失”是第二款惩罚性赔偿责任适用的前提条件，而该损失赔偿责任属于侵权责任的范畴。全面责任说认为，惩罚性赔偿的原因不限于侵权责任，也包括违约责任和缔约过失责任等，原因在于《食品安全法》第一款规定的补偿性赔偿责任和第二款规定的惩罚性赔偿责任是并列关系，可以同时适用，第一款中的损失存在与否不影响第二款中的惩罚性赔偿责任的适用。折中说则认为区分生产者和经营者的责任承担，即请求生产者惩罚性赔偿的，应构成侵权责任，以造成损害为前提；请求销售者惩罚性赔偿的，既可以是侵权责任，也可以是违约责任，不必以造成损害后果为适用前提②。而主张以损失作为惩罚性赔偿必要条件的学者，对于损失是否包括食品“价金损失”同样存在理论上的争议。

当然，也有学者认为，为体现惩罚性赔偿的威慑功能，宜将惩罚性赔偿请求权作为一项单独的请求权，无需作为填补性赔偿请求权的附属请求权③。惩罚性赔偿责任完全可以独立于补偿性赔偿责任，消费者甚至在没有遭受法律上损害的情况下，也可以请求适用惩罚性赔偿责任。还有学者认为“还……又……”这样的语义构造意味着消费者同时享有两个平行的请求权，可以同时行使。其中，赔偿损失的请求权基础是第一款指引的侵权责任或者违约责任；惩罚性赔偿的请求权基础则是第二款规定的加

① 全国人大常委会法制工作委员会民法室编．中华人民共和国侵权责任法条文说明、立法理由及相关规定［M］．北京：北京大学出版社，2010：198.

② 张羽君．论食品安全法惩罚性赔偿金制度的适用［J］．湖南农业大学学报（社会科学版），2016，（2）：67－72.

③ 高圣平．食品安全惩罚性赔偿制度的立法宗旨与规则设计［J］，法学家，2013，（6）：60.

重责任①。

（二）裁判分歧

这种理论上的诸多争议直接导致了司法裁判的巨大分歧，对于损害是否应当作为惩罚性赔偿责任的构成要件，司法实践中存在截然不同的三种态度：

第一种是“肯定说”，持该种观点的法官认为消费者遭受现实损害是惩罚性赔偿责任适用的必要条件，如果消费者未能证明涉案食品对其造成了现实损害，则应承担对其不利的诉讼结果，即惩罚性赔偿的诉讼请求得不到支持。如刘艳清与北京华联综合超市股份有限公司买卖合同纠纷案中，审判法官认为涉案食品标签虽有瑕疵，但未造成人身或财产损失，因而不支持惩罚性赔偿②。

案例1——标签虽有瑕疵，但未造成实际损害，不需要承担惩罚性赔偿责任：原告刘某某于2016年11月19日在某公司翠微路分公司购买了5L福临门葵花籽原香食用调和油560桶，价款共计27 944元。其标签上以字体、文字说明等方式突出了“葵花籽”字样，并且图形还突出了橄榄，强调了该食用调和油添加了橄榄油的配料，但均未标注含量。刘某某主张该标签违反《食品安全国家标准预包装食品标签通则》的4.1.4.1规定，未对特别强调的“葵花籽”和“橄榄油”标注其含量，但法院认为涉案食品标签并未特别强调“葵花籽”和“橄榄油”在该产品中的价值和特性，且刘某某亦未向法院提交佐证涉案产品为不合格产品的相应证据，更未证明涉案产品造成其人身或财产损害，涉案产品标签瑕疵不会对消费者造成误导而影响消费者对食品安全的判断，故食品经营者不应承担惩罚性赔偿责任。

---

① 税兵．惩罚性赔偿的规范构造——以最高人民法院第23号指导性案例为中心［J］．法学，2015，（4）：101.

② 参见（2017）京0108民初字4542民事判决书．

第二种观点是“否定说”，持该种观点的法官认为惩罚性赔偿的适用不以消费者遭受实际损害为前提，消费者未证明损害存在，也不影响惩罚性赔偿责任的适用。如“王某与北京某超市连锁有限公司买卖合同纠纷”中，王某因在被告北京某超市连锁有限公司购买的某牌深海紫菜无生产日期，要求该公司退还货款 24.6 元、赔偿 1000 元并承担案件诉讼费。法院审理认为食品的生产日期是涉及到食品安全的重大问题，《中华人民共和国食品安全法》第六十七条第一款规定，预包装食品的包装上应当有标签，标签应当标明名称、规格、净含量、生产日期。该公司销售的食品无生产日期，该食品不符合食品安全标准，经营者应当承担惩罚性赔偿责任[①]。而该案的裁判观点和思路代表了我国各地各级法院绝大多数法官的观点，在笔者从无讼检索到的 4227 件样本案例中，绝大多数的胜诉案件都没有现实损害的存在，但裁判法官仍然支持了消费者提出的十倍赔偿的请求，其裁判的逻辑就是食品安全标准作为强制执行标准，只要生产者生产不符合食品安全标准的食品或者经营者销售明知不符合食品安全标准的食品，就应当承担惩罚性赔偿责任。

第三种观点是“损害危险说”，持该种观点的裁判法官认为只要涉案食品存在可能对食用者产生安全危险就应当适用惩罚性赔偿责任，而无须产生现实的损害后果。如“北京某超市有限公司来广营店与金鹏等买卖合同纠纷上诉案[②]”和“刘某与杞县某地农产品有限公司网络购物合同纠纷案[③]”，裁判法官认为标签的不实标注，很可能对食用者的健康产生安全风险，进而支持了消费者的十倍赔偿请求。

案例 1——食品标签未注明橄榄油的添加量或含量，很可能对食用者的健康产生安全风险，支持十倍赔偿。

金某在某来广营店购买多力橄榄葵花食用调和油，该实物及图片显示

---

① 参见（2016）京 0105 民初字 63687 民事判决书.

② 参见（2017）京 01 民终 3942 号民事判决书。

③ 参见（2017）京 0105 民初字 15063 号民事判决书。

商品外包装为橄榄及葵花图案，并标有“精选某力葵花籽油与特级初榨橄榄油”等字样，配料表显示为“配料：葵花籽油、特级初榨橄榄油”，但未标识配料含量。金某以此为由要求十倍赔偿。因为国家强制性标准GB7718－2011《预包装食品标签通则》第4.4.4.1规定：如果在食品标签或食品说明书上特别强调添加了或含有一种或多种有价值、有特性的配料或成分，应标示所强调配料或成分的添加量或在成品中的含量。北京第一中级人民法院认为，食品安全标准包含多项内容，食品标签为其中一项内容。我国针对食品标签制定了《食品安全国家标准预包装食品标签通则》，食品标签均应符合该国家标准。涉案商品的标签上以文字、图片形式多次提及产品中含有特级初榨橄榄油成分，故可以确认涉案商品对“橄榄油”进行了强调。此外，橄榄油的营养价值和市场价格高于葵花籽油，应属于有价值、有特性的配料或成分，但涉案商品上并未标注橄榄油的添加量或含量，违反了《食品安全国家标准预包装食品标签通则》第4.1.4.1项规定，属于不符合食品安全标准的食品，而非单纯的标签瑕疵，因为人体所需的营养素摄入不足或摄入过量均会对人体产生一定的危害作用，如果食品标签未注明橄榄油的添加量或含量，很可能对食用者的健康产生安全风险，因此支持了原告十倍赔偿请求。

案例2——涉案商品外包装标称的脂肪含量确实有误，可能对特定消费者群体造成健康损害，支持十倍赔偿

刘某在某公司经营的“某某尚品食品旗舰店”购买某某尚品开心果，产品标示脂肪含量为每100克为28.8克，检测结果为每100克脂肪含量为51.6克，北京市朝阳区法院认为食品安全标准包括对与卫生、营养等食品安全有关的标签、标志、说明书的要求。根据《营养标签通则》的规定，预包装食品营养标签标示的任何营养信息，应真实、客观，不得标示虚假信息，不得夸大产品的营养作用或其他作用。现涉案商品外包装标称的脂肪含量确实有误，明显不符合食品安全标准，且极易对消费者造成误导，特别是随着消费者对脂肪含量摄入的关注度不断提高，该错误标示值可能对特定消费者群体造成健康损害，因此支持了刘某的十倍赔偿请求。

但在审判实务中，不同的裁判法官对于涉案食品是否“很可能对食用者的健康产生安全风险”或“可能对特定消费者群体造成健康损害”的认识是不同的，上述“北京某尚超市有限公司来广营店与金某等买卖合同纠纷上诉案”和“刘某与杞县某地农产品有限公司网络购物合同纠纷案”中，审判法官认为标签的不实标注，很可能对食用者的健康产生安全风险，进而支持了消费者的十倍赔偿请求。但在“杨某某诉上海市闵行区某群食品经营部买卖合同纠纷案①”和“刘某、珠海市某一有限公司产品销售者责任纠纷案②”中，审判法官则是以标签虽存在瑕疵，但并非产品本身不具应有的营养要求，或存在影响人体健康的不合理危险，不足以导致消费者的身体健康和生命安全受到严重威胁，因此驳回了消费者十倍赔偿的请求。

显然，在这些案件中，审判法官或者以涉案食品可能对食用者的健康产生安全风险或者可能造成健康损害为由，支持消费者的惩罚性赔偿请求；或者以涉案食品不足以导致消费者的身体健康和生命安全受到严重威胁为由，驳回消费者的惩罚性赔偿请求，其对食品对食用者是否存在安全危险的判断完全依靠主观判断。在笔者从无讼检索到的4227件样本案例中，以涉案食品“不符合食品安全标准”为由，提起惩罚性赔偿的案件主要有两大类：第一类是消费者主张食品本身存在质量问题的案件，而食品质量问题案件具体又可以细分为两种：一种是生产或经营过期、变质、失效的食品，一种是生产或经营的食品非法添加了食品添加剂、药品、保健食品、非食品原料等。第二类是消费者主张预包装食品的标签、说明书存在瑕疵的案件，该类案件所占比例最高，该类标签瑕疵案件又主要包括两种：一种是“漏标”，即标签、说明书的标识遗漏必要信息；一种是“错标”，即标签、说明书的标识存在错误。但无论是食品过期、非法添加等严重违法情形，还是错标、漏标等标签问题，消费者提起惩罚性赔偿诉讼

① 参见（2016）沪01民终3772号民事判决书。

② 参见（2017）粤01民终683号民事判决书。

请求都是以标签标注的内容为主要依据，而标识尽管通过观感视觉可识别，通过文字、图示易举证，但标识问题究竟是否关涉食品安全，是否“很可能对食用者的健康产生安全风险”或“可能对特定消费者群体造成健康损害”，很大程度上完全依靠裁判法官结合标识的形式、内容以及一般公众理解等要素综合判断，这与法官的知识水平、生活阅历、审判经验也密切相关，裁判结果的不一致显然不可避免。

而这种司法的不统一必然会影响司法的权威，司法结果的无法预期也会直接减损惩罚性赔偿制度的鼓励、惩罚以及威慑的制度功能。而我国目前学术界对食品安全惩罚性赔偿制度的研究大多集中在对其存在合理性的分析、运行实效的考查以及制度完善的碎片化建议，但笔者认为，当前食品安全惩罚性赔偿制度研究首要的问题应该是通过对其制度预设功能的考查，检讨当前立法规范的得失，实现裁判标准和结果的统一，最终达成司法实效与立法功能预期的一致。

二、“损害”要件的区别对待和适度扩展

美国著名大法官、现代实用主义法学的创始人霍姆斯曾经说过：“要了解法律是什么，就必须了解法律过去的发展过程，以及将来发展的趋势是什么”。惩罚性赔偿制度也不例外。我国惩罚性赔偿制度虽源自于美国，但制度的产生背景、功能定位以及规则设计都与美国的惩罚性赔偿制度存在较大的差异。

（一）中美惩罚性赔偿制度的功能定位

1. 美国惩罚性赔偿制度的功能定位

美国是惩罚性赔偿制度适用最广泛、理论研究也更深入的国家，十八世纪的美国惩罚性赔偿制度主要适用于诽谤、教唆、恶意起诉、侮辱性殴打、不法侵占私人住宅、扣押私人信件、通过刑事手段侵占他人财物以及非法监禁等案件中，制度设立的目的主要是为了弥补受害人的精神痛苦及

名誉损失。十九世纪初，伴随着工业化的进程，不合格产品造成的产品侵权案件层出不穷，为遏制日益猖獗的产品责任案件，惩罚性赔偿制度开始向产品责任领域延伸，制度设置的目的主要是为了惩罚和吓阻不法行为人的具有严重可责性的不法行为，诚如《美国侵权法重述（第二次）》第908条第1款所言：“惩罚性赔偿为损害赔偿及名义上之赔偿以外之赔偿；系为惩罚极端无理行为之人而作之赔偿，且亦为阻遏该人及其他人于未来从事类似之行为而作之赔偿”①。显然，惩罚性赔偿的适用对象必须是从事“极端无理行为的人”，其制度价值在于惩戒和威慑，而即使是在运用惩罚性赔偿制度较为广泛的美国，法官除了会从法律要件的角度推断被告究竟是在何种主观心态驱使下做出了如此令人深恶痛绝之行为外，同时也会从政策效果的角度来思索若是给予此被告严厉惩处将会给社会风气以及所在行业造成何种影响，当然在很多时候原告所遭受的损害后果也会被法官作为是否适用惩罚性赔偿制度的考量因素，这种慎之又慎的态度无疑提醒我们，惩罚性赔偿无论如何都绝非一个常规的选项②。而且，美国司法也一直秉承着惩罚性赔偿必须依附于补偿性赔偿，认为判决惩罚性赔偿是为了纠正故意、冷漠或者任性、蛮横地对他人权利的侵犯。因此，惩罚性赔偿本身不具有可获得性，它取决于公然违反一些基础性的实质权利和义务。换句话说，惩罚性赔偿不具有独立诉讼理由；该种赔偿必须背载着一个补偿性赔偿的传统产品责任诉讼。因此，原告有权获得补偿性赔偿被广泛认定为获得惩罚性赔偿的先决条件③。而美国惩罚性赔偿制度之所以向产品责任领域延伸，其原因在于伴随着以公司为主的商家为了以最低的成本寻求实现最大效用而采取虚假或者其他不正当手段欺骗、误导消费者，从而导致商业欺诈层出不穷，严重破坏了公平竞争的市场环境以及正常有序的

① 美国法学会．刘兴善译．美国法律整编·侵权行为法［M］．台湾：台湾地区司法周刊杂志社，1986：755.

② 李响．我国食品安全法“十倍赔偿”规定之批判与完善［J］．法商研究．2009，（6）：43.

③［美］戴维·G·欧文．董春华译．产品责任法［M］．北京：中国政法大学出版社，2012：368.

市场交易，催生了民商事活动领域两大重要的法律诉求，一是对商业道德败坏商家的严厉惩戒，一是对作为弱势群体的消费者更为全面的保护，而惩罚性赔偿恰是迎合了此两种需求，“这也正是自 19 世纪末始惩罚性赔偿最为核心的目的和功能”。因此侵害广大消费者权益的商业侵权尤其是欺诈类案件成为美国惩罚性赔偿的主要适用对象①。在惩罚性赔偿的数额确定问题上，美国《侵权法重述》第 908（2）条进一步规定“在确定惩罚性赔偿数额时，应当考虑被告给原告造成的或希望造成的损害的性质和范围”，但与补偿性的赔偿相比，惩罚性赔偿虽然也要以实际损害的发生为适用的前提，但赔偿的数额主要不以实际的损害为标准，而要特别考虑加害人的主观过错程度、主观动机、赔偿能力等多种因素②。而美国之所以将损害的现实存在作为惩罚性赔偿的适用前提，究其原因在于惩罚性赔偿所针对的是极端不法的、道德上应受强烈谴责和非难的行为，而行为的后果也是判断行为恶劣程度的最直接的指标之一。尽管美国在司法实践中，惩罚性赔偿有向合同领域渗透的趋势，但《美国合同法重述》第 355 条已经明确规定：“除非违约行为同时构成可适用惩罚性赔偿的侵权行为，否则合同的违反不得主张惩罚性赔偿。”因为在美国法学界看来，若以侵权法对此种纯粹金钱损害予以保护，则侵权法的适用范围势必会无限扩张，合同法将被淹没在侵权法的汪洋大海之中③。

2. 我国惩罚性赔偿制度的嬗变

我国的惩罚性赔偿制度，虽借鉴自美国，但与作为借鉴对象的美国惩罚性赔偿制度存在着实质性区别。我国最早的惩罚性赔偿制度规定在 1993 年的《消费者权益保护法》中，该法第 49 条规定“经营者提供商品或者服务有欺诈行为的，应当按照消费者的要求增加赔偿其受到的损失，增加

---

① 黄雅琴．我国惩罚性赔偿制度的司法适用问题研究［J］．法学论坛．2016，（4）：103.

② 王利明．惩罚性赔偿研究［J］．中国社会科学．2000，（4）：114.

③ ［美］格兰特吉尔莫．曹士兵等译．契约的死亡［C］//．梁慧星主编．民商法论丛（第三卷）．北京：法律出版社，1995：198.

赔偿的金额为消费者购买商品的价款或者接受服务的费用的一倍”。按照该规定，惩罚性赔偿适用的对象仅限于经营者的消费欺诈行为，制度设计的目的主要是为了“鼓励消费者积极同经营者不诚实经营行为作斗争[①]”。对于经营者提供商品或者服务有欺诈行为的，作为合同相对方的消费者或者依据《合同法》规定行使撤销权，进而追究经营者的缔约过失责任，或者直接追究经营者的违约责任。而无论是违约责任还是缔约过失责任都属于合同法上的责任，这与美国所坚持的“合同违反不得主张惩罚性赔偿”的一贯原则是存在本质区别的。之后，1999 年制定的《合同法》第 113 条第二款又重申了《消费者权益保护法》所规定的双倍赔偿在合同责任领域的适用[②]。司法实践中，由于我国民事立法有案由的规定，所以实践中此类案件一般按照合同纠纷——买卖合同纠纷立案，消费者通常请求“退一赔二”，退一是退还商品价款或服务费用，赔二就是支付商品价款或服务费用一倍的惩罚性赔偿金。显然，消费者惩罚性赔偿请求权是依附于合同责任的。也就是说，我国惩罚性赔偿制度虽借鉴自美国，但并未象美国一样将惩罚性赔偿限定在侵权领域，而是直接将其适用于合同责任，包括违约责任和缔约过失责任。而侵权责任和违约以及缔约过失责任之间最本质的区别在：前者肯定会有损失的存在，而后者可能有也可能没有，此其一；其二，美国惩罚性赔偿的制度功能在于惩罚、威慑，而我国《消费者权益保护法》规定惩罚性赔偿制度的初衷却在于鼓励消费者与不诚信的商家作斗争，其制度雏形是我国民间普遍存在的假一赔十的朴素理念，诚如参与消法制定的时任全国人大法工委官员的河山所言“我国民间流传着缺一赔十的俗语，是人民群众对缺斤短两、克扣消费者行为做斗争的结晶。

① 李昌麒、许明月．消费者保护法［M］．北京：法律出版社，1997：319.

② 参见《合同法》第 113 条规定：当事人一方不履行合同义务或者履行合同义务不符合约定，给对方造成损失的，损失赔偿额应当相当于因违约所造成的损失，包括合同履行后可以获得的利益，但不得超过违反合同一方订立合同时预见到或者应当预见到的因违反合同可能造成的损失。经营者对消费者提供商品或者服务有欺诈行为的，依照《中华人民共和国消费者权益保护法》的规定承担损害赔偿责任。

这一经验升华为理论即是惩罚性赔偿原则，可谓根治伪假商品的灵丹妙药。……将缺一赔十的法律武器交给广大消费者，动员亿万群众与伪假商品做斗争，并使之得以实惠，就能对伪假商品形成老鼠过街、人人喊打的局面，使其无处藏身”①。而民间“假一赔十”的做法，实际上就是经营者对其商品或服务所承诺的质量瑕疵担保责任。而质量瑕疵担保责任与产品责任是完全不同的两种责任类型，质量瑕疵担保责任主要针对的是产品不具备应有的性能而事先未作说明的、不符合产品或者其包装上采用的产品标准、不符合以产品说明、实物样品等方式表明的质量状况等情形，责任性质属于违约责任，责任的承担不需要有现实损害存在；而产品责任则主要针对产品缺陷，而所谓产品缺陷，根据《产品责任法》第 46 条规定“是指产品存在危及人身、他人财产安全的不合理的危险；产品有保障人体健康和人身、财产安全的国家标准、行业标准的，是指不符合该标准”，其责任性质属于侵权责任，责任的承担需要有现实损害。由此可见，我国 2013 年《消费者权益保护法》第 49 条规定的一倍赔偿，尽管被人们理解为惩罚性赔偿，但其立法意图、制度基础以及制度的功能与定位等方面，与美国的惩罚性赔偿制度存在着本质的区别。所以，美国以损害作为惩罚性赔偿适用的前提条件自然也不能当然适用于我国的惩罚性赔偿制度。因为中国法上惩罚性赔偿的制度机能着眼于对市场欺诈行为的惩处，在最初的规则设计上与受害人的损失、行为人的恶意程度完全脱钩，是一种事先定值（pre－estimate）的处罚，名为“赔偿金”，实为“制裁金”，与古典民法上的损害赔偿原则没有关联②。而且在实际运行过程中，消法所规定的惩罚性赔偿基本上名存实亡，成了无人问津的僵尸条款。

《消费者权益保护法》所规定的惩罚性赔偿制度尽管在制度设计和运行实效方面均未能实现立法者的立法预期，但这丝毫不影响立法者对惩罚

① 河山．论“缺一赔十”的惩罚性赔偿思想［J］．法律适用．1993，（8）：8.

② 税兵．惩罚性赔偿的规范构造——以最高人民法院第 2 3 号指导性案例为中心［J］．法学，2015，（4）：108.

性赔偿制度继续寄予厚望。对于是否在食品安全领域引入惩罚性赔偿，立法者实际经历了一个从无到有并且大幅提高的过程。在2006年的《食品安全法（草案）》的最初稿中，并未规定惩罚性赔偿制度，而在2007年9月4日的一审稿中，已经规定了赔偿额度为价款五倍的惩罚性赔偿制度，在2008年4月20日全国人大公布的二审稿中，赔偿额度则从一审稿中的五倍提高到了十倍。立法者的态度之所以会发生如此大幅转变，最原始的驱动力无疑就是2008年以来层出不穷的食品安全事件以及由此导致的日趋严峻的食品安全形势。立法者之所以将惩罚性赔偿引入食品安全领域，其目的很明确就是希望借助惩罚性赔偿的惩戒和威慑功能来遏制食品领域日益猖獗的违法行为。因为从理论上讲，法律的威慑力主要取决于违法者被惩罚的概率以及被惩罚的严厉程度，而被惩罚的概率取决于当事人的举证能力、一国的法律传统、证据规则、司法水平和公众的法律意识等原因，仅仅依靠法律本身很难作出全面的调整，因此，“法律要维持一定的威慑力，就必须加大惩罚力度才能让违法者的预期损失不至于降低”①。而相对于违法者所获利益，《消费者权益保护法》的一倍赔偿已远远起不到遏止食品领域违法行为的效果，因此为遏制和威慑食品安全领域日益猖獗的违法行为，立法者最终突破了民事责任补偿性赔偿原则的桎梏，将惩罚性赔偿引入食品安全领域。2009年6月1日实施的《食品安全法》第96条第二款最终明确规定了立法者寄予厚望的十倍惩罚性赔偿机制，立法者希望通过十倍赔偿责任“惩罚食品生产经营者生产或者经营不符合食品安全标准的食品这一性质比较严重的违法行为，更好地保护权益受到侵害的消费者的合法权益，补偿他们在财产和精神上的损失”②。不同之处在于，立法者对惩罚性赔偿制度的功能设定已经从《消费者权益保护法》时期的鼓励消费者维权转变成了《食品安全法》中的威慑和惩戒不法食品生产经营者。制度功能的转变本应该有新的制度安排来实现制度新的预设功能，但

① 蒋馨仪．论惩罚性赔偿在竞争法中的适用［J］．云南大学学报法学版．2009，5（106）：73．

② 信春鹰主编．中华人民共和国食品安全法释义［M］．北京：法律出版社，2009：243．

立法者在立法思路上却仍然沿用消费者权益保护法的立法思路，只是将原来价款或服务的一倍变成了食品价款的十倍。于是在法律实践中，本来为激励消费者积极维权的制度安排，因为其“惩罚性赔偿”之名，人们对其所寄予的期望便主要转向了对违法经营者的惩罚和威慑功能。但由于食品价格大多数都不高，即使是食品价款十倍的赔偿，也不过是几十元几百元，对于立法者所期翼的惩罚和威慑不法食品生产经营者的违法行为的效果根本不可能实现。

从制度内涵与制度运行实效来看，《食品安全法》将惩罚性赔偿作为食品安全领域一项最常规的制度安排，按照该条规定，消费者得到惩罚性赔偿的机会是很普遍的。从制度内涵来看，无论是一倍赔偿还是十倍赔偿虽被冠之以“惩罚性赔偿”之名，但本质上却都是我国民间假一赔十的做法的立法体现，而假一赔十究其实质只是经营者对其商品所承诺的质量瑕疵担保责任，是违约责任的一种形式而已，它只能在一定程度上激励消费者的维权意识，而不可能真正起到惩罚和威慑食品生产经营者违法行为的功能。众所周知，食品的价格一般都比较低，大多数食品都是几元、几十元的价格，即使是十倍也不过是几十元、几百元而已，而且在真正由于食品造成的人身损害的案件中，比如三聚氰胺奶粉致害案件中，一袋奶粉不过几十元的价格，价款的十倍也就是几百元，这样的赔偿数额无论是激励消费者维权还是惩戒经营者都是没有任何意义的。杨立新教授也曾不客气地指出：“在食品造成的人身损害中，其实造成损害的食品，通常价格并不高，一袋鲜奶几元钱，一袋奶粉几十元钱，十倍不过是几十元或者几百元，难以体现赔偿的惩罚性①。”从制度运行实效来看，《食品安全法》所规定的食品价款十倍的惩罚性赔偿也确实没有起到惩罚与遏制食品生产经营者违法行为的效果，笔者从4227件样本案例中选取一审案件共计2541件进行考察，发现赔偿金额为1000元以下的案件为834件，占样本案例

① 杨立新. 消费者权益保护法规定惩罚性赔偿金的成功与不足及完善措施［J］. 清华法学.2010，(3)：16.

的32.8%；赔偿金额在1万元以下的案件为1692件，占样本案例的66.6%；赔偿金额万元以上的，不超过样本总数的5%，这样的赔偿数额实在难以对食品生产经营者形成有效的威慑。而瘦肉精、毒生姜、死猪肉、假羊肉等愈演愈烈的食品安全事件也进一步印证了十倍赔偿威慑效果的不佳。换言之，我国《食品安全法》中惩罚性赔偿的普适性是以牺牲惩罚性赔偿最根本、最核心的惩戒和威慑功能作为代价的，故而其实施效果也与立法者的初衷相去甚远，十倍赔偿唤醒的既不是消费者维权的热情，也不是经营者对惩罚后果的畏惧，而是无本取利的职业打假者的狂欢。

（二）损害要件的区别对待

正是由于我国的惩罚性赔偿威慑不足，从制度内涵与制度运行实效都无法实现其威慑和惩罚不法经营者的违法行为的制度预期，因此无论是该制度的推广还是修改完善，学术界和实务界的关注点都高度一致地集中于如何提高惩罚性赔偿对经营者的惩罚力度。而提高惩罚力度最简单易行的方法就是提高惩罚性赔偿金的数额，大多数学者认为首选方案就是借鉴美国式的以损害作为惩罚性赔偿适用前提、并对其设定最高赔偿限额的做法。因为惩罚性赔偿从规范意义上说是侵权人支付给受害人的超过其实际损害数额的具有惩罚性质的赔偿，这种赔偿以补偿性的损害存在为前提，目的是通过在承担填补性赔偿之外，让被告承担一定额度的惩罚性赔偿以惩戒此种违法行为，以彰显对该恶劣行为的负面评价①。于是2013年《消费者权益保护法》修订过程中，将原来的单纯以商品价款或服务费用一倍的赔偿修改为商品价款或服务费用三倍的赔偿，并设置了500元的赔偿底线；同时修订后的《消费者权益保护法》第55条第二款建立起了以实际损害为计算基数的惩罚性赔偿制度，消费者可以主张所受损失二倍以下的

---

① 刘奇英. 公法与私法交融视域下惩罚性赔偿的法律性质及其制度功能. 晋阳学刊. 2018，(3)：134.

赔偿，在一定程度上借鉴甚至移植了美国的惩罚性赔偿①。之后，《食品安全法》在2015年修改时也对惩罚性赔偿条款进行了联动修改，修改后的食品安全惩罚性赔偿不仅保留了食品价格十倍的赔偿，同时也将损害作为惩罚性赔偿金的计算基数，消费者可以主张损失三倍的惩罚性赔偿，并设置了1000元的赔偿底线。显然，立法者在检讨我国早期《消费者权益保护法》和《食品安全法》关于惩罚性赔偿惩戒力度不足的情况下，主动借鉴和吸收了美国惩罚性赔偿以损害作为惩罚性赔偿适用前提的做法，但依然不愿舍弃以商品或食品价格作为惩罚性赔偿金计算基数的做法，于是就形成了具有中国特色的双轨制的惩罚性赔偿制度。

具体而言，《食品安全法》第148条第二款规定的惩罚性赔偿条款设置了两种惩罚性赔偿：一种是食品价款十倍的惩罚性赔偿，通常被称为违约性的惩罚性赔偿；另一种是所受损失三倍的惩罚性赔偿，通常被成为侵权性的惩罚性赔偿。如前所述，食品价款十倍的赔偿虽名为惩罚性赔偿，其实质上却是食品生产经营者对其食品承诺承担的或者按照约定承担的瑕疵担保责任，是对食品生产经营者市场欺诈行为的惩处，与消费者的是否存在现实损害以及损害多少无关；而所受损失三倍的赔偿属于侵权性的惩罚性赔偿，该责任的承担需要以消费者遭受现实损害为前提，而且赔偿金额的确定需要以消费者遭受的现实损害为基数确定。但遗憾的是《食品安全法》第148条第二款在规范表述上对两种形式的赔偿没有进行明确的界定和适用条件的区分，而是笼统地采用“消费者除要求赔偿损失外，还可以向生产者或者经营者要求支付价款十倍或者损失三倍的赔偿金”这样的规范表达，加之我国立法和司法界都习惯性地将两种形式的赔偿都冠名为

① 《消费者权益保护法》第55条：经营者提供商品或者服务有欺诈行为的，应当按照消费者的要求增加赔偿其受到的损失，增加赔偿的金额为消费者购买商品的价款或者接受服务的费用的三倍；增加赔偿的金额不足五百元的，为五百元。法律另有规定的，依照其规定。经营者明知商品或者服务存在缺陷，仍然向消费者提供，造成消费者或者其他受害人死亡或者健康严重损害的，受害人有权要求经营者依照本法第49条、第五十一条等法律规定赔偿损失，并有权要求所受损失二倍以下的惩罚性赔偿。

惩罚性赔偿，以及在借鉴和移植美国惩罚性赔偿制度过程中难以避免的思维惯性和路径依赖，多种因素叠加致使“损害”在我国食品安全惩罚性赔偿责任适用中充满了纷争与不确定。

毋庸置疑，食品价格十倍的赔偿和所受损失三倍的赔偿，虽都被称为惩罚性赔偿，但二者的功能定位和制度基础却存在着巨大的差异，将两种功能各异的制度进行杂糅，势必会出现适用过程中的功能错位，这也就是为什么我国食品安全惩罚性赔偿制度从立法之初的欢呼喧嚣到最终适用过程的一地鸡毛的原因之一。但任何制度的生成都有其历史的必然性和现实的必要性，我国惩罚性赔偿制度之所以最终形成具有中国特色的双轨制的制度结构，也是由其特定的历史背景、制度目标以及观念基础等多重因素决定的，以食品价款作为赔偿金的计算基数也正是这些区别的具体体现。因此，当前讨论的重点不在于制度的存废，而是如何进一步厘清其适用标准、提高其司法效率。

就其制度渊源而言，食品价款十倍的赔偿就是我国民间普遍存在的“假一赔十”做法的立法化，“假一赔十”就其本质来看，它实际上就是消费者和经营者之间关于经营者违约责任的约定或者是经营者自愿向消费者作出的关于其违约责任的承诺，并不违反法律的规定。对此，国家工商行政管理总局《关于处理侵害消费者权益行为的若干规定》第一条第二款明确规定：“商家与消费者有约定或者商家向消费者作出承诺的约定或者承诺的内容有利于维护消费者合法权益并严于法律法规强制性规定的，按照约定或者承诺履行；约定或者承诺的内容不利于维护消费者合法权益并且不符合法律法规强制性规定的按照法律法规的规定履行。”而无论是《消费者权益保护法》中的价款三倍的赔偿，还是《食品安全法》中的价款十倍的赔偿，都是将经营者对其违约责任的承诺或约定以法律规则的方式予以确定，免却了消费者和各商家之间逐一磋商、各自约定的过程，增强了对消费者权益和福祉的保护。尤其是在食品安全损害事实以及损害事实与损害结果之间的因果关系的证明均具有专业性和不确定的情况下，单纯规定损失三倍的赔偿势必会增加消费者维权的难度，而价款十倍的赔偿作为其有益的补充，在消费者举证不能的情况下，可以通过主张价款十倍的赔偿对经营者的不法行为形成一定程度的威慑和负面评价。而且食品价款十倍的赔偿以食品价格为基数，一方面可以增强经营者对其从事不法经营行为的赔偿责任的预期，并将这些成本纳入其行为决策的考虑因素之中，从而实现法律责任对经营者行为的引导和遏制功能；另一方面以食品价款作为赔偿金的计算基数，不仅可以让原告对其主张的赔偿额明确具体，而且让裁判法官对其判定的赔偿额标准统一，从而有效避免了确认损害价值、确认赔偿基数等问题所带来的司法难题。

但是，肯定价款十倍赔偿的存在价值，并不意味着该制度的完美无缺，恰恰相反，十倍赔偿在实施过程中，出现了偏离立法者预期、赔偿力度有限、威慑功能不足等诸多问题。立法者对于十倍赔偿的立法预期显然是希望通过鼓励消费者维权，起到惩戒和震慑不法经营者的目的。但在制度实施过程中，我们不难发现，一方面真正的消费者在遭遇问题食品的时候，并没有象立法者所期待的那样积极主动地去争取十倍赔偿，究其原因无非是食品价格过低，食品价格十倍的赔偿通常也就是几十元、几百元，即使2015年《食品安全法》对十倍赔偿设定了1000元的赔偿底线，但仍然无法调动消费者维权的积极性；另一方面，由于十倍赔偿不需要以现实损害的存在作为适用条件，致使职业打假人如雨后春笋般涌现，在笔者从无讼检索到的4227件样本案例中，主张十倍赔偿的原告重复率颇高，有很多原告频繁购买问题食品，多次提起十倍赔偿的诉讼。比如重庆的姚金东在重庆各区法院提起的十倍赔偿的一二审诉讼多达192起，上海的张正荣在上海提起的十倍赔偿的一、二审诉讼多达49起，沈阳的李志伟在沈阳沈河区等法院提起的十倍赔偿的一、二审诉讼多达48起……这也就意味着十倍赔偿在一定程度上已经成为职业打假人无本取利的工具。笔者认为，当前要真正实现十倍赔偿的制度预期，一方面要解决消费者消极维权的现状，通过惩罚性赔偿请求权的集合行使，克服消费者主张惩罚性赔偿所面临的数额有限、信息不对等、诉讼能力悬殊、证据分布不均衡、诉讼不经济等限制因素，使食品生产经营者的外部成本尽可能的外部。另一方面要进一步压缩职业打假者的获益空间、增加其获益难度。对此问题，本书第二部分内容已经详细论及，此处不再赘述。

（三）损害概念的再阐释

除了通过惩罚性赔偿请求权的集合行使、进一步压缩职业打假者的获益空间，以矫正十倍赔偿的司法实施效果与立法者的立法初衷相背离的状况外，司法还应当进一步激活损失三倍的惩罚性赔偿制度的实施。《食品安全法》实施至今，尽管食品安全问题频发，但真正因问题食品导致损害进而主张惩罚性赔偿的消费者却是凤毛麟角，损失三倍的惩罚性赔偿基本上也处于形同虚设的状态。在笔者从无讼检索到的4227件样本案例中，仅有一例“北京某面包食品有限公司上诉张某某等产品责任纠纷案”是因食用问题食品引发人身损害提起侵权惩罚性赔偿的案件。在该案中，某某因食用从某超市常营分公司购买某公司生产的某利果子面包（价格7.8元），被面包中混有的坚硬小石子将左上6和左下6两颗大牙硌劈裂。经医院确诊为：左上牙根裂3－4mm，左下牙裂3mm,，左上牙建议拔除。法院最终判令生产者某公司赔偿张某某医疗费一万八千二百六十六元六角八分、交通费六十八元、误工费三千元，并支付上述费用三倍的惩罚性赔偿金共计六万四千零四元四分[①]。在该案中，如果按照食品价款十倍进行赔偿，充其量也就是78元，即便按照最低赔偿额度进行赔偿也不过1000元。显然，相对于食品价格十倍的赔偿，以损失作为惩罚性赔偿的计算依据更具合理性，也更能体现惩罚性赔偿的惩戒、威慑功能。

但在司法实践中，受害者由于“损失难衡量、举证责任重”等因素，极少提起侵权惩罚性赔偿，违约惩罚性赔偿变成了受害者普遍采用的维权方式。但在食品药品安全领域中，食品或药品的单价往往较低，即使是十

① 参见（2016）京03民终7349号民事判决书。

倍，赔偿数额仍不会很高，无法起到遏制不法行为的效果①。而侵权惩罚性赔偿必须依附于侵权责任，按照我国侵权责任构成要件的一般要求和《食品安全法》第148条第二款的规定，消费者如果主张损失三倍的侵权性质的惩罚性赔偿，除了要证明其所购食品不符合食品安全标准以外，还必须证明食品侵权所必须的损害结果以及侵权行为和损害结果之间的因果关系以外。关于食品是否符合食品安全标准，需要根据每个案件的具体情况做出分析判断，而我国食品安全标准内涵和外延的不确定导致食品安全惩罚性赔偿案件裁判结果的不统一等问题，本书第四部分已经详细论及，此处不再赘述；此外，消费者如果向经营者主张责任的，还需要证明经营者“明知”的主观状态，尽管经营者的“明知”在司法实践中呈现出客观归责的倾向，一定程度上缓解了消费者举证难的困境，但由于归责标准的不确定性，导致裁判结果的随意性和不确定性，也在一定程度上增加了消费者维权的风险，本书第三部分内容已经详细论及，此处不再赘述。但“食品安全标准”适用的分歧可以通过食品安全的实质性审查原则予以规范，而经营者“明知”归责的随意性问题也可以通过“明知”认定标准的规范化操作达成统一。因此，消费者提起侵权惩罚性赔偿关键要证明食用问题食品或者使用药品受到损害以及损害与食用问题食品或者使用药品之间存在因果关系。但在食品药品领域，不安全食品对人身的损害往往是长期、潜在的慢性损害，这种损害结果的显现也具有长期性、隐蔽性，因此在个案中确定具体受害人的具体损失是非常困难的；而且食品安全损害事实证明具有专业性，除去明显的食品安全瑕疵（如明显的质变及内外包装瑕疵）外，类似如食品添加剂的种类、适用范围及剂量是否超标问题，产品配方是否存在隐患或瑕疵问题，食品相关产品中的致病性微生物、农药残留、兽药残留、生物毒素、重金属等污染物质以及其他危害人体健康物质的限量规定问题，专供婴幼儿和其他特定人群的主辅食品的营养成分要

① 冯博．从“鼓励性惩罚”到“惩罚性赔偿”——食品药品安全问题的法律经济学分析［J］．法学杂志．2016，（12）：96.

求问题以及与食品安全有关的食品检验方法与规程等专业性问题，非经过食品药品监督管理部门的鉴定，对不具有食品专业知识的消费者个体而言，很难证明该食品是否存在安全隐患①。因此消费者要证明食品含有威胁其健康权、身体权甚至是生命权的成份，一般只能通过自己身体出现不适的时间与食用时间的匹配度来推测，而这种方法往往使受害者无法提供完整的证据链。除损害事实以外，消费者主张食品侵权还需要证明不安全食品与损害之间存在因果关系，而不安全食品对人身的损害通常具有涉及人数多、潜伏期长、病症复杂、损害程度深等特点，这使得因果关系的认定比一般侵权案件的认定要复杂得多②。传统侵权法中的各种因果联系理论，无论是若无法则（but for rule）、相当因果理论、危险分担理论、法规目的保护理论等，都以一因一果的理论假设为前提，而在食品安全侵权领域，侵权行为与损害后果之间的因果关系可能是一因一果，也可能是多因一果，有时候即使辅之以最先进的科学论证，也无法绝对地证明侵权行为与损害后果之间具有因果联系。尽管 2013 年颁布的《食药规定》第 5 条规定食品安全损害证明责任适用证明责任缓和规则③，但证明责任缓和规则仍无法从根本上解决食品安全侵权诉讼举证责任难的问题，因为该规则的适用仍需要“消费者举证证明因食用食品或者使用药品受到损害”。显而易见，损害的难证明才是提起侵权性惩罚性赔偿的真正障碍，这也就从一定程度上说明了我国《消费者权益保护法》和《食品安全法》尽管都不同程度上借鉴和移植了美国以损害作为惩罚性赔偿责任承担前提和计算基

---

① 黄婷．论我国食品安全诉讼证明责任分配规则的完善：从正置、缓和到倒置——兼评《中华人民共和国食品安全法》第 148 条第 2 款相关规定［J］．湖湘论坛．2017，6（177）：157.

② 徐海燕，柴伟伟．论食品安全侵权的人身损害赔偿制度［J］．河北法学．2013，31（10）：24.

③《最高人民法院关于审理食品药品纠纷案件适用法律若干问题的规定》第 5 条规定：消费者举证证明所购买食品、药品的事实以及所购食品、药品不符合合同的约定，主张食品、药品的生产者、销售者承担违约责任的，人民法院应予支持。消费者举证证明因食用食品或者使用药品受到损害，初步证明损害与食用食品或者使用药品存在因果关系，并请求食品、药品的生产者、销售者承担侵权责任的，人民法院应予支持，但食品、药品的生产者、销售者能证明损害不是因产品不符合质量标准造成的除外。

数的做法，但其实施效果却没有得到美国那样的巨大回应。不可否认，这一司法回应的客观效果与我国的历史传统、司法现状以及制度设计本身的缺陷有关，但最根本的原因还在于我国司法领域对于侵权“损害”概念的保守界定。

1. “损害”概念的扩展

侵权法中的“损害”一语应当包括两个方面的含义：第一，作为动词的“损害”，代表了某种以作为或是不作为为其内容的行为，涉及“侵权”二字中的“侵”字部分；第二，作为名词的“损害”，代表了某种权利或利益受到减损的状态，涉及“侵权”二字中的“权”字部分①。侵权关系不同于合同关系，合同关系当事人之间存在既定的债权债务关系，而侵权关系的当事人之间事先并不存在任何关系，只是因为损害的发生，才产生责任的追究和承担。传统侵权法以差额说为基础构建，差额说由德国学者 Mommsen 于 1855 年提出，该说主张以受害人之财产状况为标准计量损害，将损害界定为“被害人在损害事故发生后之财产数额，与假设无损害事故发生时应有之财产数额的差额”。差额说认为损害即损害结果，损害结果的现实存在既是侵权行为的构成要件，也是侵权损害赔偿责任承担的唯一依据。至于何谓损害，考察世界各国的立法，有采用直接界定的，如普鲁士、荷兰、奥地利②；也有采用间接表达的，如德

① 李炎．损害的质属性要素再解读——权利的射程与利益的筛选［J］．政治与法律．2016，（8）：127－128.

② 目前仅奥地利、荷兰及普鲁士的成文法中可见关于损害之定义表达：《奥地利民法典》第 1293 条：损害是指某人的财产、权利或人身遭受的一切不利；某人按照事物的通常发展可期待的利润的损失并非损害。1991 年《荷兰民法典》第 6－95 条：损害指依据法律救济义务必须予以救济的损害，包括财产损害和其他损害；于后者，法律对救济的权利做出专门的规定。1794 年《普鲁士普通邦法》第 6－26 条：损害是给他人的状态造成恶化，如身体、自由、名誉或者财产。

国、法国[①]；尽管表现形式不同，但都是采用高度抽象和概括的方式指出了损害的实质即受法律保护之权益受损即构成侵权法上的损害。而这种高度抽象和概括的损害概念表述方式，与损害的不确定性和发展性是完全契合的，也为未来损害概念的进一步扩展提供了可能。

随着风险社会的到来，差额说将损害限定于受害人实际发生之财产状况差异的原则，在具体适用的过程中逐渐暴露出其缺陷。在部分侵权案件中，侵权虽未带来受害人具体经济利益之丧失，但其权利客体所受之直接损害如物之毁损、灭失或人身伤害依然客观存在，受害人因此而陷入不利。若不对其加以救济，则违背法之公平正义理念。为此，以德国学者为代表，学界开始对传统之差额说进行修正，将实体价值引入损害之表达，主张以法规范之评价机制来界定损害，逐步建立了规范的损害概念[②]。规范说又区分为区分的规范损害说和统一的规范损害说，尽管二者之命名有所不同，然基本要旨趋于一致，均强调损害作为法律概念的规范属性，将法价值理念注入其内，同时侵权法的功能也不再局限于损失弥补，侵权法上的损害也不再局限于损害结果，而是赋予其更积极主动的权利保护功能，侵权法上的损害也被进一步扩展到实际损害发生的现实危险。在各国侵权法实践中，单纯的权益遭受侵犯越来越多地被认定为损害，当个体权益受到干预时，法律即推定损害之存在[③]。如法国法院通过司法判例逐步建立和发展了人格利益受损之保护和救济，不论其具体形式是情感创伤、肉体疼痛，抑或生理不便，甚至是享乐丧失、身体或面貌美观性之破坏皆

① 《德国民法典》第 823 条规定：因故意或者过失不法侵害他人生命、身体、健康、自由、所有权或其他权利者，对他人因此而遭受的损害负赔偿责任。违反以保护他人为目的的法律，负相同的义务。第 826 条规定：以违反善良风俗的方式故意对他人施加损害的，行为人对他人负有损害赔偿义务。《法国民法典》第 1382 条规定：任何行为使他人受损害时，因自己的过失而致使损害发生之人，对该他人负赔偿的责任。第 1383 条规定：任何人不仅因其行为造成的损害承担赔偿责任，而且还因懈怠和疏忽大意造成的损害承担赔偿责任。

② 周华．侵权法损害内涵的三维解读［J］．辽宁公安司法管理干部学院学报．2017，（5）：82.

③ 周华．侵权法损害内涵的三维解读［J］．辽宁公安司法管理干部学院学报．2017，（5）：83.

可成立侵权法上的损害①。只要认定权益侵害事实的存在就可以赋予受害人损害赔偿请求权，至于侵权行为有无具体损害结果则在所不问②。2009年结案的美国著名的 Philip Morris USA v. Williams 案，亦将对多数人具有造成损害的危险性作为巨额惩罚性赔偿金的判罚原因③。而以 Sharkey 教授为代表人物的社会性赔偿理论为诸如此类的巨额惩罚性赔偿提供了理论支撑，即补偿性赔偿应分为两个部分：一部分是对在法庭上的受害者损失的补偿，一部分是对不在法庭上的其他人所产生的损害补偿④。

2. 我国立法关于"损害"概念的界定

我国《侵权责任法》对损害之间的界定上亦属列举加概括式⑤，虽列举的各项权利均为绝对权，但"等人身、财产权益"之表达说明侵权法保护客体的范围远不止于此，开放性的民事权益界定含示了损害延展的潜在空间⑥。按照主持《侵权责任法》制定工作的全国人大法工委副主任王胜明的说法："我国《侵权责任法》对于民事权利和民事利益在保护程度和侵权构成要件上不作区分。"而作为侵权责任核心构件的损害，既包括狭义的损害即财产损失，也包括广义的损害即行为人的行为对受害人造成的不利后果；这种不利后果既包括了实际造成的损害后果，也包括各种危险

---

① 周华．试析侵权法律体系中损害概念的界定［J］．黄河科技大学学报，2017，19（4）：125.

② 周华．侵权法损害内涵的三维解读［J］．辽宁公安司法管理干部学院学报．2017，（5）：83.

③ Philip Morris USA v. Williams 案中，Philip Morris 是美国最大烟草生产商，Williams 的丈夫因患有肺癌而死亡，其遗孀认为丈夫的死亡与其生前嗜烟有密切关系，同时认为烟草公司在烟草广告中存在着欺诈的行为，于是在丈夫死后，其以自己名义起诉该公司，最终获得 821 000 美元的填补性赔偿金以及 7 950 万美元的惩罚性赔偿金。

④ 黄娅琴、刘蓉．美国惩罚性赔偿的司法发展及对我国的启示［J］．南昌大学学报（人文社会科学版）．2016，47（3）：67.

⑤ 《侵权责任法》第 2 条：侵害民事权益，应当依照本法承担侵权责任。本法所称民事权益，包括生命权、健康权、姓名权、名誉权、荣誉权、肖像权、隐私权、婚姻自主权、监护权、所有权、用益物权、担保物权、著作权、专利权、商标专用权、发现权、股权、继承权等人身、财产权益。

⑥ 周华．试析侵权法律体系中损害概念的界定［J］．黄河科技大学学报，2017，19（4）：124.

和妨碍；既包括了现实的损害，也包括了将来可能发生的损害①。而按照全国人大常委会法制工作委员会民法室对一般条款之第 6 条中的损害概念的解释，损害“不仅包含现实的已经存在的不利后果，还包括构成现实威胁的不利后果。对行为人之行为可能对受害人的民事权益造成现实威胁的，为避免其转化为现实损害，行为人也应当承担侵权责任，这有利于保护受害人，体现了本法预防侵权行为的立法目的，也是现代侵权责任法的发展趋势”②。

3. 损害概念的适度扩展

显而易见，我国《侵权责任法》在立法上采用的是包括损害发生之现实危险的“大损害”观，但在司法实践中，裁判人员仍将侵权损害囿于现实损害，而且主要局限于已经发生的、有形的、直接的财产损失，即《侵权责任法》第 16 条规定“侵害他人造成人身损害的，应当赔偿医疗费、护理费、交通费等为治疗和康复支出的合理费用，以及因误工减少的收入。造成残疾的，还应当赔偿残疾生活辅助具费和残疾赔偿金。造成死亡的，还应当赔偿丧葬费和死亡赔偿金”。但实际上，问题食品在直接侵害消费者生命健康权、给消费者造成医疗费用、伤亡补助等直接的有形的损失外，还包括很多间接的、将来发生的、无形的、难以估计的其他损失。从经济学的观点来看，惩罚性赔偿就是希望通过给不法行为人增加经济负担的方式，使其为自己的不法行为付出超出其收益的代价，从而促使行为人采取较为安全的措施以防止损害的发生或者将事故发生的危险降到最低的程度。如果司法将食品侵权损害仅仅局限于“已经发生的、直接的、有形的损害”的这种保守认定，将使受害人的实际损失都无法得以完全赔偿，更无法对食品生产者和经营者形成惩戒和威慑作用。

---

① 王利明．侵权责任法研究（第二版上卷）[M]．北京：中国人民大学出版社，2016：309.

② 全国人大常委会法制工作委员会民法室．中华人民共和国侵权责任法条文说明、立法理由及相关规定．北京：北京大学出版社，2010：22.

尤其是在目前严峻的食品安全形势下，如果要求民事案件中的受害人证明显性、形式化、固定化的损害后果作为惩罚性赔偿金适用的条件，不断筑起惩罚性赔偿金的适用门槛，增加受害人的诉讼成本，必将抑制惩罚性赔偿金的惩罚功能①。我国司法关于损害的保守认定显然已经制约了侵权责任的发展，尤其是随着食品工业的发展，食品新品种、新物质、新技术、新工艺和新材料的广泛运用，食品所蕴含的风险也在不断增大。对食品安全而言，"风险"是食品暴露于特定的危害时，对健康产生不良影响的概率（如生病）与影响的严重程度（死亡、住院、缺勤等）之间构成的函数；而食品安全危害则是指潜在损坏或危及食品安全和质量的因子或因素，包括生物、化学以及物理性的危害，这些危害会对人体健康和生命安全造成危险。一旦食品含有这些危害因素或者受到这些危害因素的污染，就会成为具有潜在危害的食品，食用具有潜在危害的食品就会对人体健康和生命安全造成损害，但这种损害往往是隐性的、不确定的、持久的，短期内无法以惯常的生病、死亡等形式显现出来，也无法以财产损失的形式呈现出来，但损害却是客观存在的。消费者对自己所遭受的这种隐性损害也往往更习惯于将其作为道德问题对侵害者予以谴责，但很少将其诉诸法律，结果就是食品生产经营者普遍认为只要食品不吃出人命，添加有害物质降低生产成本就是明智之举，这也是为什么我国食品虽屡屡重拳出击，但都惨淡收场的最根本的原因。

鉴于此，笔者认为，我国《侵权责任法》既然以高度抽象概括的立法技术为损害概念的扩展提供了可能，而且立法采用了包括损害危险的大损害观，司法实践就应该顺应时代对侵权法提出的新要求，不仅要赔偿消费者因问题食品所发生的一切现实损失，包括消费者因食用问题食品而产生的疾病或后遗症，消费者因食用问题食品而遭受的精神困扰和痛苦以及消费者因追究生产者、经营者责任而发生的交通费、律师费、其他收入损失等，而且还应当将潜在的、隐性的、将来可能发生的损害都纳入侵权损害

---

① 吕来明、王慧诚．食品安全法惩罚性赔偿条款的适用条件［J］．人民司法．2019，（1）：83.

赔偿的救济范围。

当然，潜在的、隐性的损害由于还没有显现出来，因此在损害赔偿数额确定方面无法按照传统侵权损害赔偿的计算标准予以确定。但《侵权责任法》第20条规定：“侵害他人人身权益造成财产损失的，按照被侵权人因此受到的损失赔偿；被侵权人的损失难以确定，侵权人因此获得利益的，按照其获得的利益赔偿；侵权人因此获得的利益难以确定，被侵权人和侵权人就赔偿数额协商不一致，向人民法院提起诉讼的，由人民法院根据实际情况确定赔偿数额”。该条规定实际上为潜在的、隐性的损害赔偿数额的确定提供了一种借鉴的思路。笔者认为，在潜在的、隐性的损害赔偿数额的确定上，可以按照侵权人因此获得利益的来确定，侵权人所获利益无法确定的，由人民法院根据实际情况，综合考量行为的违法性程度、利益受保护力度、过错程度、因果关系贡献度、受害人自身的可归责程度等因素来确定赔偿数额。但是，各种因素的考量并不是简单的要素的叠加，而是在综合考量以后，寻找一个价值判断上可以接受的点，目的并不是为达成损害赔偿数额计算上的精确，而是要达成法律价值上的妥当。事实上，我国《侵权责任法》第16条、第19条、第20条、第22条，已经对人身、财产以及精神损害的赔偿范围和损害计算进行了原则性规定，而《侵权责任法》第26条、第27条、第30条、第31条也已经认可了受害人可归责程度、违法性程度、因果关系贡献度等因素对损害赔偿数额的影响。当然，由于潜在的、隐性的损害实际上都是推定的损害，因此也应当允许食品生产经营者通过举证证明其食品不存在危害、不会给消费者形成损害危险或者导致消费者隐性损害来排除其责任。

4. 因果关系的证明标准

举证难是审理食品、药品纠纷案件中一个比较突出的问题，为防止有理的消费者因举证不能而败诉，2013年颁发的《食药规定》第5条第二款规定：消费者举证证明因食用食品或者使用药品受到损害，初步证明损害与食用食品或者使用药品存在因果关系，并请求食品、药品的生产者、销售者承担侵权责任的，人民法院应予支持，但食品、药品的生产者、销售者能证明损害不是因产品不符合质量标准造成的除外。按照该规定，消费者对损害与食用问题食品药品只需要承担初步的证明责任，学术界称其为举证责任缓和规则，举证责任缓和是指在诉讼中原告的举证达到一定的程度，仍无法达到法律要求的证明标准情况下，实行举证责任转换与流转，由当事人另一方即被告方承担举证责任的一种举证责任规则。它是一种不同于举证责任倒置的，有效平衡民事诉讼中双方当事人在诉讼中举证能力，充分体现科学高效原则的举证责任制度①。举证责任缓和规则减轻了消费者的举证难度，降低了消费者的诉讼难度，但对于婴幼儿食品、保健食品等特殊类食品，由于该类食品所产生的损害潜伏时间更长、社会危害性更大，仅仅采用举证责任缓和规则仍无法解决相关食品消费者举证责任难的问题，而且无法对该类食品的生产经营者形成有效的威慑。因此，笔者建议在婴幼儿食品、保健食品等特殊食品领域采用举证责任倒置原则，并以此作为食品侵权举证证明责任的补充和完善，因为特殊食品承载着特殊的社会功能，而其生产经营者是该类食品安全问题管控的源头，也是食品安全的第一责任人，因而在特定食品领域适当加大食品生产经营者的证明责任，适用举证责任倒置原则也是合理的。

三、我国惩罚性赔偿的标准设定

惩罚力度不足一直以来被视为我国惩罚性赔偿制度的致命缺陷，所以我国惩罚性赔偿制度的改革路径都是朝着提高赔偿数额进行的，从 1993 年《消费者权益保护法》单纯的价款一倍的赔偿到 2013 年《消费者权益保护法》修订后的价款三倍的赔偿或损失二倍的赔偿，增加赔偿的金额不足五百元的，最低赔偿限额为五百元；从 2009 年《食品安全法》单纯的食品价款十倍的赔偿到 2015 年《食品安全法》修订后的价款十倍或损失三倍

① 黄婷．论我国食品安全诉讼证明责任分配规则的 善：从正置、缓和到倒置——兼评《中华人民共和国食品安全法》第 148 条第 2 款相关规定［J］．湖湘论坛．2017，6（177）：157.

的赔偿，增加赔偿的金额不足一千元的，为一千元。显而易见，无论是《消费者权益保护法》还是《食品安全法》关于惩罚性赔偿的修改，都是以提高与增加惩罚性赔偿的惩罚力度为主旨的。但实际上，无论是价款十倍的赔偿，还是损失三倍的赔偿，都没有从根本上提高食品生产经营者的违法成本，也不足以对违法生产经营者形成有效的震慑。因为按照《食品安全法》的规定，只有遭遇问题食品的消费者提起诉讼，才有可能获得赔偿，但大多数消费者即使遭遇了问题食品，也会基于举证责任、诉讼成本、败诉风险以及所获收益等多方面的考虑，最终选择理性沉默。这就意味着对于众多未提起诉讼的消费者而言，违法生产经营者是不需要承担任何赔偿成本的；一方面是大规模生产获得的巨额利润，另一方面则是单一案件中所需支付的价款十倍或损失三倍的惩罚性赔偿金，尽管价款十倍或损失三倍的惩罚性赔偿金，或许对消费者个体而言赔偿已经足够公平，但相对于违法者所获得的巨额利润而言，却显得微不足道。而这种违法成本与违法收益的悬殊势必会助长违法者的违法行为，进而使得惩罚性赔偿制度应有的惩罚和威慑功能彻底落空。

当然，惩罚性赔偿数额也不是越高越好，尽管赔偿数额过低，达不到惩罚性赔偿制度的惩戒功能，但赔偿标准过高，可能会限制食品生产经营者的创新动力，甚至会使企业破产倒闭，进而阻碍社会经济的发展。美国曾有过天价的惩罚性赔偿案件，但最终遭到了大企业的集体抵制，认为惩罚性赔偿增加了企业风险、阻碍了企业的创新动力、原告的暴利行为将导致无止境的诉讼、法院判决过于随意有违公平等，最终各州都开始了限制惩罚性赔偿的运动，诸如设定惩罚性赔偿制度的赔偿最高限额，提高原告获得惩罚性赔偿的证明标准、乃至赔偿金的州分享计划，目的都是为了限制和控制惩罚性赔偿金。由此可见，惩罚性赔偿的高低只是问题的表面，问题的实质在于惩罚性赔偿数额的量定中的公平与合理性问题，即惩罚性赔偿标准的设定既要能实现制度功能，又要能促进社会经济发展。

（一）判罚模式的选择

就惩罚性赔偿金的规范模式来看，世界各国和地区主要有固定模式、弹性模式和无限制模式三种规范模式。所谓固定模式是指惩罚性赔偿金的具体金额或者计算标准由法律统一规定，法官只能根据法律规定的标准计算出具体赔偿数额，而不允许进行任何形式的自由裁量。我国 1993 年《消费者权益保护法》第 49 条规定的商品价款或者服务费用一倍的赔偿、2009 年《食品安全法》第 96 条规定的食品价款十倍的赔偿即采用的此种模式。弹性模式是指法律仅规定了惩罚性赔偿金的数额范围，个案的裁判法官在此范围内可自由裁量决定判罚金额。弹性模式根据设限方式的不同，又可细分三种：一种是规定惩罚性赔偿金上限，美国不少州都采取此种方式，如佐治亚州规定最高不得超过 35 万美元；另一种是规定惩罚性赔偿金下限，比如我国 2013 年修订的《消费者权益保护法》第 55 条规定的赔偿金不低于 500 元、2015 年修订的《食品安全法》第 148 条规定的赔偿金不低于 1000 元，都属于对赔偿金设定了下限。第三种方式是同时规定惩罚性赔偿金的上下限，如我国《商标法》采用的就是这种同时设定赔偿金上下限的方式，根据该法第 63 条第一款规定：侵犯商标专用权的赔偿数额，按照权利人因被侵权所受到的实际损失确定；实际损失难以确定的，可以按照侵权人因侵权所获得的利益确定；权利人的损失或者侵权人获得的利益难以确定的，参照该商标许可使用费的倍数合理确定。对恶意侵犯商标专用权，情节严重的，可以在按照上述方法确定数额的一倍以上三倍以下确定赔偿数额。赔偿数额应当包括权利人为制止侵权行为所支付的合理开支；该条第三款规定：权利人因被侵权所受到的实际损失、侵权人因侵权所获得的利益、注册商标许可使用费难以确定的，由人民法院根据侵权行为的情节判决给予三百万元以下的赔偿。无限制模式则是一种完全开放的、惩罚性赔偿金额完全依靠裁判法官自由裁量的判罚模式。美国早期的惩罚性赔偿采用的就是这种规范模式，但由于其过于随意、相似案件的判罚差异过大而备受诟病，所以之后美国各州通过各种形式规范惩罚性赔偿的判罚标准、大多数州都采用了设置上限的判罚形式。我国《侵权责任法》第47条规定的侵权惩罚性赔偿采用的也是这种无限制模式，根据该法第47条规定，“明知产品存在缺陷仍然生产、销售，造成他人死亡或者健康严重损害的，被侵权人有权请求相应的惩罚性赔偿”，而“相应的惩罚性赔偿”的确定完全由裁判法官根据个案情况自由裁定。其立法理由在于“惩罚性赔偿的功能在于剥夺加害人非法获得的利益而实行社会的一般预防，这也就决定了该类赔偿数额不宜用一个固定的标准或数额来限定，而应由法院根据具体案件自由裁量[①]”。

综合考量上述三种赔偿金的判罚模式，固定模式采用统一的判罚标准，有利于统一裁判尺度，但固定模式并未根据违法者的主观过错程度、客观行为手段、致害后果的严重性、社会危害程度等因素来细分赔偿档次，而这些因素在惩罚性赔偿机制完善的国家是需要详细考虑的[②]。而无限制模式则完全将惩罚性赔偿金额的确定交由法官自由裁量，该模式既然已经被惩罚性赔偿适用最广泛、研究最深入的美国所摒弃，我国立法就更需认真考虑该模式的不可取性了。弹性模式通过设定上限或者下限的方式，既为裁判法官设定了裁判的尺度，又提供了一定程度的自由裁量的可能。尽管上下限标准值设定的科学性以及裁判法官随意裁量的可能性，同样使得该种判罚模式也无法完全实现立法者的预期，而且我国当前《消费者权益保护法》《食品安全法》以及《商标法》关于惩罚性赔偿的适用困境，也在一定程度上说明了上下限限值的设定实际上不仅仅是立法技巧问题，它还应该是建议在精密统计和测算的基础上的，因为限值过低起不到惩罚和威慑生产经营者的目的，限值过高又会限制企业的创新和发展。但是，相对于固定模式的僵化和无限制模式的随意，弹性模式既提供了相对统一的裁判尺度，又提供了根据违法者的主观过错程度、客观行为手段、

① 奚晓明.《中华人民共和国侵权责任法》条文理解与适用［M］. 北京：人民法院出版社，2010：343.

② 杨惟欣. 新形势下食品安全民事责任体系之完善［J］. 云南社会科学. 2015（4）：138.

致害后果的严重性、社会危害程度等因素来细分赔偿档次的空间，这也是为什么当前各国惩罚性赔偿标准设定普遍采用弹性模式的根本原因，也是我国食品安全惩罚性赔偿制度的改革方向。

其次，惩罚性赔偿作为一项非常规的制度安排，考虑到惩罚性赔偿可能给社会经济发展造成的负面影响，很多国家和地区对惩罚性赔偿的数额都进行了严格的限制。如《德国产品责任法》规定生产者对某一产品缺陷造成人身伤害的最高赔偿限额为1.6亿马克。即使是在惩罚性赔偿数额由法官自由裁量的美国，为防止法官和陪审团滥用裁量权，美国许多州已开始通过立法来限制惩罚性赔偿的最高数额，主要的立法例有如下几种：一是以补偿性的赔偿金为基数，规定不得超过补偿性赔偿金的若干倍，如佛罗里达州规定原告需要提出明确的证据以证明惩罚性赔偿金额不会过高，而最高金额可以达到填补性赔偿金额的三倍；二是直接规定具体的最高数额，如维吉尼亚州规定惩罚性赔偿金不得超过35万美元；三是既规定惩罚性赔偿金的最高数额，也规定以补偿性的赔偿金为基数，不得超过补偿性赔偿金的若干倍，例如，德州规定不得超过2倍财产上的损害额或25万美元，加上低于75万美元的非财产上的损害赔偿①。而我国《食品安全法》中所规定的惩罚性赔偿多因其惩罚力度不大、威慑力不足而备受诟病，很少有人提及对其赔偿额度进行限制的问题。甚至也有学者认为在我国，一则惩罚性赔偿的适用对象与条件都有着严格的规定，不允许法官肆意适用，二则不存在可能基于自身因素导致高额判罚的陪审团制度，三则至今为止还没有出现过巨额判罚的先例。所以，担心赔偿数额过高确有杞人忧天之嫌，暂时没必要设置惩罚性赔偿的上限。但笔者认为惩罚性赔偿作为一枚利器具有其双面性，尤其是当前我们对惩罚性赔偿的适用尚处于探索阶段，加之法官素质参差不齐，随着惩罚性赔偿在我国食品安全领域的广泛适用和逐步完善，对其赔偿额度进行必要的限制也是保证司法公正、公平所势在必行的。而具体的限制方式可以采用最高赔偿限额的方式，可以

---

① 转引自王利明．美国惩罚性赔偿制度研究［J］．比较法研究．2003（5）：10.

以实际损失作为确定最高赔偿额的基础，在实际损失无法确定的情况下，可以以违法生产经营者的收益作为确定最高赔偿限额的基础，损失和收益都无法确定的，也可以在统计分析、科学测算的基础上以具体的数额作为最高赔偿限额。同时，考虑到我国当前惩罚性赔偿普遍存在的威慑不足、数额过低以及法律适用的连贯性，笔者认为我国可以继续沿用《食品安全法》第148条第二款之规定，通过设定最低赔偿限额的方式保证惩罚性赔偿制度的司法实施效率。但由于我国《食品安全法》148条设定的惩罚性赔偿下限为1000元，而1000元的赔偿金根本不足以体现惩罚性赔偿的惩戒功能，所以未来应该考虑通过实践调查得来的数据进行统计和分析、科学测算提高最低赔偿限额。

最后，对于惩罚性赔偿具体数额的确定，历来有两种截然不同的主张，一种主张认为惩罚性赔偿是在实际损失基础上产生的，是基于加害人特定的不法行为，而由加害人向受害人给付的在受害人实际损失之外的金钱赔偿[①]，因此惩罚性赔偿应当与实际损失存在一定的比例关系；而另一种则认为惩罚性赔偿的主要功能在于惩罚和威慑，因此惩罚性赔偿不必与实际损失具有比例关系。我国现行立法基本上都是肯定惩罚性赔偿的数额与实际损害之间应当具有一定的比例关系，例如《消费者权益保护法》规定“……受害者有权要求所受损失两倍以下的惩罚性赔偿”；《食品安全法》规定“……消费者除要求赔偿损失外，还可以向生产者或者经营者要求支付价款十倍或者损失三倍的赔偿金”。但实际上立法之所以将惩罚性赔偿与补偿性损害赔偿保持一定的比例关系，其目的主要是为了适用法律方便，同时限制法官的自由裁量权。但是，由于惩罚性赔偿与补偿性损害赔偿的目的和功能各不相同，将他们保持一定的比例不仅没有理论依据，而且还可能限制受害人行使“惩罚”加害人的权利，有时甚至不能充分补

① 关淑芳. 惩罚性赔偿制度研究［M］. 北京：中国人民公安大学出版社，2008：3-4.

偿受害人①。但考虑到法律规定的连贯性和法律适用的延续性，以及惩罚性赔偿一般是在实际损害发生的基础上产生的这一客观事实，笔者也主张我国当前关于惩罚性赔偿最高限额的确定应当与实际损害之间存在某种比例联系，当然这种比例应该限定在合理的范围之内，如三倍到五倍之间。但是肯定惩罚性赔偿的最高限额与损失的比例关系，并不是像现有规范一样僵化遵从比例，而应当在坚持比例原则的基础上，综合考量其他因素来最终确定个案适用的惩罚性赔偿数额。

（二）确定判罚数额的考量因素

如前所述，《食品安全法》对于食品安全惩罚性赔偿数额的确定，采取单纯以价款或者损失的固定倍数作为其判罚标准，这种趋于僵化的判罚标准，不仅不利于司法实践，难以实现个案的公平，而且还很容易导致惩罚不到位或者惩罚过度等问题。美国惩罚性赔偿虽然也要以实际损害的发生为适用的前提，但赔偿的数额主要不以实际的损害为标准，而要特别考虑加害人的主观过错程度、主观动机、赔偿能力等多种因素②，美国《惩罚性赔偿示范法案》中明确惩罚性赔偿金的计算应该综合考虑多种因素，即被告过错行为之性质及其对社会的影响、补偿性赔偿数额、被告的财产状况、违法行为获利情况、赔偿对社会的影响、被告所采取的措施及其效果、是否符合政府机构或者其他有权机构制定颁布的标准等③。因此，笔者认为要合理确定食品安全惩罚性赔偿的判罚数额，应当在坚持比例原则的基础上，综合考量违法者违法行为的恶劣程度、客观行为手段、致害后果的严重性、社会危害程度等因素来细分赔偿档次。

---

① 孙效敏．奖励制度与惩罚性赔偿制度之争——评我国《侵权责任法》第 47 条［J］．政治与法律．2010，（7）：89.

② 王利明．惩罚性赔偿研究［J］．中国社会科学，2000（4）：114.

③ 廖善康、莫小春．我国《食品安全法》中的 10 倍惩罚性赔偿机制探究［J］．食品工业科技．2016（13）：32.

1. 违法者违法行为的恶劣程度

违法者违法行为的恶劣程度是惩罚性赔偿数额确定首要考量的因素。正如德国学者耶林曾言：“使人负担损害赔偿的，不是因为有损害，而是因为有过失，其道理就如同化学上之原则，使蜡烛燃烧的，不是光，而是氧，一般的浅显明白[①]。在美国，惩罚性赔偿从未在只具备过失的案件中适用，只有应受强烈谴责的行为才可以正当化惩罚性赔偿[②]。而被告加害行为的恶劣程度也是美国最高院在 1996 年的 BMW of North Amercia, Inc. v. Gore 案中确立的判断被告是否需要承担惩罚性赔偿以及确定惩罚性赔偿具体数额时需要参考的三个“参照标准”中最核心的一个标准[③]。美国联邦最高法院 7 年后在 State Farm MutualAutomobile Insurance Company v. Cambell 案中对 BMW 案中所确定的标准进行了进一步的阐释，并指出在判断被告行为可归责程度时，可以考虑伤害的类型、被告行为所表达出来的对他人安全与健康的态度、被告行为对原告经济状况的影响、被告行为

---

① 王泽鉴. 民法学说与判例研究（第 2 册）［M］. 北京：中国政法大学出版社，1998：144－145.

② ［美］文森特·R·约翰逊. 邓辉译. 惩罚性赔偿、中国侵权责任法与美国经验［J］. 法治研究. 2018，（4）：125.

③ BMW of North Amercia，Inc. v. Gore 案的基本案情：原告 Gore 在被告 BMW 经销商处购买了一辆宝马车，Gore 发现其所购买的宝马车经过二次喷漆，经查汽车从德国运往美国途中遭遇酸雨受损，公司遂予以重新喷漆。该车喷漆费用为 600 美元，因重新喷漆而贬值 4000 美元。被告宝马公司透露，他们的政策是将损坏的汽车作为新车出售，前提是修复损坏的成本低于汽车成本的 3%。后 Gore 诉至法院，一审陪审团认为被告构成重大或者恶意欺诈，要求支付 4000 美元补偿性损害赔偿金以及 400 万美元的惩罚性赔偿金。惩罚性赔偿不仅源于对 Gore 损失的赔偿，还源于宝马公司多年来对广泛的宝马购车者群体做出的令人震惊的行为。在这段时间里，宝马对受损车辆进行了维修，并将其作为日常业务运营的一部分，以全新的形式出售给毫无戒心的购车者。后州最高院将惩罚性赔偿减为 200 万美元。美国最高法院认为在经济损失仅有 4000 美元的情形下，判决宝马公司承担 200 万元美元惩罚性赔偿过高且不符合联邦宪法第 14 条修正案的正当程序条款，最终将赔偿金额调整到 5 万美元。最高法院在其判决书中确立了认定被告是否承担惩罚性赔偿及赔偿数额确定的三个“参照标准”：一是被告加害行为的恶劣程度；二是惩罚性赔偿金额与实际损害的比例；三是相应行为应受到的惩罚性赔偿金的比较。

的频率、被告的行为是否为主观恶意等①。我国台湾地区的《消费者保护法》将经营者的主观过错按恶性程度分为三类：故意、重大过失、过失，经营者即使只具有一般过失，也可能承担惩罚性赔偿责任，只是所赔偿的数额较之具有严重过错的经营者更少②。我国当前所采取的单纯以价款或者损失的固定倍数作为惩罚性赔偿数额的确定标准的做法，根本没有考虑个案中违法者违法行为的恶劣程度，这种一刀切式的判罚标准，不仅难以实现个案的公平，而且也会导致惩罚性赔偿制度惩罚和威慑功能的落空。因此，笔者认为我国惩罚性赔偿数额确定问题上，应当借鉴美国的做法，将违法行为的恶劣程度作为确定其具体惩罚性赔偿数额时的首要考量因素。而违法行为的恶劣程度，主要从违法者的主观及行为和行为后果两个层面予以体现，这两个层面恰恰凸显了法律对处于弱势地位的消费者权益的保护和对无底线追求自身利益的食品生产经营者的惩戒。而食品生产经营者的主观恶性程度与其再次实施违法行为之间具有很强的关联性，一般而言，主观恶性越高的经营者，再次实施违法行为的可能性就越大。因此，在计算惩罚性赔偿数额时将违法者的主观恶意程度纳入考虑因素，不仅可以保护遭遇问题食品的消费者，惩罚违法生产经营者，让惩罚性赔偿在食药领域中更有效地发挥其功能，而且在一定程度上可以遏制和预防食品安全事故的再发生。此外，违法者违法行为的重复频次也是判断其行为恶劣性的重要指标，随着互联网的不断发展，法律文书上网已成常态，对于违法者应当建立相应的违法备案制度，在审判时，很容易查询到被告是否是多次违法，将其违法次数作为最终判决的重要考量因素，区分初犯和“常犯”，给予法官以自由裁量，采取不同的数额，做到行为与惩罚相适应③。

---

① 黄娅琴、刘蓉．美国惩罚性赔偿的司法发展及对我国的启示．南昌大学学报（人文社会科学版）．2016，47（3）：66.

② 王泽鉴．损害赔偿［M］．北京：北京大学出版社，2017：355－408.

③ 汪培．惩罚性赔偿制度中赔偿金额的问题研究．湖北工业职业技术学院学报．2017，30（3）：51.

2. 违法者的违法收益和财产状况

惩罚性赔偿的首要功能就是惩戒和威慑违法者，防止违法行为的再次发生。而要实现对违法者的惩戒和威慑，一方面要使惩罚性赔偿金能够对违法者形成足够的经济压力，所谓“足够”经济压力，一般应当与违法者的财产状况相关联的，过分超出其承受范围就会使赔偿因无法兑现而落空；另一方面也要使惩罚性赔偿的金额超过违法者的违法收益，违法者的违法行为之所以屡禁不止，最根本的原因就是其违法收益远远超出其违法成本，所以惩罚性赔偿要对违法者的行为形成有力的威慑就必须使其违法成本超过其违法收益，这样违法者才会主动放弃其违法行为。对于如何确定违法者的违法收益和财产状况，笔者认为涉案食品的销售额在一定程度上反映了企业的违法所得，而企业所缴纳的税费能够比较准确客观地体现出不同企业经济能力上的差距，所以在确定最终惩罚性赔偿的数额时，可以以涉案食品的销售额以及企业缴纳的税费为考量因素，力争惩罚性赔偿金的数额既在企业承受能力范围内又能对其形成足够威慑。

3. 消费者个体和整体的利益受损情况

根据最优威慑理论，只有食品生产经营者对其造成的所有损失均承担责任，才能达到最优的威慑。但实际上，由于举证责任、诉讼风险、诉讼成本等因素的制约，很多遭遇问题食品的消费者会选择理性沉默，而选择诉请赔偿的消费者也并非都能胜诉，换言之，违法的食品生产经营者并非需要对遭受损害的所有消费者履行赔偿义务。所以，为了达到对食品生产经营者的最优威慑效果，在惩罚性赔偿数额确定的过程中，不仅要考量提起赔偿请求的消费者个体的受损情况，还应当考量消费者整体的受损情况，这样不仅能够实现对消费者个体权益的充分保护、鼓励其积极维权，而且还可以阻却违法生产经营者的违法行为。

除了上述考量因素以外，类似案件的裁判结果、违法生产经营者的信用状况、食品安全事故发生后生产经营者的应急处置状况以及是否受到其他处罚等也是需要参考的因素。对于信用状况良好、事故发生以后主动、积极地采取召回、销毁、发布警示信息等行为，在事故应对和有效处置中取得较好效果的，可以酌情降低其惩罚性赔偿金数额。而惩罚性赔偿金的弹性适用可以激励生产经营者在事前、事中、事后积极履行食品安全义务，从而形成业内良性竞争。当然，考量因素越多，裁判法官在个案中的自由裁量权就越大，而自由裁量权又往往带有强烈的主观意愿，所以笔者认为为了实现司法的统一和权威，最高法可以借助司法解释、指导案例等形式，逐步完善惩罚性赔偿金的计算方法、扣减、倍数确定等，规范惩罚性赔偿的裁判标准和规则，进而以良好司法反促市场建立良好秩序。

（三）增加违法生产经营者的边际成本

如前所述，惩罚性赔偿制度设置的目的就是希望通过提高违法生产经营者的违法成本，对其违法行为进行惩戒和威慑的同时，以遏制其违法行为。但惩罚性赔偿制度作为一项民事法律规则，其惩戒和威慑的功能是极其有限的，加之我国惩罚性赔偿所固有的惩罚力度不足这一致命缺陷，因此，希望单纯依靠惩罚性赔偿制度的实施来达成威慑甚至遏制不法食品生产经营者的违法行为，几乎是不可能的。因为对于经济实力雄厚的违法者而言，惩罚性赔偿金根本不足以对其形成足够的经济压力，自然也谈不上形成有效的威慑。而违法行为的曝光对于不良食品生产企业的品牌形象和消费者信心的打击比任何法律上的罚款来的更加有效，对于某些经济实力雄厚的食品生产企业而言，一次巨额的惩罚性赔偿金可能不会让其充分认识到自己行为对于消费者的巨大伤害，可如果自己的品牌形象受损，消费者的购买信心全无，这对于食品生产企业而言是最致命的。这种成本就是经济学中的边际成本。遗憾的是，我们在《食品安全法》中仍然没有看到这些相应配套的惩罚机制，惩罚手段单一，仅仅有针对违法成本的制裁，缺乏对于边际成本的规定，最终的结果就是惩罚性不足，无法充分发挥惩罚性赔偿的功能。惩罚性赔偿金作为违法生产经营者违法成本的一部分，除此之外还有很多其他的边际成本也应当包括在其违法成本之内。因此，引入边际成本因素，配套相关措施，加大违法者的边际成本，能有效地遏制不法行为人侵害消费者的行为。具体的实施方式，可以考虑对于某些被处以惩罚性赔偿金的食品生产经营者，通过公开其不法行为的信息，将其违法状况公之于众，从而让社会各界来监督。与此同时，针对不法食品生产经营者，要完善信用体系，将其与相关银行、工商、质检等部门共享，从而加大不法食品生产经营者在今后贷款、税收、检测频率等方面的成本。通过边际成本的引入，从各个途径增加其违法成本，进而真正遏制食品安全领域的违法行为①。

① 王翔．食品安全领域惩罚性赔偿制度分析与完善—以法经济学为视角．山东农业工程学院学报，2019，36（2）：99.

结　语

当然，食品安全惩罚性赔偿制度作为对政府行政规制失灵的被动回应，在鼓励私人参与公共规制的同时，也带来了无效率的过度诉讼。但惩罚性赔偿作为一种特殊的私罚方式，其区别于公法的独特优势也是不容置疑的，其对食品生产经营者的威慑、惩戒作用以及对食药市场环境的净化作用也是不言而喻的。尤其是我国当前市场诚信相对缺失、食品安全形势依然严峻、大规模的恶性食品安全事件频发的现实背景下，惩罚性赔偿制度仍得以在不断的质疑声中被保留并不断扩张。然而，食品安全治理不仅要求国家放任当事人行为然后予以是非判断的以逸待劳（事后责任），更需要政府关注其作为社会性事件的特点，并对其所处时代背景予以考察，精心梳理和设计相关的法律制度和责任类型，进而构设社会连带的责任之网，引导人们的行为导向最大化的社会效益而非更大的社会成本。但遗憾的是，我国《食品安全法》尽管一再倡导多元治理、综合治理，但始终对法律强制性手段——惩罚存在着过分的推崇，而对于问题的多角度全面解决，例如基于社会性事件主体扩张要求而对严格当事人主义诉讼程序的适当调适、对社会性事件事前防范和风险分担制度的构建等则相当滞后。这种忽视事前预防、弱化全面制度配套、仅聚焦于事后惩罚的治理倾向需要立法者予以警惕和反思，毕竟《食品安全法》中的惩罚性赔偿条款仅仅是食品安全系统工程中的一个很细微的环节，单纯依靠惩罚性赔偿条款的适用是不可能从根本上改善我国当前所面临的严峻的食品安全形势的。只有食品监管部门真正建立起及时的食品安全预警机制、完善的食品安全责任保险制度、严格的食品安全检测制度、先进的食品追溯管理模式以及严厉的食品召回制度等环环相扣、执行到位的食品安全监管机制，惩罚性赔偿条款才能真正发挥其威慑力，才能最终唤醒食品企业的道德良知，才能促使其自觉承担保障食品安全的社会责任，才能真正为广大消费者构筑食品安全的不溃之堤。